U0821313

本书得到国家社科基金后期资助项目（21FJLB007）资助

环境规制、异质性企业出口行为与出口产品质量升级研究

邓玉萍　许和连　著

中国财经出版传媒集团
中国财政经济出版社
·北京·

国家社科基金后期资助项目
出版说明

后期资助项目是国家社科基金设立的一类重要项目，旨在鼓励广大社科研究者潜心治学，支持基础研究多出优秀成果。它是经过严格评审，从接近完成的科研成果中遴选立项的。为扩大后期资助项目的影响，更好地推动学术发展，促进成果转化，全国哲学社会科学工作办公室按照“统一设计、统一标识、统一版式、形成系列”的总体要求，组织出版国家社科基金后期资助项目成果。

全国哲学社会科学工作办公室

前　言

党的二十大报告指出，“推动经济社会发展绿色化、低碳化是实现高质量发展的关键环节……要推动货物贸易优化升级，创新服务贸易发展机制，发展数字贸易，加快建设贸易强国”。当前中国经济处于由高速增长阶段转向高质量发展阶段转变的关键时期，出口质量升级是推进我国贸易强国建设和制造业高质量发展的重要一环。改革开放以来，中国对外贸易规模持续扩大并迅速崛起为贸易大国。与国际普遍公认的贸易强国标准对比，中国从贸易大国迈向贸易强国还有很长的一段路要走：从贸易规模来看，中国货物贸易总额位居全球第一，但对外贸易“大而不强”的问题尤为突出，存在进出口贸易不协调、货物贸易和服务贸易发展不均衡等问题；从贸易质量来看，在全球价值链中还处于“微笑曲线”底端，出口产品以低技术含量、低附加值的劳动密集型产品和资源能耗型产品为主，呈现典型的“低价格、低利润、低质量”特征；从国际地位和话语权来看，中国仍不是国际经贸规则和标准的制定者和引领者，只是被动的响应者和接受者。基于中国与世界贸易强国的现实差距，提升企业出口质量成为我国从贸易大国迈向贸易强国的重要途径。

与此同时，长期以来中国一直采取“重数量速度、轻质量效益”的出口战略，导致资源短缺、环境污染等问题不断凸显。为了应对这一问题，从 2006 年开始，我国将主要污染物减排作为经济社会发展的约束性指标纳入官员考核体系，有效推动了减排工作由以传统的浓度控制向总量控制，并实现了环境规制由软约束向硬约束转变。为了顺利完成约束性减排考核任务，中央和地方政府进一步出台了一系列控制命令型环境规制，从源头对污染物加强有效控制。但传统的“行政命令有余而市场手段不足”的环境管理体制导致企业主动减排激励不足，并诱发了企业的策略性应对行为。为此，通过引入市场机制的市场激励型环境规制得到进一步发展，并与既有的控制命令型环境规制形成了有效的协同互补关系。近几年来，随着公众环保意识的不断提高，以公众、媒体、环保组织为代表的社会资本在区域环保治理中扮演着日益重要的监督作用，并逐渐形成了控制命令型手段为主、市场激励型和公众参与型手段为辅助的多元环境规制体系，环境规制也据此成为中国实现“环境友好型”增长的有力抓手。

无论是直观的遵循成本效应，还是更为复杂的创新补偿效应，单一的环境规制效果并不稳定，导致学术界关于环境规制与贸易升级之间的关系并未形成一致的研究结果。现阶段“控制命令型—市场激励型—公众参与型”环境规制工具组合拳协同发展已经成为共识，但如何协同以实现环境—贸易双重红利是地方政府制定环境政策时面临的棘手问题。为此，本书在系统梳理我国应对环境污染的具体规制手段基础上，以“五年规划”中的约束性减排目标考核为切入点，结合当前“层层加码”式减排考核下的污染治理困境，全面剖析约束性减排目标考核对企业出口产品质量的影响。在此基础上，选择环境政策作为约束性减排目标考核的主要抓手，在“预防整治”和“综合治理”叠加的环境治理框架下，全面考察控制命令型、市场激励型和公众参与型环境规制对企业出口产品质量的影响。最后，紧扣国际标准不断强化企业社会责任的外在要求、国际贸易壁垒冲击与国内企业社会责任相对缺失的现实背景，以出口产品质量升级与企业社会责任建设为落脚点，对比考察了控制命令型、市场激励型、公众参与型环境规制对出口产品质量的影响差异，明确环境规制手段利用的重点和协调性，从而为构建多元主体参与的污染联防联控机制提供重要借鉴。

本书共分为九章。第一章主要介绍了选题的背景与研究价值，并简要阐述了研究思路与内容框架、主要的数据集和研究方法等，据此提出本书的创新点与不足之处。第二章重点从环境规制的分类及经济效应、出口产品质量升级的驱动机制两个方面详细总结环境规制与出口产品质量的相关文献，并提出简要的总结性研究评述。第三章创新性构建了一个包括环境约束、成本冲击与出口产品质量选择的模型，探究环境规制与出口产品质量之间的理论联系。在此基础上，进一步从遵循成本效应、创新补偿效应及产品转换效应三种不同渠道深入剖析环境规制影响出口产品质量的理论机制，并详细论述了不同类型环境规制影响出口产品质量的机制差异及协同理论。第四章系统梳理了改革开放以来我国在应对环境污染方面实施的控制命令型、市场激励型、公众参与型环境规制措施及适用性，并基于中国海关进出口数据库的相关统计数据深入剖析了中国出口产品质量的发展趋势及特征。第五章借助“五年规划”报告中各级政府规定的减排目标作为准自然实验，全面考察了约束性减排目标考核对我国出口产品质量的影响。第六章以重点流域水污染防治规划和“万家企业节能低碳行动”作为控制命令型环境规制的典型代表，深入探讨垂直管理模式下控制命令型环境规制对出口产品质量的影响，进而为环境垂直管理改革的效果提供来自微观企业的经验证据。第七章以排污权交易试点政策和碳交易试点政策作为市场激励型环境规制的典型代表，深入探讨市场激励型环境规制对出口产品质量的影响，为政府利用市场机制实现环保目标进而推动出口升级提供经验证据。第八章以环境信息公开和媒体监督作为公众参与型环境规制的典型代表，据此考察公众参与型环境规制对出口产品质量的影响，并对比分析了控制命令型、市场激励型和公众参与型三类环境规制对出口产品质量的影响差异，探讨中国不同类型环境政策的协同效应，为构建多元主体共同参与的现代生态环境治理体系提供经验依据和政策参考。第九章对前述主要研究结论进行总结，并提出相应的政策建议。

本书主要从以下几个方面进行创新：一是从具有典型中国特色的地方政府偏向性减排目标约束的视角出发，考察地方政府官员在面临减排目标约束和经济增长考核的双重压力下，如何通过协调省份之间以及省内各地级市之间的减排目标差异来实现出口竞争力与环境保护的“共赢”，据此构建了“中央—省—市”三层环境目标约束对出口产品质量的分析框架。二是在多产品贸易理论模型基础上，通过内化企业的出口产品质量、产品价格以及生产成本，探究环境规制如何通过遵循成本、创新补偿及产品转换影响出口产品质量，并详细论述了不同类型环境规制影响出口产品质量的机制差异及协同理论，据此构建了环境规制与出口产品质量的完整理论分析框架。三是采用双重差分方法考察了控制命令型、市场激励型和公众参与型环境政策对出口产品质量的影响及差异，不仅有效避免了环境规制指标可能存在的测量误差问题以及模型设定的内生性问题，也将研究视角从企业被动接受强制性环境规制拓展至主动参与自愿型环境规制，全面揭示了环境规制推动企业出口升级的内在逻辑与经验证据。四是深入探讨了环境规制作用下企业如何主动调整出口策略来重塑出口竞争优势，讨论了企业内部资源如何通过在核心产品与非核心产品、清洁型产品与非清洁型产品之间配置来弱化环境规制对出口产品质量的负面影响，揭示了多产品出口企业如何通过质量竞争策略和价格竞争策略来强化核心产品出口竞争优势。

作者

2024 年 12 月

目　录

第一章　绪论

第一节　研究背景及意义

一、研究背景

党的二十大报告指出，“推动经济社会发展绿色化、低碳化是实现高质量发展的关键环节……要推动货物贸易优化升级，创新服务贸易发展机制，发展数字贸易，加快建设贸易强国”。质量，尤其是出口产品质量作为企业竞争力的集中体现，是中国推动质量变革、打造质量强国和贸易强国的重中之重（苏丹妮等，2018），也是实现中国贸易转型升级的必经之路。改革开放以来，中国凭借人口红利和廉价的资源要素向世界不断输出中国制造的产品和服务。同时中国利用世界贸易组织（WTO）提供的发展中国家优惠政策和贸易机会，实现了出口贸易的繁荣，并创造了举世瞩目的“出口扩张奇迹”和“经济增长奇迹”。海关总署的统计数据显示，中国货物贸易出口总额从2001年的4.2万亿元攀升至2024年的43.85万亿元，货物出口的国际市场份额达到10.27%，且连续16年居全球首位。但不容忽视的是，中国在国际分工和产业链中仍处于从属地位，中国外贸“大而不强”广受诟病，转型升级迫在眉睫。尤其是随着经济全球化的深度推进和贸易开放度的不断提升，出口导向型发展战略引导下的全球价值链低端嵌入并未给中国企业带来出口产品质量的持续提升，反而导致中国面临严峻的环境污染问题，资源环境问题成为中国经济高质量增长的桎梏。一方面，在当前“逆全球化”趋势抬头的背景下，受全球经济复苏缓慢、贸易摩擦不断涌现、生产要素价格不断上涨的不利影响，全球贸易形势严峻，环境政策成为贸易保护主义者保护本国产品的重要工具。发达国家以环境保护为由，通过设定严格的环境技术标准限制外国产品进入本国市场，成为国际贸易活动中的“绿色壁垒”，这无疑显著降低了中国相关产品的出口规模。另一方面，随着国内居民生活水平的不断提高和环保意识的增强，改善环境的呼声日益高涨，绿色有机认证和绿色技术创新成为产品的核心竞争力。出口企业在生产、加工环节中暴露出高能耗、高污染、高排放、低附加值，造成了中国制造业发展面临的资源环境内部和绿色壁垒外部“双重”困境，出口产品转型升级成为实现出口增长与环境保护“双赢”的有效途径。

污染减排作为环境治理的重要抓手和突破口，已贯穿国民经济社会发展全过程（刘亦文等，2016）。《国民经济和社会发展的第十一个五年规划纲要》（以下简称“十一五”规划）第一次将主要污染物减排作为社会经济发展的约束性指标，并提出截至2010年，全国主要污染物排放总量比2005年减少10%。这一举措有效推动了减排工作由以传统的浓度控制向总量控制，并实现了环境规制由软约束向硬约束转变（韩超等，2017），极大地推动了地方政府在环境治理中的积极性和主动性。为了保证减排工作的有效完成，中央和地方政府出台了一系列环境规制举措，积极推动排污权交易、排污许可证、排污费等市场激励型环境手段，并实行地方减排考核与干部激励挂钩和“一票否决”。之后，“十二五”规划进一步完善了主要污染物减排的约束性指标，明确提出单位GDP能耗降低16%、单位GDP二氧化碳排放降低17%、主要污染物的排放总量减少8%～10%。党的十八大之后，中央政府将生态文明建设作为统筹推进“五位一体”总体布局和协调推进“四个全面”战略布局的关键环节之一，全面开展了减污降碳、绿色城市建设等一系列创新性工作，有效推动了生态文明建设和环境保护的历史性、转折性、全局性变化。十八届五中全会通过的“十三五”规划也明确指出要“强化约束性指标管理，实行能源和水资源消耗、建设用地等总量和强度双控行动”。之后，十九届五中全会首次将“碳达峰”和“碳中和”目标纳入“十四五”规划，并强调，“降低碳排放强度，支持有条件的地方率先达到碳排放峰值”，提出“到2035年，要广泛形成绿色生产生活方式，碳排放达峰后稳中有降，生态环境根本好转，美丽中国建设目标基本实现”的发展愿景。在生态文明和可持续发展观的指引下，公众贯彻绿色发展理念的自觉性和主动性显著增强，绿色发展、低碳节能的理念更加深入民心；生态文明制度体系建设、主体功能区建设、生态文明城市试点稳步推进，跨世纪行动”“零点行动”“向污染宣战”“蓝天保卫战”等环保政治动员成效卓著；“环保督察机制”“党政同责”“一岗双责”“垂改工作”“自然资源资产离任审计”“环境保护责任终身责任追究”等一系列制度的实施有力地推动了生态环保执法监管工作的深入开展；环境污染治理也实现了由末端治理向生产全过程控制转变，由浓度控制向浓度和总量“双重”控制转变，由分散治理向集中整治相结合转变。二十届三中全会进一步强调要“健全碳市场交易制度、温室气体自愿减排交易制度，积极稳妥推进碳达峰碳中和”。为了加快经济发展方式的低碳转型，“十四五”以来，中央和各地方政府出台实施了一系列相关政策，为“双碳”目标的实现提供了有力的指引与规划。

值得注意的是，环境保护全面发力时间较短、环境基础设施建设不完善、地区行业间治污能力不平衡等原因，导致当前的环保成效并不理想，主要污染物减排工作仍面临一系列问题与严峻挑战，其中最突出的一个问题就是经济增长和晋升激励下的环境政策非完全执行现象。从纵向来看，地方政府在纵向权力关系体系中长期处于隶属地位，中央与地方博弈最为突出的领域是关于财税分成。为了提高本地经济发展速度并获得政治晋升，地方政府不惜以本地资源的过度耗竭和环境污染来换取任期中的经济增长，从而造成环境规制的“非完全执行”和“逐底竞争”现象（戴永安和张潇，2023）。从横向来看，在经济增长和晋升激励的双重约束下，地方政府往往倾向于通过牺牲环境保护来换取任期内的经济增长。同时，面对中央严格的环保考核以及对排污信息的严格核查，近年来省级政府更倾向于协调地方减排量来达到中央环保考核要求，从而在完成总量指标的同时又能兼顾地方利益。这种环境政策的“非完全执行”导致环境规制并没有发挥显著的创新补偿效应来倒逼企业进行绿色技术创新，反而在很大程度上增加了企业的治污成本，从而削弱了企业的出口竞争力。因此，对于出口企业而言，生产符合环境质量标准的产品，其意义不仅在于应对国内越来越严格的环境规制政策，也是冲破国外绿色贸易壁垒的必要措施。

二、研究意义

有鉴于此，本书结合当前“层层加码”式减排考核和“层层衰减”式环保执行力度的污染治理困境，以环境规制政策作为抓手，对当前主要环境政策的演进及实施效果进行深入剖析，探讨了约束性减排目标考核导向下的环境规制政策对企业出口产品质量的影响效应及具体影响渠道，据此提出环境规制下我国出口产品质量提升的政策选择路径。

本书的理论价值主要体现在：一是构建了约束性减排目标考核下环境规制影响出口产品质量的理论分析框架，并考察了环境规制如何通过遵循成本效应、创新补偿效应和产品转换效应来影响出口产品质量，从而为我国出口模式转型和环境政策的制定提供重要的理论指导。二是首次从环境政策视角对多产品企业出口行为进行系统论述，深入阐述了约束性减排目标考核下不同企业如何通过对产品种类和目的地调整、核心产品和边缘产品调整来降低日趋严格的环境规制对出口产品质量的负面影响，丰富了从产品层面进行资源再配置探究的研究。三是基于环境规制实施主体多元化、实施手段多样化的现实特征，系统论述了不同类型环境规制影响出口产品质量的机制差异及协同理论，从多元主体互动视角丰富了环境规制治理问题，是对传统的府际关系理论的进一步延伸与拓展，也为政府、市场和公众等多元主体实施有效的环境规制条件组合提供了理论依据。

本书的应用价值主要体现在：一是基于“当前生态文明建设处于压力叠加、负重前行的关键期”这一重大现实背景，从微观层面上有效识别了控制命令型、市场激励型、公众参与型等不同环境规制手段对企业出口产品质量的影响，有效厘清不同环境规制手段对不同空间位置上企业出口产品质量的异质性影响，并对其背后的深层次动因进行科学阐述，有助于更准确地理解环境政策对微观企业生产经营活动的真实影响，从而就如何有的放矢调整和协调区域间环境规制政策具有重要的现实意义，也为如何有效激发企业的内生减排激励、实现绿色转型提供政策参考。二是紧扣“以创新驱动引领经济高质量发展”的时代主题，准确评估约束性减排目标考核下的环境规制是否通过绿色技术创新来提升出口产品质量，为当前实施的创新与开放两大发展理念内在自洽性提供经验支撑，也为百年未有之大变局下如何加快培育出口竞争新优势，在以技术创新、模式创新、业态创新、领域创新为特征的“四新经济”引领下推动贸易转型升级，并为努力实现企业发展与企业社会责任建设有机结合提供经验证据。三是从地方政府环境目标考核引致的激励动因出发，从开放经济视角有效识别了环境规制执行异化的制度性根源，为构建多元主体参与的区域环保合作机制提供了重要的借鉴和指导意义，也为基层行政管理体制改革和政府职能转变提供了政策借鉴。

第二节　研究思路与内容框架

一、研究思路

本书紧扣“环境规制与出口提质增效”这一研究课题，围绕“十一五”规划以来主要环境政策的演进及实施效果，深入探析约束性减排目标考核导向下控制命令型、市场激励型和公众参与型环境规制对出口产品质量的影响，并力求回答以下问题：第一，中国的约束性减排目标考核是否与出口导向型经济政策相冲突，进而增加了出口产品质量升级的难度与挑战？第二，环境规制政策的实施如何影响企业出口产品质量？其潜在的影响机制是什么？第三，控制命令型、市场激励型和公众参与型环境规制对出口产品质量的影响有何差异？哪种政策的实施效果更明显？基于以上问题，本书按照“提出问题—分析问题—解决问题”的思路，以环境规制下出口产品质量升级为主线，着重探讨以下五个方面的主要内容：一是在出口产品质量决定模型基础上引入环境规制政策冲击，创新性地构建了一个包括环境约束、成本冲击与出口产品质量选择的模型，探究约束性减排目标考核如何通过遵循成本、创新补偿和产品转换效应三种渠道影响出口产品质量；二是厘清环境规制与出口产品质量的现状及特征，系统梳理我国应对污染的具体环境政策演变及实施效果，明晰企业出口质量的短板及提升的着力点；三是从地方政府执行环境规制政策的内在动因出发，考察约束性减排目标考核政策对出口产品质量的影响，进一步明晰省—市“层层加码”式考核的弊端；四是系统考察约束性减排目标考核下的控制命令型、市场激励型、公众参与型环境规制对出口产品质量的影响程度，明确环境规制手段利用的重点和区分度；五是根据环境规制与出口产品质量的特征事实分析，结合理论及实证分析结果，就如何利用环境规制促进出口质量升级提出相应的政策建议。

二、内容框架

基于以上研究思路及重点解决问题，本书共分为九章，具体研究内容安排如下：

第一章为绪论。主要介绍了选题的背景、相关研究的理论价值和应用价值，并简要阐述了研究思路和内容框架、研究过程中采用的主要数据集及研究方法。在此基础上，提出本书的创新点与不足之处。

第二章为环境规制与出口产品质量的相关研究进展。该部分首先系统梳理了环境规制的分类、测度及经济效应方面的相关文献，为后续环境规制分类提供依据和文献支撑；其次，从外部市场环境特征和企业内部特征两个层面归纳总结了出口产品质量的驱动机制相关文献，厘清出口产品质量提升的着力点；最后，系统介绍了环境规制对出口贸易的影响相关文献，并提出现有研究的不足及可能的改进方向。

第三章为环境规制影响出口产品质量的理论研究。首先，基于在范海潮等（Fan et al., 2020）的出口产品质量决定模型，创新性地构建了一个包括环境约束、成本冲击与出口产品质量选择的模型，探究环境规制与出口产品质量之间的理论联系；其次，进一步从遵循成本效应、创新补偿效应及产品转换效应三种不同渠道深入剖析环境规制影响出口产品质量的理论机制，并详细论述了不同类型环境规制影响出口产品质量的机制差异及协同理论；最后，从区域、行业、所有制结构、目的国差异等角度探讨了环境规制对出口产品质量的异质性影响。

第四章为环境规制与出口产品质量的特征事实分析。本部分主要厘清环境规制与出口产品质量的现状及特征，据此为后续研究提供现实基础。具体来说，一是系统梳理改革开放以来中国应对环境污染的具体环境政策演变、主要的环境规制手段及实施效果，明确控制命令型、市场激励型、公众参与型三种不同类型环境规制的特征及适用性；二是基于中国海关进出口数据库的相关统计数据，深入剖析出口产品质量的发展趋势及特征，并从地区、行业、所有制异质性对比分析出口产品质量差异，明晰企业出口质量的短板及提升的着力点。

第五章为约束性减排目标考核政策对出口产品质量的影响研究。借助“五年规划”政府工作报告中规定的各个省级地方政府减排目标作为识别约束性减排目标考核的准自然实验，基于中国工业企业数据库和海关进出口数据库匹配样本，全面考察约束性减排目标考核对我国出口产品质量的影响，并深入探讨各个省级政府对主要污染物总量减排目标任务分解后产生的减排目标约束对出口质量的影响，明晰“层层加码”式考核下的出口质量升级压力。

第六章为约束性减排目标考核下控制命令型环境规制对出口产品质量的影响研究。以重点流域水污染防治规划和万家企业节能低碳行动作为控制命令型环境规制的典型代表，采用双重差分方法深入探讨垂直管理模式下控制命令型环境规制对出口产品质量的影响，并基于企业所属行业和所有制结构差异，对比分析了控制命令型环境规制对企业出口产品质量的异质性影响。

第七章为约束性减排目标考核下市场激励型环境规制对出口产品质量的影响研究。以排污权交易试点政策和碳交易试点政策作为市场激励型环境规制的典型代表，深入探讨市场激励型环境规制对出口产品质量的影响，重点考察了市场激励型环境规制引致的绿色创新效应如何推动出口产品质量升级，并进一步考察了试点政策对出口产品质量的提升效应如何因企业所有制结构、规模特征以及企业外部市场环境不同而存在显著差异。

第八章为约束性减排目标考核下公众参与型环境规制对出口产品质量的影响研究。以环境信息公开和媒体监督作为公众参与型环境规制的典型代表，考察公众参与型环境规制对出口产品质量的影响，并进一步讨论了企业如何通过调整已有产品范围、提升内部控制质量来强化公众参与对出口产品质量的促进作用。在此基础上，进一步对比分析了控制命令型、市场激励型和公众参与型三类环境规制对出口产品质量的影响差异，并探讨中国不同类型环境政策的协同效应。

第九章为主要结论与政策建议。本章在前述章节的理论、现状和实证分析基础上，提出主要研究结论。结合国家战略方针和政策，分别从强化环境政策制定与环境监管“双管齐下”、优化环境规制政策组合、兼顾环境政策的个体差异性、以绿色竞争力重塑出口竞争新优势等方面提出相应的政策建议。

第三节　数据来源与研究方法

一、数据来源

本书研究过程中主要涉及了作者手工整理和官方统计的两类数据库。作者手工整理的数据主要来源于政府工作报告和发布的相关文件、中国经济新闻数据库的相关报道等，具体包括：一是约束性减排目标数据，其中省级约束性减排目标数据根据《主要污染物总量削减目标责任书》中确定的31个省区市的主要污染物减排目标整理得到；地级市约束性减排任务数据通过手工检索2007～2015年地级市政府工作报告中的环境目标约束相关信息得到。二是不同类型的环境规制政策数据。其中控制命令型环境政策中“重点流域水污染防治规划”政策相关信息来自《重点流域水污染防治“十一五”规划》《重点流域水污染防治规划（2011～2015年）》，并根据企业所在地识别该地区是否被纳入“重点流域水污染防治规划”方案；节能低碳企业名单来自《“万家企业节能低碳行动”企业名单及节能量目标》文件。市场激励型环境政策中排污权交易试点政策相关信息来源于《关于开展“推动中国二氧化硫排放总量控制及排污交易政策实施的研究项目”示范工作的通知》，根据企业所在地识别该地区是否被纳入试点范围；碳交易试点政策相关信息来源于《关于开展碳排放交易试点工作的通知》。公众参与型环境规制中环境信息披露的相关数据来源于《2008年

113 个城市污染源监管信息公开指数（PITI）评价报告》；媒体监督数据来源于中国经济新闻数据库的相关报道。

官方统计的数据具体包括以下几类：

1. 中国区域统计数据

第一个数据库是省级层面的统计数据，包括：（1）历年《中国统计年鉴》提供的各省区市人均 GDP、人口密度、贸易开放度和利用外资数据；（2）历年《中国环境统计年鉴》提供的各省区市二氧化硫、化学需氧量排放量和去除量数据；（3）中国气象局中国地面国际交换站气候资料年值数据集提供的各省区市降水量数据；（4）美国国家航空航天局（NASA）的航天飞机雷达地形任务 90 米数字高程地图提供的各省区市海拔数据；（5）欧洲中期天气预报中心（ECMWF）发布的历年栅格风速数据。第二个数据库是城市层面的统计数据，包括：《中国城市统计年鉴》和《中国区域经济统计年鉴》提供了地级市污染排放量、工业增加值、GDP、人口等信息；欧洲中期天气预报中心（ECMWF）发布的历年城市栅格风速数据。

2. 企业层面微观统计数据

第一个数据集是中国海关数据库提供的 2001 ~ 2015 年 HS 八位码上的进出口数据，包括每笔交易的进出口价值、数量、单位、产品来源和目的地、企业信息等。基于该数据信息可计算出口产品质量指标，构成本书研究的现状及实证的主要数据库之一。第二个数据集是 2001 ~ 2015 年中国工业企业数据库提供的制造业企业数据，相关统计信息包含制造业的股权结构、雇佣人数、资本投入、总产出、法人个人信息、公司信息以及相关会计报表信息。基于该数据库可得到实证研究中企业层面的控制变量。第三个数据集是中国专利数据库提供的专利数据。基于中国专利数据库和国际专利分类 IPC 代码甄别绿色专利信息，可以准确评估企业的绿色创新能力。第四个数据集是国泰安（CSMAR）数据库。该数据库提供了上市公司统计指标，具体包括股权结构、雇佣人数、资本投入、总产出、企业信息以及相关会计报表信息。第五个数据集是中国工业企业污染排放数据库（CES）。该数据集提供了 1998 ~ 2014 年主要工业企业环境监管记录，包括企业 SO_2、废水、废气、化学需氧量等主要污染物排放数据及治污设备投入、主要能耗变量。

二、研究方法

本书综合运用了国际贸易学、环境经济学、计量经济学等相关学科领域的研究方法，力求从多个层面、多个角度系统研究环境规制、企业出口行为与出口产品质量问题。

（1）文献分析法。本书以“环境规制与出口产品质量升级”为中心，系统梳理了环境规制的分类、测度及经济效应、出口产品质量升级的驱动机制、环境规制对出口贸易的影响等方面的文献资料，从而厘清当前关于环境规制与出口质量领域的研究进展，为后续的研究提供理论和经验基础。

（2）定性分析与定量分析相结合。本书在系统梳理关于环境规制与出口产品质量的相关研究基础上，借助相关统计数据详细论述并剖析了我国应对环境污染的具体环境政策演变以及出口产品质量的变化，通过时间上的纵向对比、不同政策之间的横向对比，明确环境政策变迁及出口产品质量的特征事实。

（3）理论建模分析。在出口产品质量决定模型基础上引入环境规制政策冲击，将地方政府的约束性减排目标考核因素纳入出口企业生产决策中，创新性地构建了一个包括环境约束、成本冲击与出口产品质量选择的模型，探究约束性减排目标考核如何通过遵循成本、创新补偿及产品转换三种渠道影响出口产品质量，明晰在何种情况下哪种效应占主导地位。

（4）计量经济方法和统计描述相结合。本书主要运用双重差分方法深入考察了控制命令型、市场激励型和公众参与型三种不同类型的环境规制对出口产品质量的影响，据此明确了环境规制政策的着力点。为了保证估计结果的稳健可靠，综合运用倾向得分匹配—双重差分法、两阶段最小二乘法、Heckman 两步法等计量手段解决模型的内生性问题。此外，本书还采取直观的描述性统计方法揭示不同样本的变量分布特征。

（5）对比分析法。本书实证章节横向对比了环境规制对不同行业、不同地区、不同企业的出口产品质量影响差异，据此明确环境政策实施的个体差异性特征；另外，本书纵向对比分析了控制命令型、市场激励型和公众参与型三类环境规制对出口产品质量的影响差异，为优化环境政策着力点及组合模式提供经验借鉴。

第四节　本书的创新点与不足之处

一、创新点

本书深入探讨了环境规制与出口产品质量之间的关系，主要的创新之处包括以下内容。

第一，首次从约束性减排目标考核的视角探讨了地方政府政绩考核观转型对出口产品质量的影响。本书从具有典型中国特色的地方政府偏向性减排目标约束的视角出发，以差异化环境目标约束这一事前环境规制为切入点，结合中国社会主义市场经济转轨时期地方政府晋升激励与环境目标约束的现实背景，考察地方政府官员在面临减排目标约束和环境绩效考核的双重压力下，如何通过协调省份之间以及省内各地级市之间的减排目标差异来实现出口竞争力与环境保护的“共赢”，据此构建了“中央—省—市”三层环境目标约束对出口产品质量的分析框架，从而扩展了现有研究关于官员治理中的政治晋升对企业微观行为影响的研究范围，也进一步丰富了关于中央政府对地方官员的“隐性治理”文献。同时，区别于以往研究中重点关注环境规制对企业进入退出市场的影响、环境规制引致的技术创新效应等，本书基于中国企业出口的现实困境，进一步考察了产品转换如何弱化约束性减排目标考核引致的出口产品质量下降问题，客观上丰富了从产品层面视角进行资源再配置研究，也是对关于产品转换可以有效提供企业绩效相关研究的有益补充。

第二，基于异质性企业贸易模型，构建了环境规制与出口产品质量的完整理论分析框架。本书在多产品贸易理论模型的基础上，通过内化企业的出口产品质量、产品价格以及生产成本，将地方政府的约束性减排目标考核因素纳入出口企业生产决策中，创新性地构建了一个包括环境约束、成本冲击与出口产品质量选择的模型，探究环境规制如何通过遵循成本、创新补偿及产品转换三种渠道影响出口产品质量，揭示了当环境规制引致的治污成本大于绿色创新和产品偏好冲击后，遵循成本占主导地位。在此基础上，基于环境规制实施主体多元化、实施手段多样化的现实特征，进一步详细论述了不同类型环境规制影响出口产品质量的机制差异及协同效应理论分析，补充了多类型环境规制政策组合影响出口产品质量的理论研究。

第三，采用双重差分方法系统考察了环境政策实施前后企业出口产品质量的变化。本书以高度细化的微观企业层面的贸易数据度量出口产品质量，并选取代表性环境规制政策作为准自然实验，采用双重差分方法考察了环境政策实施前后企业出口产品质量的变化情况，据此分析了控制命令型、市场激励型和公众参与型环境政策对出口产品质量的影响。这一研究设计不仅可以有效避免环境规制指标可能存在的测量误差问题以及模型设定的内生性问题，而且能够有效弥补前期研究重点关注企业出口这一局限，并初次探讨了不同的环境规制政策与出口产品质量的异质性关系，为我国出口模式转型和环境政策的制定提供理论指导。另外，本书将地区、行业和企业层面的环境规制政策纳入统一分析框架，有效弥补了既有文献集中在单一层面分析的不足，也将研究视角从企业被动接受强制性环境规制拓展至主动参与自愿型环境规制，全面揭示了环境规制推动企业出口升级的内在逻辑与经验证据。

第四，将不同类型环境规制纳入统一的分析框架，采用交叠双重差分模型系统考察了不同类型环境规制对出口产品质量的影响差异。区别于现有研究大多关注某一类环境规制政策对出口行为的影响，本书通过系统梳理不同发展阶段中央及地方政府实施的环境规制政策文件，将环境规制手段区分为控制命令型、市场激励型和公众参与型环境规制，探讨不同类型环境政策事前与事后规制情境下企业的出口产品质量是否存在显著差异。在此基础上，进一步探究政府、市场、公众等多部门环境规制协同推进对出口产品质量的影响，明确不同部门协同推进出口升级的规制组合与影响机理，有效识别实现出口质量升级的协同规制路径。相关研究不仅有效拓展了环境规制与企业出口选择相关的研究领域，也为政府、市场和公众等多元主体实施有效的环境规制条件组合提供了参考借鉴。

第五，从绿色创新的视角考察了环境规制提升出口产品质量的重要机制，有效拓展了“波特假说”的微观理论边际。本书紧扣国际环保标准不断强化企业社会责任的外在要求、国际贸易壁垒冲击与国内企业环境责任相对缺失的现实背景，基于中国专利数据库和国际专利分类代码甄别绿色专利信息，据此刻画了绿色创新能力指标，并科学地将绿色创新活动与非绿色创新活动进行剥离，深刻诠释了环境规制如何激励企业积极开展绿色创新活动，揭示了环境规制如何通过绿色创新这一重要机制来提升出口产品质量。这一研究一方面为环境规制与出口之间的“抑制论”还是“促进论”的争议提供了来自中国的微观证据，有效拓展了“波特假说”；另一方面深刻揭示了环境规制政策如何通过绿色技术创新来实现价值创造，为今后环境政策的优化和精准定位提供了重要参考，全面诠释了“如何通过环境政策激励企业提升绿色创新能力并实现出口转型升级”这一重大而现实的问题。

第六，深入探讨了环境规制作用下企业如何主动调整出口策略来重塑出口竞争优势。鉴于现有研究“仅关注了环境规制对企业的外生影响，且忽略了企业可以在环境政策引导下主动调整出口策略”这一现实问题，本书进一步将环境规制对出口质量的影响细化到产品层面，不仅有效识别了多产品出口企业如何通过质量竞争策略和价格竞争策略来强化核心产品出口竞争优势，而且讨论了企业的产品组合对其出口的影响，深入揭示环境规制下企业内部资源如何通过在核心产品与非核心产品、清洁型产品与非清洁型产品之间配置，据此弱化环境规制对出口产品质量的负面影响。另外，本书亦考察了环境规制下企业内部如何通过股权关联网络进行内部减排转移来避免对出口的负面影响，并进一步从产能转移、技术转移揭示了潜在的污染转移途径，相关研究为强化政府与企业内部环境治理协作、构建更加紧密的联合防控机制提供有力支撑。

二、不足之处

需要说明的是，囿于学识、理论、数据和资料的限制，本书不可避免地存在不足之处并亟待进一步完善。

第一，受限于微观企业—产品层面的出口数据可得性，样本区间仅限于 2001 ~ 2015 年。由于出口产品质量测算涉及了企业每笔交易的进出口价值、数量、单位、产品来源和目的地等信息，相关的数据只能来源于中国海关进出口数据库。而 2016 年及之后的中国海关进出口数据库不再披露产品贸易数量，无法获得单位产品价格，从而导致出口产品质量测算及相关的实证样本仅限于 2001 ~ 2015 年。这一数据集在一定程度上导致相关政策建议的时效性受到一定影响。后续如果获得更为详尽的出口统计数据，则将对样本进行更新再检验。

第二，受限于研究方法，本书主要采用双重差分方法评估了环境政策对出口产品质量的线性影响。但环境规制与出口产品质量之间有可能不会满足完全线性关系，导致双重差分模型的线性回归可能存在模型设定误差。目前本书仅在理论建模部分创新性地构建了一个包括环境约束、成本冲击与出口产品质量选择的模型，深入探究环境规制如何通过遵循成本、创新补偿及产品转换三种渠道影响出口产品质量，揭示了在什么条件下哪种效应占主导地位。但实证分布仅仅依靠平行趋势检验揭示环境政策对出口产品质量的长期影响，无法深刻反映两者之间的非线性关系。

第二章　环境规制与出口产品质量的相关研究进展

第一节　环境规制的分类、测度及经济效应研究

从规制经济学的角度来讲，环境规制是规制主体为纠正环境负外部性和规避规制“失灵”而对相关主体行为及市场进行的一系列干预（田露露等，2024）。规制主体、规制工具的不同，导致环境规制的分类也存在显著差异。为此，本节重点梳理了现有研究中关于环境规制的分类依据及特征，并系统阐述了环境规制的测度方式，以及环境规制引致的经济效应。

一、环境规制的分类及测度

现有文献主要从规制主体、规制工具及表现形式对环境规制进行分类。根据规制主体不同，环境规制可分为正式环境规制和非正式环境规制（Bento et al.，2018；Zheng et al.，2023；李菁等，2021；刘宇等，2023）。其中，正式环境规制是指政府及相关部门为改善环境质量、保护环境而采用行政法规或强制性措施来干预环境资源（原毅军和谢荣辉，2014）；非正式环境规制则是指环保组织、公众自发向环境污染企业或部门发起的环保协议、监督等行为，是一种非政府部门参与的环境治理行为规范（Féres and Reynaud，2012；李菁等，2021）。根据规制工具的不同，环境规制可划分为控制命令型、市场激励型与公众参与型环境规制（Bergquist et al.，2013；岳立等，2024）。其中，控制命令型环境规制强调政府通过制定法律法规、发布环保标准或利用行政手段对各类污染主体进行强制性干预（王杰等，2023）；市场激励型环境规制主要是通过发挥市场的激励与调节机制引导排污企业加强环境保护和污染控制（Requate，2005；宋德勇等，

2024）；公众参与型环境规制通过引导社会团体、公众等多元化社会主体加强对环境污染的申诉和控告，并通过群众反映、媒体曝光等方式向当地政府和污染企业施加压力，从而达到改善环境质量的目的（Cohen and Santhakumar，2007；祝树金等，2022）。根据规制的表现形式不同，环境规制可分为隐性环境规制和显性环境规制。其中，隐性环境规制是指经济主体依靠自己的主观能动性，通过绿色环保理念的宣传、环保认知的提升等方式为政府发布的正式环境规制提供辅助；显性环境规制是指采用法律法规、规章制度等方式明确环境规制的手段和方式（赵玉民等，2009）。从上述概念界定可知，不同的区分方式之间存在明显的交叉重叠。以社会团体、公众为主体的非正式环境规制、隐性环境规制即为公众参与型环境规制，而以政府为主体的正式环境规制、显性环境规制则可以进一步根据规制工具划分为控制命令型、市场激励型环境规制（尹礼汇和吴传清，2021）。

关于控制命令型环境规制，学者们主要采用排污费（Millimet and Roy，2016；Wang et al.，2021）、环境污染税（Shapiro and Walker，2018；Wang et al.，2021）、环境污染治理投资额（Mulatu，2017；Lv et al.，2021）衡量。近年来采用文本分析技术的普遍应用，学者们开始采用政府工作报告中的环保词频来反映环境规制强度（Lin et al.，2023；宋德勇等，2021）。另外，考虑到排污费收费制度存在较大的人为干扰，为此部分学者采取"十一五"或"十二五"期间的主要污染物减排力度（Shi and Xu，2018；Deng et al.，2021；余泳泽等，2020）、酸雨控制区和二氧化硫污染控制区（简称"两控区"）作为环境规制的替代指标（Cai et al.，2016；马倩倩和陈诗一，2023）。关于市场激励型环境规制，现有研究主要从排污权交易政策（涂正革和谌仁俊，2015；孙晓华等，2024）、碳交易试点（Gao et al.，2020；Cao et al.，2021）等绿色权益角度展开研究。关于公众参与型环境规制，学者们主要采用环境信息公开（祝树金等，2022）、公众环保诉求（张宏翔和王铭槿，2020）、环境信访来信总数（康志勇等，2020）来衡量。尤其是目前便利的网络环境进一步拓宽了媒介公众通过媒介参与环境监督的渠道（阳镇等，2024）。

二、环境规制的经济效应

环境规制的经济效应一直是国内外学者们讨论的重点和焦点。早期研究主要从环境立法的角度考察行政监管是否能够起到有效的减排效果，代表性文献如冯通等（Feng et al.，2019）发现《清洁空气法案》的实施显著改善了城市环境质量，并导致 PM2.5、PM10 和 SO_2 的排放强度大幅下降。然而，部分学者的研究则显示单纯的环保立法并不能显著地抑制当地污染排放，究其原因主要是环境执行效率相对较低（宋德勇等，2024）。相比以往的命令型环境规制，近年来越来越多的国家更加倡导市场型环境规制来改善环境（Anoulies，2017；齐绍洲等，2018；吴茵茵等，2021），并主要考察了排污权交易（Munnings et al.，2016；Hu et al.，2020）、排污费（Maung et al.，2016；余长林和高宏建，2015；韩超等，2016）等制度设计是否有利于降低企业排污水平。绝大多数学者的研究显示，环境规制政策主要通过遵循成本效应和创新补偿效应两种途径影响到企业或地区的环境绩效（Calel and Dechezlepretre，2016；Funfgelt and Schulze，2016）。

部分学者考察了环境规制对企业选址的影响。早期关于环境规制对企业选址影响的研究主要以发达国家作为研究对象，且绝大多数研究显示环境规制对企业选址并未产生显著的影响（Brunnermeier and Levinson，2004）。部分学者指出，早期文献的截面样本选择和变量内生性问题都将导致估计结果有偏（Millimet and Roy，2016；Brunel and Levinson，2018）。为此，后续研究基于改进的计量方法和面板数据重新检验了这一命题，并发现严格的环境规制将显著提高企业的遵循成本并降低其市场竞争力，从而导致污染密集型企业从环境规制较高的地区迁至环境水平相对较低的地区（Merz et al.，2017）。基于中国的相关研究也显示，环境规制水平是影响污染企业选址的重要因素（Sarkodie and Strezov，2019；Wang et al.，2021；徐志伟等，2020）。近期研究基于日本、法国等主要污染行业的相关数据显示，严格的环境规制将刺激流动性较差的污染密集型企业进行技术创新而不是发生迁移（Kheder and Zugravu，2012；Lv et al.，2019）。

近期研究主要考察了环境规制对创新尤其是绿色创新的研究。相关的研究显示，企业为了达到环境标准必须支付购买治理污染设备的费用、人员工资，因此环境规制将抑制企业的创新活动（Du et al.，2021）。另外，环境规制通过对污染企业的关闭或暂停、环保监督等震慑手段加强监管，从而导致绿色创新具有一定的挑战性（Fabrizi et al.，2018；Qi et al.，2023）。张彩云等（2019）的研究也表明环境规制导致企业将部分研发资源转移到污染减排部分，或者用于购买减排设备，从而抑制了企业的研发创新活动。然而，部分学者的研究则显示适度的环境规制可以倒逼企业引进绿色生产技术，并通过创新补偿效应来提高自主创新能力（Chakraborty and Chatterjee，2017；齐绍洲等，2018）。尤其是易于操作且目标明确的环境政策可以有效避免知识外溢外部性和“市场失灵”，从而引导企业加强绿色研发投入（Kiso et al.，2021；Yan et al.，2024）。此外，少数学者的研究也表明，环境规制与绿色创新之间并不存在简单的线性关系，而是呈现出倒“U”形曲线关系（董直庆等，2019）。最后，环境规制的绿色创新效应也可能取决于政策工具类型（Galeotti et al.，2020；Stucki et al.，2018）和企业规模等（Krieger and Zipperer，2022）。

部分学者还考察了环境规制对企业绩效的影响。新古典主义理论认为，严格的环境规制将对企业绩效产生显著的负面影响，究其原因是环境监管成本和治污成本将显著降低企业的市场竞争力（Becker and Henderson，2000；Lundgren and Zhou，2017）。另外，环境规制对劳动力需求和企业投资会产生显著的负面影响（Sheriff et al.，2019）。一些研究甚至发现企业的股票价格行情也会受到环境规制政策的影响（Carpentier and Suret，2015；Guo et al.，2020）。上述负面表现将深刻地影响到企业绩效，导致企业重新进行资源分配（Yu et al.，2021）。部分学者的研究显示，环境规制与企业绩效的关系受到其他因素的影响，其中技术门槛是环境规制产生积极促进作用的重要机制（Sherman et al.，2020）。另外，环境法规的具体设计机制将导致企业及时调整利率损失（Goulder et al.，2010；Marin et al.，2018）。此外，市场结构也将对环境规制与企业绩效之间的关系产生显著的调节作用，在市场竞争度较高的行业中，环境规制将通过限制新公司的市场进入来提高企业绩效（Anand and Giraud - Carrier，2020；Ganapati et al.，2020）。

第二节　出口产品质量升级的驱动机制研究

鉴于一国出口产品质量对该国的国际竞争力、收入分配、就业等诸多方面有着非常重要的影响（许和连和王海成，2016），出口产品质量升级成为各界广泛关注的热点问题（Verhoogen，2008；Amiti and Khandelwal，2013）。现阶段普遍采用阿米蒂和坎德瓦尔（Amiti and Khandelwal，2013）提出的需求信息回归推断法反推出产品质量（Fan et al.，2015；施炳展和邵文波，2014；许和连和王海成，2016），并从外部市场环境与企业内部特征两个角度探讨了出口产品质量的影响因素及驱动机制。

一、外部市场环境对出口产品质量的影响研究

该类文献主要从贸易自由化、制度建设等外部环境变化等角度探讨了出口产品质量的驱动机制。部分学者考察了进口贸易、区域一体化对出口产品质量的影响。例如，巴斯和劳斯卡恩（Bas and Strauss - Kahn，2015）、麦地那（Medina，2024）发现进口关税的降低将显著增加中间品进口比例，从而促进企业出口产品质量提升。卢德玛和余（Ludema and Yu，2016）、马述忠和吴国杰（2016）、段文奇等（2020）的研究也表明进口高质量的中间投入品可以有效地提高企业的出口产品质量。菲勒等（Fieler et al.，2018）的研究则表明中间品进口价格下降带来的竞争效应不利于企业的出口绩效提高。林正静（2019）的研究发现中间品贸易自由化可以有效增加中间品出口种类和出口质量，最终对出口产品质量起到促进作用。早川等（Hayakawa et al.，2020）的研究发现中国放松服务业 FDI 管制显著提高了企业的出口产品质量，且这一效应在外资企业更为显著。区域贸易协定作为贸易自由化的制度产物，同样会显著影响到出口产品质量，尤其是对中低收入国家效应更加明显（王明涛和谢建国，2019；杨勇等，2020；许统生和蒋玉莲，2023）。区域贸易协定的签署会降低进出口关税水平并提高企业生产率水平，从而有效提升产品质量（王明涛和谢建国，2019；Sun et al.，2022）。李仁宇等（2020）的研究表明区域贸易协定通过进入效应和竞争效应两种渠道影响出口产品质量，其中进入效应会降低区内生产率，从而降低出口产品质量；而竞争效应则有利于提高生产率，从而实现产品质量升级。另外，贸易便利化带来的规模扩张同样能提高产品质量（杨逢珉和程凯，2019）。与之相比，区域内的市场分割将直接导致产业丧失规模效应并降低企业生产率，从而对出口产品质量产生负面影响（刘信恒，2020）。

除此之外，部分学者也考察了汇率波动对出口产品质量的影响。马利克和马奎斯（Mallick and Marques，2016）的研究表明，本国汇率贬值导致企业的出口产品质量上升，从而有效提高了出口加成。王和于（Wang and Yu，2021）、许家云等（2015）、王雅琦等（2018）得出了类似的研究结论。陈等（Chen et al.，2021）基于异质性贸易模型考察了汇率变动对融资约束类企业产品价格和质量的影响，并发现当成本弹性高于临界值时，在资金压力和外币升值压力下，出口企业将会提高出口价格和产品质量。胡等（Hu et al.，2021）则发现外币升值将导致进口中间品价格下降，从而可以提高出口产品质量。余淼杰和张睿（2017）的研究发现，人民币

升值导致出口企业面临的国际市场竞争压力增大，从而促使出口企业提升产品质量。张明志和季克佳（2018）基于中国的微观企业数据研究发现，人民币汇率升值显著提高了出口产品质量，且随着企业垂直专业化水平的不断提高，生产率越高、融资约束越小的企业出口产品质量受到汇率上升的促进作用越为明显。张夏等（2020）的研究表明，要素扭曲一致的汇率贬值对企业的出口产品质量产生较大的负面冲击，但这种负面效应将会随着企业生产率的提高得到缓解。

最后，部分文献也从制度变革的角度探讨了东道国和出口国自身在知识产权保护、最低工资标准等方面的制度建设是否会影响出口产品质量。例如，杨和马斯库斯（Yang and Maskus，2009）、赖等（Lai et al.，2020）发现知识产权保护通过加速技术转让和降低企业的边际生产成本来提高出口产品质量。国内学者李等（Li et al.，2021）以 2007 年知识产权保护法的实施作为准自然试验进行研究，并发现该法律的实施显著提高了出口产品质量，尤其对私营企业、外资企业以及出口至低收入水平国家的企业更为显著。卿陶（2020）、胡国恒和赵雪婷（2020）也得出了类似的研究结论。法鲁克（Faruq，2011）率先考察了目的国制度质量对其进口产品质量的影响，并发现目的国制度环境越高，进口的产品质量越高。祝树金等（2019）则从目的国的道德水平这一视角探讨了东道国非正式制度安排对出口产品质量的影响，并发现较高的道德水平有利于提高出口产品质量。阿如罕（Ariu，2022）发现最低工资标准引致的高技能劳动者流动显著提高了该国进口中间品的质量，并最终提升了出口产品质量。许和连和王海成（2016）、许明和李逸飞（2020）的研究表明最低工资政策通过倒逼企业产品创新来提高核心产品的质量，从而有效抵减了由于劳动力成本上升带来的负面影响。许和连和王海成（2018）亦创新性地以出口退税审批权下放作为制度变革的外生冲击，全面考察制度优化对出口产品质量的影响，并发现简政放权同样有利于出口产品质量提升。

二、企业内部特征对出口产品质量的影响研究

该部分文献主要从全要素生产率、融资约束、内部治理结构等企业自身特征出发，考虑其对出口产品质量的影响。关于全要素生产率和出口质量方面，哈拉克和西瓦达桑（Hallak and Sivadasan，2013）基于异质性贸易模型考察了内生的全要素生产率如何影响出口质量，并发现全要素生产率的提高有利于出口产品质量升级。库齐和奥尔珀（Curzi and Olper，2012）的研究表明，全要素生产率的提高可以显著降低企业的边际生产成

本，从而可以有效提高出口产品质量，这一结论也得到了施炳展和邵文波（2014）的证实。库格勒和菲尔霍根（Kugler and Verhoogen，2012）、马诺瓦和张（Manova and Zhang，2013）则认为，全要素生产率较高的企业倾向于选择高质量的投入品，从而导致其出口产品质量相对较高。樊海潮和郭光远（2015）的研究也表明生产率较高的企业其出口产品质量也相对较高，即存在明显的质量效应。曲如晓和臧睿（2019）考察了企业内部的自主创新和外部的技术溢出对其出口产品质量的影响，并发现自主创新对其出口产品质量的提升作用远远大于外部技术溢出效应。宋跃刚和郑磊（2020）的研究发现企业内部的生产效率提高对出口产品质量具有显著的提升作用，但这种正面效应将由于中间品进口规模的扩大而有所弱化。

融资约束会对企业出口形成一定的阻碍效应（Dinopoulos et al.，2020；张同斌和刘文龙，2024），而外部金融市场的发展可以有效缓解融资约束问题，据此提高企业出口意愿（Chan and Manova，2015；刘兰勇等，2023）。纳加拉杰（Nagaraj，2014）基于印度制造业的微观数据考察了融资约束对企业出口决策的影响，并发现两者之间存在显著的负相关性。科恩等（Kohn et al.，2020）在一个具有异质企业和内生出口决策的小型开放经济体模型中考察了融资约束对企业资本积累、产出和出口的影响，并发现融资约束扭曲了生产、投资和出口决策，其对总出口的总体影响主要取决于企业将销售从国内市场重新配置到国外市场的能力。奥卡福等（Okafor et al.，2020）研究了2008年全球金融危机期间法国、德国、英国等国的企业信贷激励对出口业绩的影响，结果表明，与没有获得信贷或公共财政激励的公司相比，获得信贷激励的公司出口强度更高，出口的产品数量也更多。国内学者杨连星等（2015）的研究表明融资约束对企业的进入边际和扩展边际具有显著的负面影响，但对于集约边际的影响效果不明显。吴嵩博和崔凡（2020）主要从出口市场分布以及偏好选择的视角考察了融资约束对企业出口行为的影响，并发现融资约束较小的企业更愿意向市场潜力较高的国家出口。此外，部分文献也考察了融资约束对出口产品质量的影响。例如，范等（Fan et al.，2015）、阮福坎和苏蓝丁（Nguyen and Su，2021）认为融资约束导致企业研发投入和中间品进口减少，从而抑制了出口产品质量提升。克里诺和奥利亚里（Crinò and Ogliari，2017）、孔祥贞等（2020）的研究同样显示，融资约束将会显著影响到进口中间品的质量和种类，最终降低了出口产品质量。兰健和张洪胜（2019）从商业信用的角度揭示了城市企业集群如何通过缓解融资约束来提高出口产品质量。王浩等（2021）进一步探讨了银行同业之间的激烈竞争如何显著降低融资约束对出口质量的负面影响。

部分文献也考察了人力资本素质对出口产品质量的影响。例如，菲尔霍根（Verhoogen，2008）曾指出，发达国家对高质量出口产品的强烈需求客观上推动了劳动密集型企业通过加大高素质劳动力投入来实现产品质量升级。布兰比拉和波尔图（Brambilla and Porto，2016）采用跨国数据对高素质劳动力投入与出口质量之间的关系进行验证，进一步证实了劳动者技能溢价对出口质量升级的促进作用。刘啟仁和铁瑛（2020）将异质性劳动者技能水平引入出口产品质量决策模型，考察了企业雇佣结构变动对出口产品质量的影响，并发现高学历劳动者技能的供给有利于提高出口产品质量。许家云（2018）发现企业 CEO 的海外留学背景可以显著提高任职企业的出口产品质量，且这一促进效应具有较强的持续性。巴斯和保诺夫（Bas and Paunov，2021）检验了企业获取高质量中间投入与技能构成之间的生产互补性及其对出口产品质量，并发现企业对进口投入质量的选择驱动了它们对熟练劳动力的相对需求和技能溢价，从而提高了出口质量。

第三节　环境规制对出口贸易的影响研究

自 20 世纪 70 年代起，环境规制因改变国际贸易中的比较优势而被纳入传统的国际贸易理论中，并成为环境经济学与国际贸易领域的研究热点问题之一。早期研究主要从生产成本的视角考察了环境规制对出口竞争力的影响，并认为环境规制增加了企业购买治污设备、安排治污人员的额外成本，不利于污染密集型产品出口（Walter and Ugelow，1979）。然而，后续部分研究基于波特假说论述了环境规制通过推动技术创新来补偿合规成本的机制。这种“创新补偿效应”能够弥补排污、治污成本，进而提升了出口企业的比较优势并促进了出口（Porter and Linder，1995）。由此，环境规制对出口的影响一直未形成一致的结论。本节将从两个方面归纳分析环境规制对出口贸易的影响，试图揭示与理解环境规制对出口贸易影响的理论机制与实证效应，探讨它们存在争议的缘由，据此为贸易政策制定者在污染治理和外贸结构调整的双重压力下如何同时实现贸易转型升级与环境保护提供有力依据。

一、环境规制抑制出口贸易的相关研究

早期的研究显示，严格的环境规制将显著提升企业的治污成本，从而

导致出口产品竞争力明显下降，即产生遵循成本效应。托比（Tobey，1990）将环境规制引赫克歇尔—俄林—凡耐克（H－O－V）模型，并将污染密集型行业的出口贸易额与要素禀赋、环境规制进行回归后发现，没有证据表明环境控制措施导致贸易模式偏离 HOV 的预测。之后，比尔斯和伯格（Beers and Bergh，2001）、查阿塔伊和米海（Cagatay and Mihci，2006）基于跨国面板数据的实证检验进一步显示，提高环境规制水平增加了生产成本并削弱了国家的出口绩效。黄和金姆（Hwang and Kim，2018）也发现环境规制降低了 OECD 国家的出口竞争力。德尔普里奥雷和佐藤（Dechezlepretre and Sato，2017）、坎托尔和程（Cantore and Cheng，2018）得出了类似的研究结论。任力和黄崇杰（2015）采用扩展引力模型对中国与其 37 个贸易伙伴国家研究，得出中国的环境规制强度与出口贸易之间有显著的负相关关系，并且环境规制越强，对出口的负面影响越大。杜和李（Du and Li，2020）建立了一个简化的动态离散选择模型来研究出口企业的两阶段决策过程和环境规制的作用，并发现环境规制可能会抑制出口，其中对污染密集型企业的负面影响要大于清洁企业。

近年来，随着政策工具的不断推进及计量工具的升级，诸多学者借助双重差分或三重差分模型考察了环境政策的实施对出口绩效的影响。例如，郝林和庞塞特（Hering and Poncet，2014）利用中国 265 个城市面板数据考察了“两控区”政策对出口规模的影响，并发现环境规制显著降低了“两控区”内污染严重行业的出口。石和许（Shi and Xu，2018）考察“十一五”规划对企业出口的影响，发现在污染减排目标较高的省份、污染密集型产业的企业倾向减少出口。盛丹和张慧玲（2017）以酸雨控制区和二氧化硫污染控制区（简称“两控区”政策）作为环境规制的替代变量，考察了这一政策对企业出口质量的影响，并发现“两控区”政策与出口产品质量之间存在显著的正向关系，即“两控区”政策有利于提高我国出口产品的国际竞争力。张彩云（2019）发现清洁生产标准实施后，受规制的企业出口概率和出口量有所下降，清洁生产标准短期内抑制了出口。高翔等（2020）以 2003 年的清洁生产标准作为外生冲击，使用双重差分方法研究了环境规制如何影响企业出口技术的复杂度，并发现由于清洁生产带来的资源再配置，使得清洁生产会促进企业出口的技术复杂度提升。

二、环境规制促进出口贸易的相关研究

关于环境规制对出口的促进作用主要围绕“波特假说”展开研究。波特和林德（Porter and Linder，1995）的研究发现环境规制引致的创新补偿

效应有利于提高企业出口竞争力，进而增加出口可能性与出口值。康斯坦丁和马赞蒂（Costantini and Mazzanti，2012）基于欧盟的跨国数据研究均显示环境规制显著提高了出口规模。布鲁奈尔（Brunel，2019）基于1988～2003年OECD国家的统计数据研究显示，环境规制政策虽然对国内的技术创新影响不显著，但可以引入更多的先进技术来促进国内经济增长，从而增强了该国的出口产品竞争力。布兰迪等（Brandi et al.，2020）考察了优惠贸易协定中的环境条款对区域内贸易规制的影响，并发现环境条款的设置明显提高了发展中国家绿色产品的出口，且发展中国家环境规制水平越严格，贸易协定中的环境条款对绿色贸易的促进作用越显著。

部分学者考察了地区环境规制水平对企业出口行为的影响。奥尔伯里等（Albrizio et al.，2017）基于OECD国家的企业数据验证"波特假说"，并发现环境规制政策严格程度越高，企业出口能力越强。苏鲁米等（Tsurumi et al.，2015）、汝巴什金（Rubashkina et al.，2015）得出了类似的结论。阿罗拉和普拉巴（Arora and Prabal，2020）考察了拉丁美洲地区中小企业环境友好型实践的经济效应，并发现初期参加了环境友好型实践的企业都顺利进入了出口市场，这主要是基于出口企业主动采取国际质量认证来提高出口信誉。阿达科尔（Adah－Kole et al.，2023）基于土耳其家族企业的样本检验显示，客户对环保标准的要求将倒逼企业提升环保要求，据此提升了企业的出口强度。王杰等（2019）、谢等（Xie et al.，2020）的研究也表明环境规制可以显著促进制造业出口质量升级，对于污染密集型行业，环境规制通过产品生产力的渠道起到显著的促进作用。陈等（Chen et al.，2022）发现环境规制显著提高了企业的出口竞争力，且这一促进效应主要是通过提升企业TFP实现的。

部分学者针对具体的环境规制手段展开研究。例如，申萌等（2015）以"千家企业节能行动"作为环境规制的准自然试验，采用双重差分方法实证检验了环境规制对企业出口交货值的影响。结果显示，千家企业节能行动对政策目标企业的出口额有显著的正向作用。康志勇等（2018）进一步考察了万家企业节能减碳行动对企业出口的影响，并发现适度的减碳政策能够有效促进企业出口扩张。何砚和陆文香（2019）基于地方立法这一准自然试验考察了环境管制对企业出口的影响，结果发现政府的环境管制通过倒逼企业研发来提升出口概率和出口规模。周沂等（2022）、孙等（Sun et al.，2023）基于清洁生产标准这一准自然实验，实证检验了环境规制对出口的影响，并发现清洁生产标准显著提高了企业出口规模。张等（Zhang et al.，2020）的研究发现收紧废水排放标准显著阻止了新的污染者而不是现有的污染者进入出口市场，并认为生产性污染者可以通过降低出口价格和向海外销售更多产品来获得相对更大的出口市场。部分学者也指出，环境规制与出口之间并非存在简单的线性关系，而是呈现出倒“U”形或“U”形曲线关系。例如，傅京燕和吴丽敏（2015）探究了环境制度与可再生能源产业出口，并发现进出口国环境规制对风能行业和太阳能行业出口广度和深度的作用分别为“U”形和倒“U”形，出口国政府出台的环境管制政策对其影响均显著大于进口国。张胜满和张继栋（2016）认为环境管制会对集约边际增长有积极影响，与扩展边际之间则存在着“U”形关系。杜威剑和李梦洁（2017）发现虽然环境规制会导致部分污染密集型产品出口无法出口，但可以有效增加清洁产品出口类别。

第四节　对已有研究文献的简要评述

通过对以上文献的系统梳理可以发现，学术界对环境规制与出口、出口产品质量升级的驱动因素相关研究非常丰富，并在理论及经验研究方面积累了丰硕的研究成果。总体来看，由于研究的对象、思路和方法的差异，各国学者关于环境规制与出口的相关研究没有得到一致的结论，并存在以下几点不足。

一是现有研究主要通过排污费、排污治理投资、污染去除率等指标反映环境规制水平，较少从环境规制手段的角度考虑环境规制的实施效果。控制命令型、市场激励型和公众参与型三类不同的环境规制实施主体和实施方式存在显著差异，从而导致其对出口行为的影响不同，这在很大程度上造成研究结论的不一致性。为此，如何基于不同的规制手段、不同的规制主体对比分析不同环境规制工具对出口产品质量的影响差异，明确未来环境规制工具政策的着力点和关键点是未来研究的重中之重。

二是对于环境规制与贸易比较优势的研究集中考察了主要污染物减排强度对显性比较优势、净出口、出口规模等方面的影响。上述研究视角更多地反映了环境规制对出口贸易“量”上的比较优势，而无法体现出口价值创造和质量方面的优势。随着全球分工体系的不断深入和价值链的深入融入，贸易规模的扩张并不能完全反映其在全球价值链的地位或贸易条件有所改善，从而无法真实地反映出一国的出口竞争力（刘家悦和谢靖，2018）。当前，以坎德瓦尔（Khandelwal，2010）、哈拉克和肖特（Hallak and Schott，2011）为代表的新新贸易理论研究指出，产品质量是重塑一国出口竞争新优势的核心着力点，也是保证出口可持续增长的关键所在。另外，企业应对外生环境变化会主动进行创新，并主动调整产品进入、退出市场，因此企业出口产品质量升级也是其出口动态调整的结果（Eckel et al.，2015），将出口产品调整纳入质量升级的驱动机制中进行分析，可以更加清晰地厘清环境规制影响出口产品的内部机制。

三是早期研究主要考察了一国、地区、行业的环境规制行为对其出口竞争力的影响，关于微观企业的出口研究明显不足（Levinson and Taylor，2008；Du and Li，2020）。污染排放物是企业进行最优化生产时的副产物，这就决定了环境规制也是企业决策的重要因素之一。当企业面临巨大的减排压力时，为了追求自身利润最大化，企业存在足够的激励动机来游说政府官员或寻租来放松环境规制或隐瞒排污信息。因此，企业作为市场经济主体，政府应当引导规制政策向环境保护和产出增长的双重目标优化。微观数据的可得性为准确评估相关环境政策在市场经济中的实施过程和效果提供了有力的数据支撑（祝树金等，2022）。另外，环境规制对不同性质的企业存在的约束并不相同，创新能力强的企业更容易会倒逼发挥出补偿效应，因此忽略企业的异质性得到环境规制对企业出口的平均处理效应将是有偏的，这可能也是以往众多研究结论大相径庭的原因之一。

第三章　环境规制影响出口产品质量的理论研究

第一节　环境规制影响出口产品质量的理论建模

参考范海潮等（Fan et al.，2020）的研究，本节在出口产品质量决定模型框架下探讨了环境规制对出口产品质量影响的内在机制。与以往的研究相比，相关理论模型主要进行了以下两个方面拓展和创新：第一，范海潮等（Fan et al.，2020）在异质性企业模型框架下探讨了企业如何根据国际市场的需求和竞争条件调整其产品质量。而本章研究通过在消费者需求函数中引入产品属性参数，并在企业生产函数中引入环保考核压力下的绿色创新要素投入，从而将企业出口决策与消费者对产品质量和产品属性的需求纳入统一分析框架，据此讨论环境规制对出口产品质量的影响。第二，范海潮等（Fan et al.，2020）的理论研究表明，生产率更高的公司生产出更高质量的商品，但实际上面临着较低的质量调整成本。本章将进一步从成本效应、绿色创新效应和产品转换效应三条渠道探讨环境规制对出口产品质量的具体影响机制，从环境视角为企业提质升级提供新的研究思路。

一、环境规制影响出口产品质量的理论模型设定

为了探究环境规制对企业出口产品质量的影响机制，本节在范海潮等（Fan et al.，2020）的出口产品质量决定模型基础上引入环境规制这一政策冲击，据此考察环境规制对出口产品质量的影响及具体机制。

假设代表性消费者的效用函数满足：

$$U = \left[\sum_{i=1}^{N} \int_{\omega \in \Omega_{ij}} \left(\lambda_{ij}(\omega) q_{ij}(\omega) x_{ij}(\omega) \right)^{\frac{\sigma-1}{\sigma}} - \bar{x}^{\frac{\sigma-1}{\sigma}} d\omega \right]^{\frac{\sigma}{\sigma-1}} \qquad (3-1)$$

其中，$\sigma > 1$ 为不同产品之间的替代弹性。$x_{ij}(\omega)$ 为国家 j 的代表性消费者所消费的来自国外企业 i 的产品 ω 的数量。$q_{ij}(\omega)$ 为企业 i 的出口产品质量。$\lambda_{ij}(\omega) > 0$ 为产品属性，即代表性消费者对该类产品的偏好，$\bar{x}$ 为大于 0 的常数。根据效用最大化的一阶条件，可以得到需求函数：

$$x_{ij}(\omega) = \frac{L_j}{q_{ij}(\omega)\lambda_{ij}(\omega)}\left[\frac{y_j + \bar{x}P_j}{P_j^{1-\sigma}} * \left(\frac{p_{ij}(\omega)}{q_{ij}(\omega)\lambda_{ij}(\omega)}\right)^{-\sigma} - \bar{x}\right] \tag{3-2}$$

其中，$p_{ij}(\omega)$ 为产品 ω 从企业 i 出口到国家 j 的价格，$P_j = \left[\sum_{i=1}^{N}\int_{\omega \in \Omega_{ij}}(p_{ij}(\omega)/q_{ij}(\omega)\lambda_{ij}(\omega))^{1-\sigma}d\omega\right]^{\frac{1}{1-\sigma}}$ 为价格指数，y_j 为代表性消费者的收入。L_j 为 j 国的劳动力数量。

给定需求函数的情况下，令质量调整后的价格函数满足 $\tilde{p}_{ij}(\varphi,\lambda) = p_{ij}(\varphi,\lambda)/q_{ij}(\varphi,\lambda)$，需求量为 0 时的“窒息价格”（chock price）为 $\tilde{p}_{ij}^{*}(\varphi,\lambda) = \frac{y_j + \bar{x}P_j}{P_j^{1-\sigma}}$。将 $\tilde{p}_{ij}$ 和 $\tilde{p}_{ij}^{*}$ 代入利润函数，可得：

$$\pi_{ij}(\varphi,\lambda) = \bar{x}L_j[\tilde{p}_{ij}(\varphi,\lambda) - \tilde{c}_{ij}(\varphi,\lambda)]\left[\left(\frac{\tilde{p}_{ij}(\varphi,\lambda)}{\tilde{p}_j^{*}}\right)^{-\sigma} - 1\right] - f_i \tag{3-3}$$

其中，$\tilde{c}_{ij}(\varphi,\lambda)$ 为质量调整后的边际成本，f_i 为企业出口需要支付的固定成本，φ 为企业生产率。根据利润最大化的一阶条件，可以得到：

$$\sigma\frac{\tilde{c}_{ij}(\varphi,\lambda)}{\tilde{p}_j^{*}} = \left(\frac{\tilde{p}_{ij}(\varphi,\lambda)}{\tilde{p}_j^{*}}\right)^{\sigma+1} + (\sigma - 1)\frac{\tilde{p}_{ij}(\varphi,\lambda)}{\tilde{p}_j^{*}} \tag{3-4}$$

从式（3-4）可以看出，企业利润最大化问题等价于质量调整的成本最小化问题，并且企业的出口行为受到生产率 φ 和产品属性 λ 的影响。参考段玉婉等（Duan et al.，2021）、夏皮罗和沃克（Shapiro and Walker，2018）的研究，假设企业在生产过程中分配 a 比例的要素用于减排，$1 - a$ 部分的要素用于生产。减排投入函数为 $a = f(r_c)$，$f_r(r_c) < 0$ 表示环境规制 r_c 越大，企业减排投入越大。与典型的产品创新模型类似，假设存在一个绿色创新部门。当生产过程中产生碳排放时，绿色创新部门会通过提供绿色创新技术 E_i 减少碳排放，生产函数可表示为：

$$q_{ij}(\varphi,\lambda) = [(1 - a)\varphi\varpi_i\lambda_{ij}V_iE_i]^{\frac{1}{\eta}} \tag{3-5}$$

此时单位产出的工人数量为 $\frac{q_{ij}^{\eta}(\varphi,\lambda)}{V_i}=\varphi\varpi_i\lambda_{ij}(1-a)$。$\eta>1$ 表示质量差异的范围。ϖ_i 表示企业面临的偏好冲击，企业的污染排放函数为：

$$z_{ij}(\varphi,\lambda)=(1-a)^{\frac{1}{\alpha}}\varphi V_i\varpi_i\lambda_{ij}E_i \tag{3-6}$$

将式（3-6）代入生产函数，可得：

$$q_{ij}(\varphi,\lambda)=[(\varphi\varpi_i\lambda_{ij}V_i)^{1-\alpha}(z_iE_i)^{\alpha}]^{\frac{1}{\eta}} \tag{3-7}$$

根据成本最小化的一阶条件，可得：

$$1-a=\left(\frac{w_i}{t_i\varphi\varpi_i\lambda_{ij}E_i}\frac{\alpha}{1-\alpha}\right)^{\alpha} \tag{3-8}$$

二、环境规制影响出口产品质量的理论模型求解

假设出口企业 i 将产品出口到目的国 j 时，面临运输成本和冰山贸易成本。此时生产产品的边际成本可表示为：

$$c_{ij}(\varphi,\lambda)=\left[T_{ij}w_i+\frac{w_i^{1-\alpha}t_i^{\alpha}\tau_{ij}}{(\varphi\varpi_i\lambda_{ij})^{1-\alpha}E_i^{\alpha}}q_{ij}^{\eta}\right]\varepsilon \tag{3-9}$$

其中，ε 反映出口企业受到出口目的国 j 的特殊成本冲击。$c_{ij}(\varphi,\lambda)$ 为边际成本，w_i 为企业 i 的平均工资水平，T_{ij} 为每单位产品的运输成本，τ_{ij} 为冰山贸易成本，t_i 为企业 i 治污成本。

结合式（3-7）和式（3-9）得到的质量调整的边际成本对企业的产品质量求一阶偏导，可以得到最优质量水平：

$$q_{ij}(\varphi,\lambda)=\left[\frac{T_{ij}(\varphi\varpi_i\lambda_{ij})^{1-\alpha}E_i^{\alpha}}{(\eta-1)w_i^{1-\alpha}t_i^{\alpha}\tau_{ij}}\right]^{\frac{1}{\eta}} \tag{3-10}$$

从式（3-10）可以看出，企业的治污成本 t_i 的上升会导致产品质量的下降，而消费者对产品偏好冲击 ϖ_i 的增加和 E_i 的上升与出口产品质量存在正相关关系。将式（3-10）代入式（3-9）中，质量调整的边际成本表示为：

$$\tilde{c}_{ij}(\varphi,\lambda)=\frac{c_{ij}(\varphi,\varepsilon)}{q_{ij}(\varphi,\varepsilon)}=\left(\frac{\eta}{\eta-1}T_{ij}w_i\right)^{\frac{\eta-1}{\eta}}\left(\frac{(\varphi\varpi_i\lambda_{ij})^{1-\alpha}E_i^{\alpha}}{\eta w_i^{1-\alpha}t_i^{\alpha}\tau_{ij}}\right)^{-\frac{1}{\eta}}\varepsilon \tag{3-11}$$

由于沉没成本的存在，在均衡状态下存在零利润消费者偏好临界值 $\lambda^*(\varphi)$ 和零利润生产率临界值 φ^*。从零利润条件式（3-3）可知，只有当质量调整的成本小于价格时才存在正需求。因此，临界条件下的价格函

数可表示为：

$$\widetilde{p_{ij}^*}(\varphi,\lambda) = \widetilde{c_{ij}^*}(\varphi,\lambda) = \widetilde{p_j^*}(\varphi,\lambda) \tag{3-12}$$

结合式（3-12）可知，临界生产率为：

$$\varphi_{ij}^*(\varepsilon) = \frac{\eta^\eta}{(\eta-1)^{\eta-1}}T_{ij}^{\eta-1}\tau_{ij}\omega_i^\eta(\tilde{p}_j^*)^{-\eta}\varepsilon^\eta = \varphi_{ij}^*\varepsilon^\eta \tag{3-13}$$

其中，$\varphi_{ij}^* = \frac{\eta^\eta}{(\eta-1)^{\eta-1}}T_{ij}^{\eta-1}\lambda^{-1}\tau_{ij}\omega_i^\eta(\tilde{p}_j^*)^{-\eta}$。类似地，产品属性临界值的表达式为：

$$\lambda_{ij}^* = \frac{\eta^\eta}{(\eta-1)^{\eta-1}}T_{ij}^{\eta-1}\varphi^{-1}\tau_{ij}\omega_i^\eta(\tilde{p}_j^*)^{-\eta} \tag{3-14}$$

当产品属性 λ_i 高于临界消费偏好 λ_{ij}^* 时，该产品会继续生产并在市场上流转；但是当 λ_i 低于临界消费偏好 λ_{ij}^* 时，产品由于不盈利而将被市场淘汰。

参考伯纳德等（Bernard et al.，2010）的研究，假设企业进入出口市场前，生产率 φ_{ij} 由连续分布 $g_{ei}(\varphi)$ 和累积分布 $G_{ei}(\varphi)$ 决定，产品属性 λ_{ij} 由连续分布 $z_{ei}(\lambda)$ 和累积分布 $Z_{ei}(\lambda)$ 决定。代表性企业的进入决策满足累计分布函数 $G_e(\varphi)$ 和 $Z_e(\lambda_i)$，即企业的出口行为同时受到生产率 φ 和产品属性 λ 的影响，并且两者的分布是互相独立的。进入后，企业面临一个恒定的泊松概率为 ϖ_i 的偏好冲击，并且新的消费者偏好变为 λ_i'，此时产品属性的连续分布和累积分布分别为 $z_{ei}(\lambda_i' \mid \lambda)$ 和 $Z_{ei}(\lambda_i' \mid \lambda)$。同时，企业也面临一个恒定的泊松概率为 ϑ 的生产率冲击，并且新的生产率定义 φ_i'，相应的生产率连续分布和累积分布为 $g_c(\varphi_i' \mid \varphi)$ 和 $G_c(\varphi_i' \mid \varphi)$。在这种情况下，消费者偏好和生产率之间是相关的，并且 $\frac{\partial Z_{ei}(\lambda_i' \mid \lambda)}{\partial\lambda} < 0$，$\frac{G_c(\varphi_i' \mid \varphi)}{\partial\varphi} < 0$。企业生产率和消费者偏好的静态分布为 $\chi_z(\varphi)$ 和 $\chi_g(\lambda_i)$，市场上生产的企业数量为 M。那么冲击后存活的企业数量为：

$$\rho_i(\varphi,\lambda_i) = (1-\theta G_c(\varphi_i' \mid \varphi))\chi_z(\varphi)\chi_g(\lambda_i)M \tag{3-15}$$

受到冲击后的现存企业剔除掉的产品种类为：

$$\xi_i^d = \int_{\varphi_{ij}^*}^{\bar{\varphi}_{ij}}\left[\int_{\lambda_{ij}^*}^{\bar{\lambda}_{ij}}\varpi_i Z_{ei}(\lambda_i' \mid \lambda)\rho_i d\lambda_{ij}\right]d\varphi \tag{3-16}$$

同理，企业新增的产品种类为：

$$\xi_i^a = \int_{\varphi_{ij}^*}^{\bar{\varphi}_{ij}} \left[\int_{\lambda_{ij}^*}^{\bar{\lambda}_{ij}} \varpi_i [1 - Z_{ei}(\lambda_i' \mid \lambda)] \rho_i d\lambda_{ij} \right] d\varphi \tag{3-17}$$

从式（3-16）和式（3-17），企业新增的产品种类和产品种类的数量都随着高概率冲击的增加而增加，即 $\frac{\partial \xi_i^a}{\partial \varpi_i} > 0$ 且 $\frac{\partial \xi_i^d}{\partial \varpi_i} > 0$。

令 $\mu = 1 - a$ 且 $\frac{d\mu}{dr_c} < 0$，对式（3-8）治污成本 t_i 和企业绿色技术水平 E_i 求偏导，可得：

$$\frac{\partial t_i}{\partial r_c} = -\frac{1}{\alpha} \frac{w_i}{\varphi \varpi_i \lambda_{ij} E_i} \frac{\alpha}{1-\alpha} \mu_i^{-\frac{1}{\alpha}-1} \frac{d\mu}{dr_c} > 0 \tag{3-18}$$

$$\frac{\partial E_i}{\partial r_c} = -\frac{1}{\alpha} \frac{w_i}{t_i \varphi \varpi_i \lambda_{ij}} \frac{\alpha}{1-\alpha} \mu_i^{-\frac{1}{\alpha}-1} \frac{d\mu}{dr_c} > 0 \tag{3-19}$$

由此可知，环境规制与企业治污成本之间和企业绿色创新之间呈正相关关系，即环境规制水平的提高将增加企业的治污成本、促进企业进行绿色创新。

根据式（3-10）对治污成本 t_i 和企业进行绿色创新的研发资源投入 E_i 求偏导，可以得到治污成本、企业进行绿色创新的研发资源投入与出口产品质量之间的关系，即：

$$\frac{\partial q_{ij}(\varphi, \lambda)}{\partial t_i} = -\frac{\alpha}{\eta} \left[\frac{T_{ij}(\varphi \varpi_i \lambda_{ij})^{1-\alpha} E_i^{\alpha}}{(\eta - 1) w_i^{1-\alpha} \tau_{ij}} \right]^{\frac{1}{\eta}} t_i^{-\frac{\alpha}{\eta}-1} < 0 \tag{3-20}$$

$$\frac{\partial q_{ij}(\varphi, \lambda)}{\partial E_i} = \frac{\alpha}{\eta} \left[\frac{T_{ij}(\varphi \varpi_i \lambda_{ij})^{1-\alpha} E_i^{\alpha}}{(\eta - 1) w_i^{1-\alpha} t_i^{\alpha} \tau_{ij}} \right]^{\frac{1}{\eta}} E_i^{\frac{1}{\eta}-1} > 0 \tag{3-21}$$

从式（3-21）可以看出，治污成本的上升将导致产品质量下降，但绿色技术水平 E_i 的提升导致产品质量的上升。由此可知，环境规制导致企业的治污成本上升，进而导致出口产品质量下降。与此同时，环境规制显著提升了企业的绿色创新能力，进而提升了出口产品质量。

将式（3-8）的冲击概率 ϖ_i 对减排考核目标 r_c 求偏导，可知：

$$\frac{\partial \varpi_i}{\partial r_c} = -\frac{1}{\alpha} \frac{w_i}{t_i \varphi \lambda_{ij} E_i} \frac{\alpha}{1-\alpha} \mu_i^{-\frac{1}{\alpha}-1} \frac{d\mu}{dr_c} > 0 \tag{3-22}$$

从式（3-22）可知，约束性减排考核将导致企业面临的消费者偏好冲击增加。结合式（3-16）和式（3-17），可知：

$$\frac{\partial \xi_i^d}{\partial r_c} = \frac{\partial \xi_i^d}{\partial \varpi_i}\frac{\partial \varpi_i}{\partial r_c} > 0 \text{ 且 } \frac{\partial \xi_i^a}{\partial r_c} = \frac{\partial \xi_i^a}{\partial \varpi_i}\frac{\partial \varpi_i}{\partial r_c} > 0 \tag{3-23}$$

由式（3-23）可知，约束性减排考核将导致产品剔除率和产品新增率增加。

将式（3-10）对冲击概率 ϖ_i 求偏导，可以得到：

$$\frac{\partial q_{ij}(\varphi,\lambda)}{\partial \varpi_i} = \frac{1-\alpha}{\eta}\left[\frac{T_{ij}(\varphi \varpi_i \lambda_{ij})^{1-\alpha}E_i^{\alpha}}{(\eta-1)w_i^{1-\alpha}t_i^{\alpha}\tau_{ij}}\right]^{\frac{1}{\eta}} \varpi_i^{\frac{1}{\eta}-1} > 0 \tag{3-24}$$

结合式（3-23）和式（3-24）可知，环境规制导致出口企业产品转换率提高，进而有利于产品质量的提升。

将式（3-10）取对数并进行分解：

$$\frac{\eta}{q}\frac{dq_{ij}}{dr_c} = -\underbrace{\alpha\frac{dt_i}{dr_c}}_{①} + \underbrace{(1-\alpha)\frac{dE_i}{dr_c}}_{②} + \underbrace{\alpha\frac{d\varpi_i}{dr_c}}_{③} \tag{3-25}$$

从式（3-25）可知，环境规制对出口产品质量的影响可分解为：①成本效应，②绿色创新效应，③产品转换效应。当 $|\alpha\frac{dt_i}{dr_c}| > |(1-\alpha)\frac{dE_i}{dr_c} + \alpha\frac{d\varpi_i}{dr_c}|$ 时，约束性减排考核带来的成本效应大于绿色创新效应和产品转换效应；此时，$\frac{\partial q_{ij}}{\partial r_c} < 0$，说明环境规制对出口产品质量的提升有负向影响。当 $\left|\alpha\frac{dt_i}{dr_c}\right| < |(1-\alpha)\frac{dE_i}{dr_c} + \alpha\frac{d\varpi_i}{dr_c}|$ 时，环境规制引致的绿色创新效应和产品转换效应能够弥补成本效应，进而提升出口产品质量。

第二节　环境规制影响出口产品质量的理论机制分析

基于上述理论模型可知，环境规制主要通过遵循成本效应、创新补偿效应和产品转换效应三条具体机制影响到出口产品质量。但由于企业和出口目的国的异质性特征，因此环境规制对出口产品质量的影响也存在显著的异质性特征。为此，本节首先从遵循成本效应、创新补偿效应和产品转换效应三个方面详细论述环境规制影响出口产品质量的具体机制；在此基础上，进一步结合地区、行业、企业所有制、出口目的国的异质性特征，系统论述环境规制对出口产品质量的异质性影响。

一、环境规制对出口产品质量的影响机制分析

1. 遵循成本效应

遵循成本理论认为环境规制水平的提高将增加企业生产成本而抑制企业出口（Walter，1982）。为了实现地区节能减排目标，辖区内相关企业需要控制排污量或者更新治污设备，治污成本的上升可能会阻碍企业加强产品质量控制（Crozet et al.，2012；Fan et al.，2015）。根据新古典贸易理论，为应对环境标准的提高，企业将承担污染环境的代价，生产成本提高。一方面，环境规制导致辖区内企业减排压力剧增。企业不得不为能源消耗和污染排放支付更多的费用用于污染防治，即合规成本增加。另一方面，为了满足地方政府的减排要求，企业必然会通过从末端控制污染排放总量或者在生产过程中引进或采用先进的治污技术，从而导致企业治污成本显著增加。其具体表现为：首先，严格的环境规制倒逼企业选择更加绿色环保的生产技术，或增加环保设备的投入、更换高污染设备来加快绿色化转型，从而导致企业生产成本增加。其次，企业在生产过程中倾向于选择更加绿色的生产原料，加强前端预防和末端治理来控制污染排放。再次，部分企业通过寻求政治关联或寻租来规避环境规制带来的负面影响（Maung et al.，2016；Deng et al.，2020）。政治关联或寻租的存在使得该企业能够在较低的环境规制水平上继续生存，从而弱化了出口产品质量升级的积极性。最后，受制于环保达标要求，企业在生产、管理等环境都需要将环境标准纳入约束条件，从而大大限制了企业的生产决策集（Manova and Yu，2017）。生产成本的增加会让企业重新考虑资源配置、减少或控制绿色技术研发投入，从而阻碍了企业的技术进步并对出口质量升级产生“遵循成本效应”（Ollivier，2016；谢靖和廖涵，2017）。

2. 创新补偿效应

创新补偿理论认为严格的环境规制倒逼企业通过采纳绿色生产工艺或进行绿色技术创新来实现低排量生产，从而有利于提高企业的绿色生产率和产品质量水平（Becker and Egger，2013；Elrod and Malik，2017；谢靖和廖涵，2017）。为了实现减排目标，企业将积极采纳新的绿色生产技术和技能技术，并淘汰落后产能。也就是说，环境规制将促使企业强化绿色技术创新来实现资源优化配置和出口产品质量提升。具体来说，伴随着企业减排压力的增加，企业会推动传统的高污染高能耗的粗放型生产模式向培育推广绿色清洁技术模式转变，从而增强企业绿色创新的动力及投入。同时，当污染企业面临排污成本剧增的压力时，往往会倾向于通过绿色创

新来补偿遵循成本，从而推动产品结构升级换代。另外，随着国际环保标准的日趋提高，发达国家开始将绿色认证作为出口产品质量保证的重要监测指标，致使出口企业加大绿色研发投入和绿色工艺生产，突出表现在：一方面，内外部环境规制压力促使企业积极寻求新的技术创新点，进而推动企业根据自身优势打造以绿色发展为基调的突破式创新；另一方面，出口企业良好的环境表现有助于吸引重视环境管理的外部投资者并加快构建两者间的信任关系，在环境风险与信贷风险相互耦合的背景下，较好的环境表现可以有效缓和企业与外部投资者之间的信息不对称并获得外部投资者依赖，通过缓解融资约束促进企业进行绿色创新。因此，绿色技术创新和绿色生产工艺的改进导致出口产品在国际市场上的竞争力显著提升，从而激励企业继续加大对技术创新的投入，持续提高出口产品质量。

3. 产品转换效应

受企业环境规制遵循成本约束与利润最大化驱动，环境政策的改变可能使优势企业调整其生产行为，进行内部生产产品的再配置。从产品需求层面来看，环境规制水平的提高将会促使企业减少污染密集型产品的生成并转向清洁型产品，或者导致企业出口目的地从环境规制水平较严格的OECD国家转入环境宽松的非OECD国家（Kheder and Zugravu，2012；Ma et al.，2014）。从产品的要素投入层面看，环境政策的变化使得企业投入更多的环保要素来改变产品类型（Bernard et al.，2010；Elrod and Malik，2017）。而企业内部产品间的转换将导致产品质量发生显著的变化（Manova and Yu，2017）。伯纳德等（Bernard et al.，2010）对1987～1997年美国制造业企业的研究表明，外部冲击导致企业集中生产并增加出口产品属性较高的产品，并剔除产品属性较低的产品，从而有利于提高出口企业内部的资源配置效率。戈尔德贝格等（Goldberg et al.，2010）基于1989～2003年印度制造业企业的数据检验发现，企业内资源的重新配置是出口增长的重要驱动力量。纳瓦罗等（Navarro et al.，2016）、伯纳德和奥库波（Bernard and Okubo，2016）等得出了类似的研究结论。由此可知，环境规制将促使企业加快产品转换，进而提高出口产品质量。

二、不同类型环境规制影响出口产品质量的机理及协同效应

基于前面的理论分析可知，环境规制主要通过遵循成本效应、创新补偿效应和产品转换效应影响出口产品质量，但不同类型的环境规制对出口产品质量的作用存在一定的差异，且不同类型的环境规制通过协同规制，可在一定程度上避免环境规制漏洞，从而更好地发挥规制效应。为此，本

节首先对控制命令型、市场激励型、公众参与型影响出口产品质量的具体机理进行分析，然后探讨三种不同类型的环境规制对出口产品质量的协同效应。相应的理论分析框架如图3-1所示。

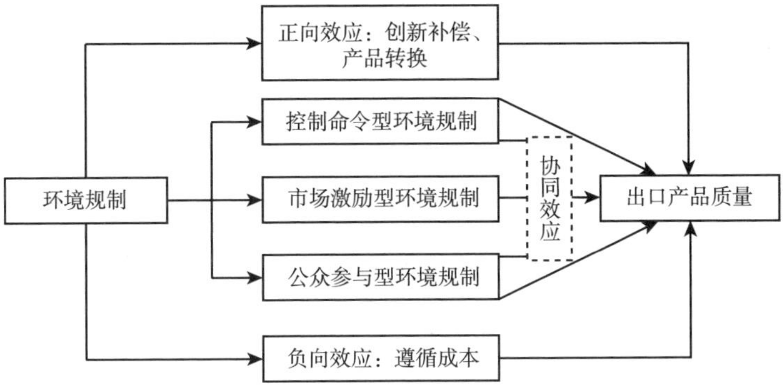

图3-1　不同类型环境规制影响出口产品质量的理论框架

1. 控制命令型环境规制影响出口产品质量的理论机理

控制命令型环境政策主要通过政府的强制性干预来实现企业减排，虽然具有明显的推行成本低、管控成果好的特点，但依靠政府行政干预，缺乏监管主体与监管对象之间的协商合作，容易忽略行业不平等、非均质差异，导致异质性监管缺位，并最终陷入制度性困境，具体来说：首先，为了避免在生产经营过程中因为环境标准问题遭遇行政处罚，企业将会主动增加减排投入，从而提高企业的遵循成本。例如，企业通过购买减排设备或对现有的环保设施进行技术改造来实现末端减排。这些额外的治污成本可能会挤占企业的生产性投资甚至研发投资，从而降低了企业的生产效率。在无法实现末端减排目标时，部分企业甚至被迫选择停产、减产来达到环境规制目标。严格的环境规制导致企业治污成本过高而退出市场（Wang et al.，2018）。

其次，控制命令型环境规制因较高的干预度促使企业进行绿色创新。由于命令控制型环境规制以环境保护、强化性禁令、市场准入控制等手段为主，因此在客观上内化了污染的外部性，促使企业通过改进绿色生产工艺、研发绿色产品等方式实现绿色创新。相对于一般创新而言，绿色创新更具复杂性，需要企业整合和匹配产业中一系列技术才能驱动绿色技术创新。因此，命令型环境规制可能会逼迫企业主要从事“利用式绿色创新”而忽视“探索式绿色创新”，绿色创新的质量不高（王杰和李治国，2023），这主要是由于：一方面，中国整体的绿色创新能力较低，企业的创新资源有限，其绿色创新行为容易受到政府的奖励、税收等外部政策影响，绿色创新质量有待提升（董直庆和王辉，2019）；另一方面，由于绿色创新具有典型的研发投入大、风险高、直接经济回报少等特点，大部分企业容易陷入“达标”困境，即当绿色创新活动引致的补偿收益能够弥补污染遵循成本后，企业就缺乏有效的创新激励。

最后，为了应对控制命令型环境规制引致的遵循成本上升问题，企业可能会通过产品转换来应对外部市场环境。由于技术水平和生产能力存在显著差异，不同企业在生产过程中的排污水平也不同，从而导致其面临的遵循成本不同。为了弥补遵循成本对企业生产的负面冲击，企业将整合资源剔除不具有竞争优势的产品，将资源集中在少数具有竞争力的出口产品质量提升方面。一般而言，产品利润会随其与核心产品距离的增加而递减（Chatterjee et al.，2013；Mayer et al.，2021）。因此，当企业面临较高的遵循成本时，不得不放弃边缘产品出口，从而导致企业出口产品种类减少、核心产品出口质量生产提升。另外，在严格的环境规制下，企业可能会放弃部分高污染产品或增加清洁产品生产，从而通过剔除高污染产品、增加清洁型产品生产来应对环境规制，据此推动产品质量的提升。一方面，企业通过扩展边际来进行产品调整，即扩展清洁型产品生产、淘汰污染密集型产品生产种类；另一方面，企业可以通过集约边际来实现产品转换，即增加清洁产品生产规模、降低非清洁产品的规模（Barrows and Ollivier，2018）。企业通过扩展边际和集约边际进行产品转换，在实现环境规制目标的同时提高了出口产品质量（见图3－2）。

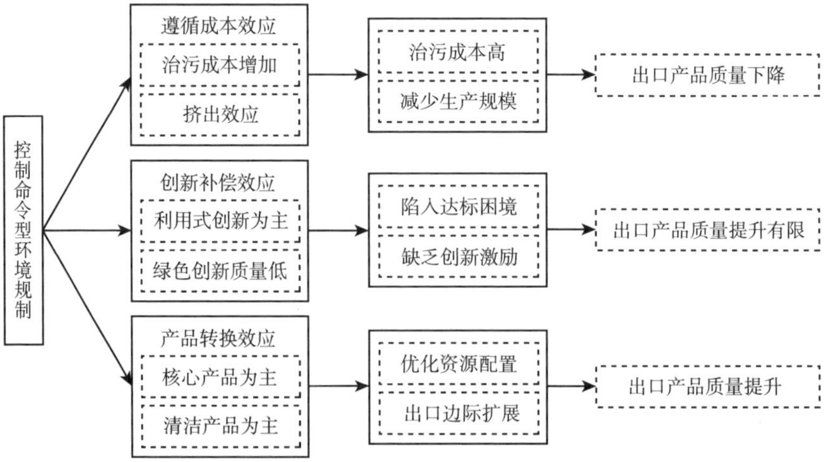

图3－2　控制命令型环境规制影响出口产品质量的理论机制框架

2. 市场激励型环境规制影响出口产品质量的理论机理

市场激励型环境规制主要是通过市场机制引导企业积极参与减排，其主要特征是政府不再通过行政手段直接干预企业生产实现减排目标，而是充分发挥市场的调节作用给予企业更多选择权，鼓励企业根据自身生产经营情况选择更加灵活有效的减排手段。在市场激励型环境规制下，虽然减排压力同样会促使企业增加治污投入，但相较于控制命令型环境政策，市场激励型环境规制将促使治污成本内部化，进而倒逼或激励企业通过技术创新来提升治污成效，这主要体现在：首先，市场激励型环境规制通过征收排污税、排污权交易等方式将环境污染成本内化到企业的生产决策中，允许企业在利润最大化原则下灵活选择污染物的排放量及实现污染控制的手段（郭进，2019）。其次，企业积极的减排行为不仅有助于达到排放总量控制的要求，剩余的排放配额可以在市场交易出售，获得额外的减排收益。因此，从这个层面来讲，市场激励型环境规制的遵循成本相对较低。

从创新补偿效应来看，市场激励型环境规制通过治污成本内部化来降低企业创新风险并缓解企业创新时面临的融资约束，从而会促进企业进行绿色创新。对于治污能力较强的企业而言，多余的排污权可以通过在市场交易获得更多的绿色研发资金投入，从而推动了减污—绿色研发—出口质量提升的良性循环。另外，政府通过绿色补贴等方式引导企业进行积极的绿色创新。从信号传递理论可知，当企业的生产经营活动获得政府的政策扶持时，外部投资者会接收到政府与企业双向传递的积极信号，从而缓解投资者与企业之间的信息不对称问题。更多的外部资金流入有利于缓解企业的融资约束，并减轻了企业为保证生产活动及产品在污染标准控制范围内而面临的环境合规成本负担，推动企业积极开展绿色创新活动（Amore et al.，2016；Brunel et al.，2019）。最后，绿色补贴同样可以解决企业在进行绿色创新时的“市场失灵”问题，这主要是由于绿色补贴能够降低企业的绿色创新风险，企业绿色创新动力显著增强。

从产品转换效应来看，与控制命令型环境规制类似，市场激励型环境规制促使企业通过产品转化优化资源配置效率，从而提高出口产品质量（彭水军等，2024）。首先，市场激励型环境规制引导企业重新考虑生产要素配置，在减少污染密集型产品生产的同时增加清洁型产品生产，从而提高资源配置效率。由于市场激励型环境规制同样存在遵循成本和创新补偿效应，尤其在市场导向激励下，高污染企业由于环境规制受到影响较大。成本压力会促使企业减少污染密集型产品生产，并在外部市场出口排污权以获得绿色收益。另外，市场导向激励效应会鼓励企业加强核心产品出口以获得更高的市场利润，从而减少了企业的出口产品种类（见图3－3）。

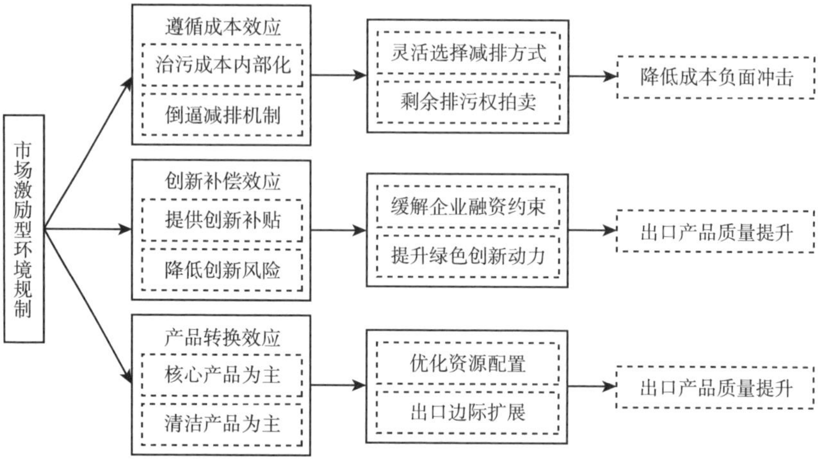

图3－3　市场激励型环境规制影响出口产品质量的理论机制框架

3. 公众参与型环境规制影响出口产品质量的理论机制

首先，不同于有政府背书的控制命令型环境规制和市场激励型环境规制，公众参与型环境规制具有典型的非正式性、灵活性、自发性特征。公民有权依法行使监督权通过环境信访、环境维权、环境诉讼、媒体曝光等方式表达自己的利益诉求，从而对企业造成环境压力。公众对环境监督和自发披露能够有效提高当地企业的环保责任意识，为此，企业一方面主动增加治污投入来应对市场和政府的环保压力；另一方面，为了迎合公众的绿色偏好，企业将通过引入第三方审核机制来对外释放积极的环境信号。例如，企业会普遍通过申请ISO 14001认证来满足消费者较高的生态支持性惯例与标准以应对多方环保压力（杨冕等，2022）。何等（He et al.，2015）基于工业及企业的调查数据显示，进行ISO 14001认证后，政府对该企业的环保督察频次显著降低。因此，为了满足环境标准要求，出口企业必须支付额外的遵循成本对产品进行认证。

其次，在公众监督下，为了迎合公众的环保要求、获得良好的外部形象，企业会主动参与环境规制并进行绿色创新，寻求更加清洁和高效的绿色生产技术（杨冕等，2022）。与其他类型的环境规制手段相比，公众参与型环境是在外部压力下企业主动参与并承担环境责任的约束性制度，因此其环境规制执行力度弱。具体来说，由于公众只具有环境监督的权力而不具备执法能力，从而无法直接制约企业的生产行为。因此，公众通过披露、上诉、建言献策等方式与政府协同共治。政府通过鼓励公众事前参与政策制定、之后反馈监督来获取环保信息，并据此对污染企业进行规制，鼓励企业进行绿色创新。因此，公众参与型环境规制对绿色创新的促进作用弱于市场激励型环境规制。

最后，企业在面临严重的外部环保压力时，可能会通过内部的资源配置和生产调整来降低对出口的负面冲击。一方面，企业可能会通过专注于核心产品生产来获得更多的成本加成。尤其是当公众环保意识的提高造成企业遵循成本上升时，企业更倾向于核心产品的质量升级来弥补环境成本造成的负面冲击。但企业内部资源有限，这一生产调整导致企业不得不放弃边缘产品的生产。另一方面，由于清洁型产品相对其他产品具有更好的环境表现，这主要表现在：清洁型产品在生产过程中产生较少的前端污染，有效降低了企业的治污成本。企业将资源集中分配至清洁型产品不仅有助于产品质量的改善，而且能够有效避免因环保问题引致的环境舆论壁垒，从而有助于实现环境绩效优化与产品质量改进的“双赢”（见图 3 -4）。

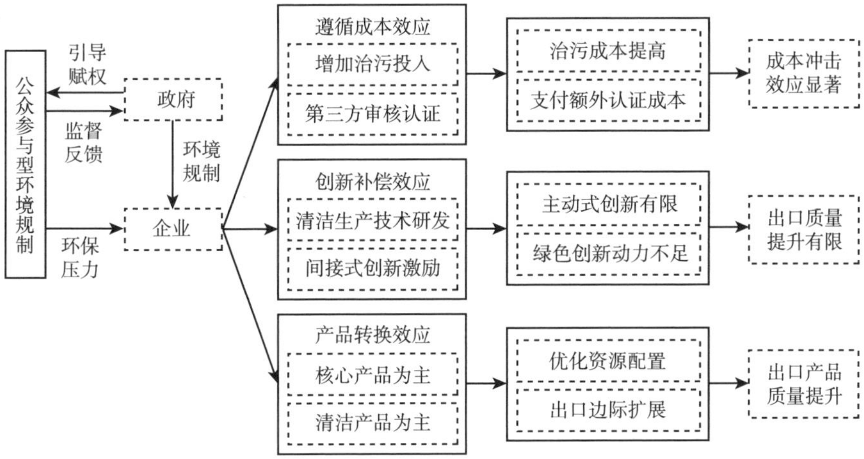

图 3 -4　市场激励型环境规制影响出口产品质量的理论机制框架

4. 不同类型环境规制影响出口产品质量的协同机制

单一的环境规制由于其依赖的市场结构、信息的获得性或外部性等问题而可能出现“失灵”，且不同类型的环境规制在执行强度、执行主体、执行方式等方面存在显著差异，为此，不同类型的环境规制可以通过有效的规制组合实现“1 +1 >2”的效果，从而弥补单一环境规制的不足。具体来说：

首先，控制命令型和市场激励型环境规制的组合，能够充分发挥自身的优势，并增强不同类型环境规制之间的协同作用。一方面，充分利用市场机制的灵活调配可以有效推动治污成本内部化，同时可以利用行政手段解决市场激励型环境规制在政策设计与运行、覆盖范围窄等方面的问题。另一方面，利用市场激励型环境规制化解绿色创新的“双重外部性”，引导企业将冗余资源投入具有远期收益的探索性创新，有效解决控制命令型环境规制下企业集中在风险低、成本少的利用式绿色创新问题，提高绿色创新质量。通过两种规制的有机结合，企业既能依赖冗余资源进行利用式绿色创新，又能充分优化资源配置进行探索式绿色创新，从而促进绿色创新质量提升。

其次，控制命令型和公众参与型环境规制的有机结合，可以有效解决单一的控制命令型环境规制产生的监督成本过高、监管效率低、社会舆论压力大、公众参与不足的问题，在一定程度上推动环境规制手段向较为温和的经济激励和公众参与型转变。同时，控制命令型和公众参与型环境规制的互补作用构建了环境规制目标实现的核心机制，严格的行政规制为减污降碳提供了法律执行基础，确定环境规制政策的执行力和遵从性，而公众参与则强化了环境信息披露的透明度，加强了对排污企业的监督。

最后，市场激励型环境规制和公众参与型环境规制的有机结合，不仅能够充分发挥市场的无形调节作用，而且可以借助地方政府和公众等力量，对企业的减排产生间接的约束效应，从而在一定程度上可以有效避免因要素市场化配置的产权界定不明晰、交易主体行为不规范及交易规则不透明而产生的“市场失灵”问题，通过“自上而下”和“自下而上”有机结合来实现环境治理目标。另外，市场激励型环境规制因其激励效果强、规制成本低等优点被广泛应用于减污降碳领域，但由于中国的市场激励型环境规制处于发展初期，市场化交易机制尚不完善，因此通过公众参与型环境规制的引入可以在一定程度上弥补市场机制缺陷，从而有助于矫正负外部性，推动环境治理。

第三节　环境规制对出口产品质量的异质性影响理论分析

鉴于我国不同区域、不同行业、不同所有制企业面临的环境规制水平与出口强度存在显著差异，导致环境规制对出口产品质量的影响可能存在显著的差异。

一、环境规制对出口产品质量影响的区域异质性分析

尽管较高的环境规制目标可以刺激企业通过绿色创新来弥补遵循成本，但创新技术的研发和投入使用还受到企业所处的外部宏观环境影响（Andre et al.，2009；Qiu et al.，2018）。东部地区的制度环境明显优于中西部地区，良好的制度环境可以在一定程度上缓解环境规制对出口产品质量提升的阻碍作用。相对东部地区来讲，中西部地区企业面临技术层次低、融资能力差、创新能力弱三大突出问题。另外，受经济发展水平和财政收入的限制，中西部地方政府对企业进行绿色创新的补贴和扶持力度相对较小，导致绿色创新的外部宏观环境明显弱于东部地区。除此之外，中西部的环境规制水平明显低于东部地区。近几年来，由于劳动力成本及土地价格攀升，部分企业开始由沿海地区转移至中西部地区，一些污染产业乘机流入内陆环境规制水平更低的地区。污染企业在短时间内很难对生产技术实现突破性创新以减少环境外部性，只能被动购买绿色生产设备等方式进行减排（Milani，2017）。因此，环境规制导致中西部地区企业的生产成本大幅提升，其出口产品质量明显低于东部地区。

二、环境规制对出口产品质量影响的行业异质性分析

不同行业间的污染密度和出口产品质量也存在显著的差异。资本密集型行业属于典型的污染密集型行业。环境规制将导致资本密集型产品生产成本增加，削弱了其以资源优势为基础的出口产品价格竞争能力，并降低了其出口规模（Hering and Poncet，2014）。出口规模的下降必然导致企业出口产品质量下降（Malca et al.，2020）。另外，资本密集度较高的行业容易受到重置成本的约束，其技术改进成本较大（Lannelongue et al.，2017）。环境规制将对企业研发产生挤出效应，从而导致其出口产品质量下降（Hottenrott and Rexhauser，2016）。技术密集型和劳动密集型行业同样会受到环境规制引致的遵循成本效应和创新补偿效应的共同影响。与资本密集型行业不同的是，技术密集型行业技术转型和技术升级的弹性空间相对较大，环境规制的实施将使得企业主动选择技术创新来实现环境约束下的生产最大化或成本最小化（Chen amd Xue，2010）。对于标准化、模式化生产为主的劳动密集型行业，行业间技术能力趋于同质化和低端化，企业技术升级的弹性空间相对较小，同时薄弱的创新能力和吸收能力也使得企业很难在短时间内通过创新补偿抵消遵循成本效应。因而环境规制同样降低了劳动密集型行业出口产品质量。由此可知，在环境规制的作用

下，技术密集型行业的出口产品质量相对较高，劳动密集型行业次之，资本密集型行业出口产品质量最低。

三、环境规制对出口产品质量影响的所有制异质性分析

相对民营企业来讲，国有及国家控股的企业、集体企业等公有制企业承担着维持就业等政策性负担，并多受到政府保护和政府补贴（Hering and Poncet，2014），因而这类企业吸收额外环境成本的能力以及与政策执行者之间讨价还价的能力远大于非国有企业，从而导致企业对环境规制的敏感度不足（Maung et al.，2016；Shahab et al.，2023）。另外，政府补贴在很大程度上可以增加企业在绿色技术方面的研发投入，提高了企业自主创新能力（Boeing，2016；Ma et al.，2023）。现有研究也表明，研发补贴不仅降低了新技术的固定成本，而且创新过程产生的技术外溢显著降低了边际成本，从而显著促进了企业生产效率（Branstetter et al.，2023；Kumbhakar et al.，2023）。而对于外资企业来讲，一方面，这些企业往往具有较高的技术水平和先进的管理经验，因而相对于内资企业而言具有较强的市场竞争力和生存能力，对环境规制的承受程度相对较高。另一方面，相较于民营企业，外资企业更容易获得本地金融机构的贷款。充足的资金支持导致外资企业更倾向于积极应对环境规制，从而导致出口产品质量变化与公有制企业不存在差异。基于寻求廉价的劳动力和资源等生产要素以及扩大自身的市场份额等生产目的，港澳台资企业更多注重寻求能够降低生产成本的劳动密集型制造业进行投资，因而大部分企业缺乏绿色生产技术转移的动力甚至实施双重环保标准。在此背景下，国内环境规制的紧缩将会显著提高外资企业的环境治理成本，导致其出口产品质量低于港澳台资企业。而中国的民营企业面临的融资困境更为严峻（Manova et al.，2015；Chen et al.，2016）。独立法人虽然为民营性质企业，但具有良好的公司治理机制，因而在一定程度上可以通过担保或抵押等手段获得银行贷款支持，但其贷款成本明显高于公有制企业。私人企业由于自身经营风险相对较高从而受到金融机构的信贷歧视，因而融资约束更大的私人企业将优先考虑生产性投资，并倾向于通过提高污染治理开支来实现污染的末端治理，从而对创新产生较大的挤出效应并降低了其出口产品质量。因此，环境规制政策对私人企业出口产品质量的负面影响最大，法人企业次之，港澳台资企业最小。

四、环境规制对出口产品质量影响的目的国异质性分析

出口目的国的不同也将导致环境规制的出口效应存在显著差异。一般而言，OECD 国家的消费者对于进口产品质量的环保要求更高，因此对出口企业进行研发创新与产品质量升级具有更强的激励作用（Brambilla and Porto，2016；Iqbal et al.，2021）。随着发达国家对环境保护要求的不断提升和环境规制强度的增大，导致与资源环境保护有关的商品面临环境标志制度、绿色包装法案等绿色壁垒。相应地，出口企业在拓展和经营发达国家出口市场的过程中不仅面临激烈的国际市场竞争和绿色壁垒，而且有机会获得更多的绿色生产技术。竞争效应和出口学习效应导致企业出口产品质量相对较高（Atkin et al.，2017；Medina，2024）。与之相比，非 OECD 国家相对宽松的环境规制水平有利于污染密集型产品的出口（Stavropoulos et al.，2018）。“污染避难所”假说发展中国家较低的环境规制水平导致其在污染密集型产品上具有比较优势，而发达国家在清洁型产品具有比较优势（Dietzenbacher and Mukhopadhyay，2012；Zhang et al.，2017）。因此，环境规制强度的提高对出口目的地集中在 OECD 国家的出口产品质量明显高于非 OECD 国家。

第四章　环境规制与出口产品质量的特征事实分析

第一节　环境规制政策变迁及运用探究

环境污染解决的核心是将污染的负外部性内在化。但污染治理成本与收益之间存在明显的不对称性，导致企业主动治污意愿较低，从而需要借助环境规制政策来约束企业的超额排污行为。鉴于当前依据环境规制工具进行分类是较为主流的方式（Cohen and Santhakumar，2007；Bergquist et al.，2013；岳立等，2024；宋德勇等，2024），为此本节将在异质型视角下将环境规制分为控制命令型环境规制、市场激励型环境规制和公众参与型环境规制三类，并考察三种不同类型环境规制的现状及特征。传统环境规制形式以直接实施政策管控的控制命令型政策工具和以对排放制定价格为主要特征的市场激励型工具为主。但控制命令型和市场激励型环境规制政策在具体执行过程中普遍存在非完全执行行为，从而导致规制效果大打折扣。为此，以公众参与型为代表的非正式环境政策工具应运而生，并成为控制命令型和市场激励型等正式环境规制的有力补充，尤其是在正式环境规制效力普遍较弱的发展中国家。

一、控制命令型环境规制的现状及特征分析

控制命令型环境政策是国家行政机构通过制定法律法规、发布环保标准或利用行政手段对各类污染主体进行强制性干预的一种环境政策。在我国现阶段所采用的控制命令型环境政策工具中，环境立法、主要污染物治理规划、排污限制整改、环境目标责任制等都是对污染物排放主体进行直接管制的有效工具。通过对控制命令型环境政策工具、实施主体、治理渠道等关键因素进行梳理，可以发现我国控制命令型环境规制大致经历了以

下四个阶段。

第一阶段（1979～1995 年），环境保护制度建设阶段。1973 年中国第一次全国环境保护会议通过了《关于保护和改善环境的若干规定（试行草案）》，后由国务院转批各地和各部门认真研究执行，成为我国第一部有关环境保护的政策文件。1979 年全国人大第十一次会议通过了《中华人民共和国环境保护法（试行）》，标志着我国环境保护工作开始纳入法治建设轨道。该项法律提出的“三同时”政策（即建设项目中防治污染的设施，应当与主体工程同时设计、同时施工、同时投产使用）、“谁污染谁治理”原则成为后续实施控制命令型环境工具的主要遵循原则。之后，中央政府又陆续制定并颁布了《海洋环境保护法》《水污染防治法》《大气污染防治法》和《固体废物污染环境防治法》等单项法律。受经济发展水平、环保意识观念淡薄等社会条件限制，这一时期的环境政策内容相对比较分散，且主要为指导性纲领内容，环保实效并不显著。

第二阶段（1996～2005 年），行政管控力度加强。1996 年第八届人大四次会议通过《国民经济和社会发展“九五”计划和 2010 年远景目标纲要》，并将“三河三湖”（即淮河、海河、辽河、太湖、巢湖、滇池）水污染防治作为国家“九五”期间重点污染防治工作。1998 年，国务院批复同意了原国家环保局《关于呈报审批酸雨控制区和二氧化硫污染控制区划分方案的请示》，并开始实施酸雨控制区和二氧化硫污染控制区政策（简称“两控区”政策）。“两控区”的城市覆盖面积占我国国土面积的 11%，该覆盖区产生的二氧化硫排放总量占全国总排放量的 60% 左右。从政策实施效果来看，2000 年有 102 个“两控区”城市的二氧化硫平均排放平均浓度达到了二级标准，84.3% 的污染企业实现了二氧化硫减排目标。虽然“两控区”政策通过自上而下的行政命令方式控制二氧化硫排放量，但各级地方政府的环境监管执行力度并不一致，最终导致二氧化硫排放强度在短暂下降后再次回升。其中 2005 年的二氧化硫排放总量较 2000 年增加了 28%。2001 年第十个五年计划提出了可持续发展战略，并提出“主要污染物排放总量比 2000 年减少 10%”的减排目标，首次从全国层面明确了五年规划期的环境治理目标。但中央政府并未对地方政府建立起有效的激励和约束机制，导致第十个五年规划的减排任务并未完成。表 4－1 的统计数据显示，中国环境污染治理投资总额从 2000 年的 1014.9 亿元增至 2005 年的 2565.2 亿元，年均增长率为 16.7%。其中工业污染治理投资额在 2001 年出现短暂的下降后持续上升，2000～2005 年年均增长率为 11.4%。

第三阶段（2006～2010 年），试点政策逐步推广。2006 年国家“十一五”规划明确提出，到2010年实现全国主要污染物排放量减少10%的目标，并强调将这一约束性指标纳入官员晋升考核体系，由此形成了环境目标考核下的约束性减排政策。之后，为了顺利实现10%的减排目标，2006年国家发改委会同国家能源办、国家统计局、国家质检总局和国务院国资委联合下发了《关于印发千家企业节能行动实施方案的通知》。之后，各省、自治区和直辖市的节能主管部门加大了对本地区千家企业节能管理的跟踪、检查和指导，积极推进千家企业节能技术改造。同时，自2007年开始，环境保护办公厅根据“筛选重点污染企业实行季报”制度，每年3月左右对外发布当年国家重点监控企业名单，据此加强对重点污染源的动态监控和管理。为了更好地推动十六届五中全会提出的建设资源节约型和环境友好型社会（简称“两型”社会）建设方案，2007年国家发改委推出了资源节约型和环境友好型社会建设综合配套改革试验区，并将武汉城市圈和长株潭城市群纳入“两型”社会试验区范围。2008年，国家环境保护部联合发改委等部门制定并推广《淮河、海河、辽河、巢湖、滇池、黄河中上游等重点流域水污染防治规划（2006～2010年）》，重点针对淮河、海河、辽河等重点流域的水质污染问题进行环境监管及污染治理。这一时期，环境污染治理投资额大幅增长，表4－1的相关数据显示，环境污染投资总额占GDP比重由2006年1.28%增至2010年的1.9%，达到历史最高水平。与此同时，工业污染治投资额在2006～2010年持续下降，说明以政府支出为主的城市环境基础设施建设投资在一定程度上挤占了工业污染治理投资，从而导致对污染物排放占比大的工业企业污染治理投入不足。

第四阶段（2011年至今），复合型环境治理亮点纷呈。“十二五”规划进一步提出单位国内生产总值能耗下降16%、单位GDP二氧化碳排放降低17%的节能减排目标。为此，2011年12月，国家发改委等12个部门制定了《万家企业节能低碳行动实施方案》，将“千家企业节能行动”进一步扩展到“万家企业节能低碳行动”。2013年十八届三中全会提出了建立生态文明制度体系。同年，国家发改委联合其他六部门下发了《关于印发国家生态文明先行示范区建设方案（试行）的通知》，截至2015年12月共发布了100个生态文明先行示范区。与此同时，2014年第十二届全国人大常委会第八次会议修订通过了新的《中华人民共和国环境保护法》，首次将生态保护红线纳入法律体系，并从法律层面加大环境污染破坏惩罚力度。为了保证环境监管效果，中央政府制定环保督察制度，从而推动监管视角实现了从“督企”向“督政”的转变。一方面，督察组被赋予了对于环境违规违法行为的处罚权力，提高了中央环保督察制度的威慑力；另一方面，群众拥有对于环境违规违法行为的举报渠道，可以通过提高公众参与度来强化环境政策的规制效果。因此，中央环保督察制度具有政策权威性和执行持续性，并通过调动经济体制内的各种资源来确保其成为常规型治理活动。2015 年 12 月，中央环保督察制度在河北开展试点工作，之后 2016 ~2017 年分四个批次在全国范围内正式开展，完成了对 31 个省区市的第一轮共 5 批次环保督察行动，并于 2018 年完成了“回头看”。这一期是环境污染治理投资总额呈现出“先上升——后下降——再上升”的波状趋势，环境污染治理投资额占 GDP 的比重在初期明显上升，但自 2014 年开始逐年下降，并于 2022 年降至 0.7%。2022 年工业污染治理投资额为 285.7 亿元，比 2011 年少了 158.7 亿元。

表 4 –1　　2000 ~2022 年环境污染治理投资情况

年份	污染治理投资总额（亿元）	污染治理投资占 GDP 比重（%）	工业污染源治理投资（亿元）	年份	污染治理投资总额（亿元）	污染治理投资占 GDP 比重（%）	工业污染源治理投资（亿元）
2000	1014.9	1.13	239.4	2012	8253.5	1.59	500.5
2001	1166.7	1.06	174.5	2013	9516.5	1.67	867.7
2002	1456.5	1.21	188.4	2014	9575.5	1.51	997.7
2003	1750.1	1.29	221.8	2015	8806.3	1.28	773.6
2004	2057.5	1.29	308.1	2016	9219.8	1.24	819.0
2005	2565.2	1.39	458.2	2017	9538.9	1.15	681.5
2006	2779.5	1.28	483.9	2018	8987.6	1.0	621.3
2007	3668.8	1.38	552.4	2019	9151.9	0.9	615.2
2008	4737.0	1.57	542.6	2020	10638.9	1.0	454.3
2009	5258.4	1.54	442.6	2021	9491.8	0.8	335.2
2010	7612.2	1.90	397.0	2022	9013.5	0.7	285.7
2011	7114.0	1.50	444.4				

资料来源：《中国环境统计年鉴》和《中国生态环境统计年报》。

二、市场激励型环境规制的现状及特征分析

市场激励型环境规制主要是通过发挥市场的激励与调节机制，促使企业以最小的环境代价实现成本最小化和效益最大化，从而达到资源的优化配置。该类环境政策强调通过环境污染的外部效应内部化来节能减排，也

是其政策实施的主要思路。从目前环境治理的实践来看，主要的市场激励型环境规制包括环境税费、押金返还、政府补贴和排污权交易四类。

环境税费是目前全世界范围内使用最广泛的环境规制工具，主要包括排污费和环境保护税两类。其中，排污费主要针对企业超过规定标准的污染排放征收，据此督促企业进行绿色生产并减少污染物排放。排污费的征收量与企业的排污量密切相关，为了避免缴纳过多的排污费导致企业生产成本上升问题，企业通过引入治污生产设备、进行绿色技术创新或排污控制等方式降低排污量。因此排污费制度符合“污染者付费原则”，也更容易发挥市场机制的调节作用。值得注意的是，我国的排污费标准低，执法监督成本过高，企业的排污量难以确定，导致很多企业倾向于缴纳排污费来进行排污活动。另外，在现有的晋升激励和分权体制下，地方政府和企业之间往往存在政治关联，企业在排污方面具有较高的讨价还价能力，从而大大弱化了排污费的治污作用（Wang and Jin，2007；Deng et al.，2020）。相对来说，环境保护税的征收由税务机关实行中央垂直管理，税收征管过程因而更严格规范。我国于 2018 年 1 月 1 日起实施《中华人民共和国环境保护税法》，并依照该法开征环境保护税来替代原有的排污费，标志着生态环境损害赔偿制度改革已从先行试点进入全国试行的阶段。与排污费的征收对象相一致，环境保护税的征税对象也主要集中在大气污染、水污染、固体废物和噪声等四类，纳税人则主要集中在直接向环境排放应税污染物的企业事业单位和其他生产经营者，从而有效破解“企业污染、群众受害、政府买单”的困局。考虑到各个地区的经济发展水平、环境承载力及污染排放状况，为此允许地方政府在浮动区间内自行选择税额标准，由此形成了具有地域特色的差异化环境保护税制度（杨晓妹等，2023）。

押金返还制度主要是指消费者或经销商在购买可能会造成环境污染的产品时，在产品销售价格的基础上对其征收一定比例的押金，当产品使用完后归还到指定的回收处时返还其押金的一种环境规制工具。押金返还途径是否畅通便捷直接关系到该制度的实施成效。信息的不对称、制造商与销售的区域分布相对分散，导致押金返还制度的操作面临很大的局限。环境补贴主要是指地方政府对相关经济主体在环境治理方面提供一定的财政补贴来刺激其主动减排，其主要形式包括环保基金、低息或无息贷款、税收减免等。虽然环境补贴可以在很大程度上降低企业的治污成本，但地方政府不完全了解企业的排污信息，使得补贴标准缺乏科学性。很多企业对于政府提供的环境补贴并未完全投入减排治理或更新设备，而往往用于生产经营活动，导致该政策并未充分激发企业的绿色创新主动性，也违背了“污染者付费”原则。

相对来说，排污权交易作为一种典型的以市场为基础的经济激励手段，在理论上被认为是能以较低成本完成减排目标的政策。排污许可权交易是在污染物排放总量控制的前提下，以许可证的形式向企业分配环境排放容量，并允许企业通过转让、拍卖等货币形式交易剩余排污权。从理论层面来讲，排污权交易制度可以通过规制效应和创新补偿效应刺激企业进行治污技术创新并改善排污权配置的低效状态（任胜钢等，2019）。从实践层面来讲，通过有计划排污并根据市场运行机制在区域内推动剩余排污权交易，可以有效激励排污主体采用更灵活的方法消除部分或全部环境成本，从而实现污染控制目标。因此，与其他经济激励型环境规制工具相比，排污权交易制度的操作更灵活，污染控制费用更低，也更能有效刺激企业进行减排和绿色技术创新。早在20世纪90年代中期，中国率先在包头、太原等6个城市开展大气排污权交易试点政策。但当时并未实行约束性减排机制，导致排污权并未有效转化为有价值的稀缺资源，从而排污权试点工作并未取得明显成效。自第十个五年规划开始，我国开始逐步落实污染物总量控制政策，并根据历史排放、行业基准分配排污配额，由此推动了剩余排污配额在产权交易市场上的供需交易需求，区域性市场和全国性的排污权交易市场逐步成熟。

三、公众参与型环境规制的现状及特征分析

我国早期的公众参与型环境规制通常是由民众通过信访、环境投诉等方式表达对改善环境质量的诉求而实现的。环境信访、投诉数量的增加会形成无形的社会压力，迫使监管机构加大环境规制力度来改善环境质量。同时，政府通过公开企业的违法超标排污信息，对相关利益集团的行为和企业声誉形象产生影响，并迫使污染企业将环境意识和责任内化到其经营决策中，从而影响企业的污染排放行为。表4－2报告了2011～2022年公众环境投诉案件数量。从表中可知，2015年前，无论是电话、网络还是信件投诉数量总体均呈现出上升趋势。2015年6月起，生态环境部正式全面开通“12369”环保微信举报平台，旨在借移动互联网的普及来提升公众参与环境规制的可达性和积极性。自此，传统的电话和信件投诉数量大幅下降，微信举报盛行，2022年全国微信举报226417件。

表4－2　2011～2022年公众举报环境污染行为的案件统计

年份	电话/网络投诉数（件）	来信总数（封）	微信举报（件）
2011	852700	201631	—
2012	892348	107120	—
2013	1112172	103776	—
2014	1511872	113086	—
2015	1646705	121462	13719
2016	197127	65882	65831
2017	489426	—	129417
2018	446127	—	250072
2019	1396951	—	195950
2020	231297	—	204483
2021	243205	—	201714
2022	27821	59084	226417

资料来源：《中国生态环境统计年报》。

随着一些社会组织如环境非政府组织逐渐出现在公众视野中，公众参与型环境规制也从过去常见的一些民众信访、投诉等单一行为转向以环境非政府组织为代表的公众参与转变。自20世纪90年代中期以来，中国环境非政府组织的数量迅速增长。截至2018年底，我国在民政部备案的环境非政府组织数量达5582家（见表4－3），其中，西部地区的甘肃省和四川省分别登记注册了862家和549家，两省合计占比为25.3%。环境非政府组织主要通过以下方式参与环境治理：一是举办环境教育讲座、环境沙龙，加强与媒体合作等方式提高公众环境意识。典型的如中国三大环保非政府组织之一的“绿家园志愿者协会”自1996年成立以来持续开展“周三课堂”环境教育讲座，并自2000年以来举办了“环境记者沙龙”等系列公益活动，致力于气候变化、江河保护、企业环境责任等领域的环境信息公开化，提高公众对环境保护的关注与参与。二是与国际环保组织合作，通过提供培训和资金等方式提升其参与全球气候治理的能力，如中国成立最早的环保社会组织之一——“自然之友”60%左右的运营资金来自国际非政府组织和基金会。“民间气候行动网络”通过组织中欧、中非等社会组织双边交流，向联合国气候变化框架公约秘书处递交致联合国气候变化大会立场书等方式，深化中国环保社会组织应对气候变化的实践经验传播。三是定期通过信息披露向公众发布关于政府或企业环境行为报告，以促进政府和企业采用更多绿色环境行为。环境非政府组织通过专业化的环境信息搜集与分析，强化公众对政府和企业的监督作用。典型的如中国公众环境研究中心（IPE）和美国自然资源保护委员会（NRDC）合作发布的污染源监管信息公开指数，对中国113个城市的环境信息公开程度进行评价。

表4-3　2007~2018年环境非政府组织发展情况

年份	2007	2009	2011	2013	2015	2017	2018
北京	49	37	56	63	69	70	62
天津	15	26	24	25	21	23	18
河北	229	157	157	135	152	200	212
山西	36	61	97	110	102	124	109
内蒙古	88	211	163	163	118	121	129
辽宁	98	174	178	128	139	187	121
吉林	222	136	130	102	64	41	50
黑龙江	86	102	250	93	104	83	101
上海	38	35	32	44	52	50	47
江苏	602	394	371	437	507	426	363
浙江	204	254	346	316	505	499	359
安徽	136	203	290	250	237	209	153
福建	193	199	228	366	396	254	238
江西	140	227	270	189	209	214	169
山东	620	472	400	364	287	185	150
河南	496	389	400	368	288	227	232
湖北	140	195	220	232	206	189	201
湖南	418	423	392	406	418	282	293
广东	146	188	221	229	322	239	233
广西	80	112	121	111	106	89	87
海南	10	16	18	21	22	30	26
重庆	67	187	151	103	110	96	90
四川	579	824	730	678	630	561	549
贵州	119	100	102	110	105	85	82
云南	76	145	225	235	234	248	246

续表

年份	2007	2009	2011	2013	2015	2017	2018
西藏	—	—	11	25	23	14	11
陕西	96	106	142	113	132	92	99
甘肃	219	1022	982	897	910	953	862
青海	36	39	48	55	126	157	145
宁夏	23	137	121	82	79	62	61
新疆	55	113	106	183	133	96	84
总计	5316	6684	6982	6633	6806	6106	5582

数据来源：中国民政数据库。

第二节　出口产品质量的特征事实分析

本节从质量入手，系统论述中国出口产品质量的测算及相关典型事实，据此全面剖析企业出口的质量特征。选择质量视角是基于以下两个方面的考虑：一是基于高度细化的企业—产品—目的国—年份统计数据揭示2000年以来中国出口产品质量如何演变，力求准确回答中国出口产品质量是否得到提升这一重大命题；二是出口产品质量升级是中国推动质量变革、打造贸易强国的应有之义与重要一环，因而厘清出口产品质量的演变趋势对于破解我国价值链低端锁定之困、实现贸易强国目标具有重要的理论和现实意义。鉴于不同产品之间的出口质量难以比较，本节主要基于企业层面的出口产品质量指标进行统计分析。

一、出口产品质量的测算

研究中国出口产品质量的变化特征的前提是准确测量产品质量。目前学术界主流的测算方法有：一种是采用出口产品价格作为产品质量的代理变量（Hallak，2006），其背后的理论逻辑是价格越高的产品质量也越高。这种方法简洁容易，但忽略了产品质量与生产成本密切相关（Khandelwal，2010）。近年来，不少文献基于坎德瓦尔等（Khandelwal et al.，2013）提出的需求信息回归推断法重新测算出口产品质量（Fan et al.，2015；施炳展和曾祥菲，2015），其核心假设是在既定的出口价格下，一种产品的出口数量越多，其出口质量越高。

本节借鉴坎德瓦尔等（Khandelwal et al.，2013）、范等（Fan et al.，2015）等文献的做法，采用需求信息回归推断法（简称“KSW”方法）进行测算。具体来说，企业 f 在年份 t 销往国家 c 的产品 h 的产品质量由下述方程决定：

$$x_{fhct} = q_{fhct}^{\sigma-1} p_{fhct}^{-\sigma} P_{ct}^{\sigma-1} Y_{ct} \tag{4-1}$$

其中，x_{fhct}、q_{fhct}分别表示企业 f 在 t 年对 c 国出口产品 h 的数量和质量。P_{ct}为出国目的国 c 国在 t 年的加总价格指数；Y_{ct}为该出口国 c 在 t 年的收入水平；σ 为不同产品之间的替代弹性。对式（4－1）两边取对数，可得：

$$\ln x_{fhct} + \sigma \ln p_{fhct} = \varphi_h + \psi_c + \varepsilon_{fhct} \tag{4-2}$$

其中，φ_h 为产品固定效应，主要用来控制不同产品在数量和价格方面的差异；ψ_c 为国家—年份固定效应，主要用来控制目的国的价格指数和总收入因素。考虑到出口价格和出口量之间互为因果关系，在此情况下直接进行 OLS 回归将存在内生性问题。参考许和连、王海成（2016）的研究，采用出口企业所在城市到 8 大港口的最近直线距离表示运输成本，并作为产品价格的工具变量进行两阶段最小二乘法估计。在考虑模型的内生性后计算得到的出口产品质量表示如下：

$$\widehat{q}_{fhct} = \varepsilon_{fhct}/(\sigma - 1) \tag{4-3}$$

其中，σ 采用布罗达和温斯坦（Broda and Weinstein，2006）基于 HS－6 位码出口数据计算的替代弹性指数。基于上述计算，可得到企业—产品—目的国层面的出口质量。

借鉴克里诺和奥利亚里（Crinò and Ogliari，2017）的做法，将企业—产品—目的国层面的产品质量按照出口价值进行加权平均。具体计算公式如下：

$$rquality_{fhctt} = \frac{quality_{fhct} - \min quality_{fhct}}{\max quality_{fhct} - \min quality_{fhct}} \tag{4-4}$$

其中，$\max quality_{fhct}$ 和 $\min quality_{fhct}$ 分别表示某一 HS 六位码产品在所有年度、所有企业、所有出口目的国层面上的出口产品质量最大值和最小值。经过式（4－4）标准化处理后的出口产品质量可以实现在不同层面上的加总，从而进行跨期和跨截面数据的比较。在此基础上，按照出口价值进行加权处理，即可得到企业层面的出口产品质量，即：

$$quality'_{fhct} = \frac{v_{fhct}}{\sum_{fhct \in \Omega} v_{fhct}} \times rquality_{fhct} \tag{4-5}$$

出口产品质量测算涉及企业每笔交易的进出口价值、数量、单位、产品来源和目的地等信息。鉴于2016年的中国海关进出口数据库没有披露产品贸易数量，导致无法获得单位产品价格，为此本节采用2001~2015年的海关数据库相关统计数据计算了出口产品质量。在具体测算过程中进行如下数据处理：（1）剔除贸易状态为进口的企业；（2）剔除企业名称、企业代码、HS-8位产品代码、出口目的国、出口额、出口量等关键变量缺失的样本；（3）对月度出口额和出口数量加总到企业—产品—国家—年份维度，其中产品维度是指将同一企业HS-8位码产品加总到HS-6位码层面。

二、中国企业出口产品质量的演变趋势及特征分析

表4-4报告了基于中国海关进出口数据库相关数据计算得到的企业层面出口产品质量均值。从表4-4中可以看到，样本期间出口产品质量总体呈现出“先上升—后下降—再上升”的“N”形波动情况。加入WTO初期，随着贸易开放度的不断提高，在国际市场的冲击下，中国出口产品质量缓慢有所提升。2007~2009年金融危机时期贸易保护主义势力抬头，对华反倾销和贸易争端频发。外部环境的恶化显著增加了贸易不确定性，导致企业出口利润和出口质量急剧下降。联合国商品贸易数据库的统计数据显示，2007年货物贸易出口额为12200.60亿美元，2009年下降至12016.47亿美元；同期，企业的平均出口产品质量从2007年的0.588下降至2009年的0.525。金融危机之后，面对国外需求的严重萎缩，中央和地方政府针对出口企业出台了一系列税收、信贷支持政策，有效缓解了企业出口成本的增加，企业出口产品质量开始逐渐回升。2013年中国对外开放进入高质量发展阶段，调结构、转动能成为外贸企业的重要转型方向。中国积极利用全球价值链重构的重要契机，全面提高在全球价值链的嵌入程度和国际分工地位，并通过强化自主创新来全面提高出口产品质量。2015年企业的平均出口产品质量上升至0.724，比2010年提高了0.176。

表4-4　2001~2015年出口产品质量总体变化情况

年份	出口产品质量	变化幅度	增长率（%）
2001	0.494	0.041	9.051
2002	0.475	-0.019	-3.846

续表

年份	出口产品质量	变化幅度	增长率（%）
2003	0.528	0.053	11.158
2004	0.556	0.028	5.303
2005	0.601	0.045	8.094
2006	0.632	0.031	5.158
2007	0.588	-0.044	-6.962
2008	0.572	-0.016	-2.721
2009	0.525	-0.047	-8.217
2010	0.548	0.023	4.381
2011	0.563	0.015	2.737
2012	0.581	0.018	3.197
2013	0.675	0.094	16.179
2014	0.653	-0.022	-3.259
2015	0.724	0.071	10.873

资料来源：根据中国海关数据库的相关统计数据计算得到。

三、不同类型/行业企业的出口产品质量差异

本节进一步根据企业所在地、所属行业和所有制结构，分别考察了异质性企业的出口产品质量变动趋势及特征。区域经济发展不均衡导致地区间出口产品质量也存在显著差异。从表4-5可以看出，中国的出口产品质量存在显著的“东高西低”特征，其中东部地区的出口产品质量最高，中部地区次之，西部地区产品质量最低。东部地区的出口产品质量变化趋势与总体出口产品质量均值的变化基本吻合，这也是由于样本中有94.94%的企业处于东部地区，而中部地区的企业仅占3.14%，西部地区企业占比为1.92%。东部地区利用区位优势、政策优势、人才优势建立了较强的出口竞争优势。相对来说，中西部地区自身经济发展水平较低，企业在融资、技术等方面远远低于东部地区，因而企业出口产品质量相对较低。另外，2001~2004年，东、中、西三大区域的出口产品质量差距有所扩大，具体表现为：2001年东部地区的出口产品质量为0.529，比中部地区和西部地区分别高了0.164和0.198；而2004年东部地区的出口产品质量增长到0.655，比中部地区和西部地区分别高了0.215和0.263。金融危机之后，三大地区的出口产品质量差距逐步缩小，这主要体现在：2009

年东部地区的出口产品质量为 0.586，分别比中部和西部高了 24.5%、42.1%，到 2015 年这一差距已缩小至 20.5%、26.3%，因而中西部地区的出口产品质量正在"迎头赶上"。

表 4-5　不同区域/行业的出口产品质量变化

年份	东部地区	中部地区	西部地区	劳动密集型	资本密集型	技术密集型
2001	0.529	0.366	0.331	0.356	0.405	0.538
2002	0.577	0.393	0.372	0.369	0.431	0.605
2003	0.657	0.411	0.416	0.361	0.457	0.667
2004	0.655	0.440	0.392	0.426	0.467	0.657
2005	0.587	0.474	0.419	0.346	0.480	0.737
2006	0.667	0.463	0.436	0.359	0.425	0.780
2007	0.612	0.490	0.454	0.325	0.398	0.726
2008	0.631	0.430	0.477	0.362	0.428	0.818
2009	0.586	0.460	0.442	0.393	0.496	0.840
2010	0.619	0.498	0.436	0.383	0.452	0.870
2011	0.636	0.516	0.502	0.424	0.441	0.853
2012	0.678	0.566	0.537	0.431	0.514	0.880
2013	0.723	0.613	0.561	0.442	0.538	0.849
2014	0.754	0.625	0.614	0.423	0.548	0.896
2015	0.779	0.646	0.617	0.408	0.603	0.880

资料来源：根据中国海关数据库的相关统计数据计算得到。

表 4-5 的统计数据同时表明，三大行业的出口产品质量都存在一定的波动，但劳动密集型行业波动最小、技术密集型行业波动最大。这主要是由于劳动密集型企业主要依赖劳动力投入，对技术与创新的依附性相对较低，且产品质量升级空间有限。资本密集型产品在 2006 年之前基本呈现缓慢上升趋势，自 2006 年开始出现短暂的"上升—下降"波状变动。可能的解释是，金融危机之后，资本市场的动荡不安在一定程度上影响到企业的融资能力，从而导致其出口产品质量不稳。技术密集型产品的出口产品质量总体呈现上升趋势。2001 年，技术密集型行业的出口产品质量均值仅为 0.405，2015 年其出口产品质量均值达到最高值 0.603，是 2001 年 1.49 倍。值得注意的是，金融危机爆发初期，三大行业的出口产品质量都出现了短暂的下滑，后续开始有所提升。这可能是由于金融危机爆发后，为了最大限度降低金融危机对出口贸易的冲击，中央政府于 2008～

2009 年 5 次调整出口退税政策，重新提高了“两高一资”产品以及劳动密集型产品的出口退税，据此降低企业的出口成本；另外，金融危机对国内劳动密集型产业的巨大冲击导致政府将发展重心转移到技术与资本密集型产业，大力投入研发资金引导企业转型升级。

最后，本节亦对比考察了不同所有制企业的出口产品质量差异。从表 4 -6 中可以看出，总体来说，外资企业的出口产品质量最高，私人企业的出口产品质量最低。2012 年之前在内资企业中，国有企业的出口产品质量明显高于集体企业、私人企业和法人企业。可能的解释是，国有企业与地方政府之间存在密切的政企关系，更容易从地方政府和金融机构获得补贴和贷款，从而大大缓解了出口产品质量提升面临的融资约束问题。2012 年之后，随着公司治理结构的不断完善，法人企业的生产率水平逐步提升，其出口产品质量也得到显著改善。2015 年，法人企业的出口产品质量均值为 0. 811，比国有企业高出 0. 150。另外，港澳台资企业的出口产品质量一直低于其他外资企业，并且其出口产品质量差距总体呈现扩大的趋势。2001 年，港澳台资企业与其他外资企业的出口产品质量分别为 0. 454、0. 555，两者差距仅为 0. 101；2008 年，两者的出口产品质量差距扩大至最高值 0. 348，之后几年有所下降。2015 年，港澳台资企业与其他外资企业的出口产品质量分别为 0. 883、0. 655，两者差距为 0. 228。可能的解释是，港澳台资企业更多注重寻求能够降低生产成本的劳动密集型制造业进行投资，且主要从事一般加工类贸易，因而整体出口产品质量相对较低。

表 4 -6　　　　不同所有制结构企业的出口产品质量

年份	国有企业	集体企业	法人企业	私人企业	港澳台资	外资企业
2001	0. 501	0. 411	0. 325	0. 245	0. 454	0. 555
2002	0. 498	0. 407	0. 347	0. 298	0. 440	0. 622
2003	0. 555	0. 428	0. 526	0. 365	0. 537	0. 655
2004	0. 577	0. 447	0. 568	0. 397	0. 506	0. 734
2005	0. 561	0. 487	0. 536	0. 361	0. 481	0. 756
2006	0. 577	0. 405	0. 549	0. 320	0. 520	0. 796
2007	0. 502	0. 428	0. 474	0. 448	0. 456	0. 747
2008	0. 594	0. 427	0. 490	0. 377	0. 450	0. 799
2009	0. 579	0. 475	0. 508	0. 456	0. 506	0. 737
2010	0. 629	0. 472	0. 605	0. 459	0. 514	0. 754

续表

年份	国有企业	集体企业	法人企业	私人企业	港澳台资	外资企业
2011	0. 691	0. 571	0. 671	0. 512	0. 593	0. 794
2012	0. 669	0. 568	0. 721	0. 513	0. 629	0. 805
2013	0. 638	0. 544	0. 780	0. 595	0. 686	0. 863
2014	0. 708	0. 575	0. 847	0. 605	0. 637	0. 840
2015	0. 662	0. 588	0. 811	0. 622	0. 655	0. 883

资料来源：根据中国海关数据库的相关统计数据计算得到。

第五章 约束性减排目标考核政策对出口产品质量的影响研究

第一节 约束性减排目标考核政策下的企业出口行为研究

自改革开放以来，中国企业在出口导向型发展战略引导下，凭借低成本优势积极融入发达国家跨国公司主导的全球价值链（Global Value Chain，GVC），创造了“出口扩张奇迹”和“经济增长奇迹”（苏丹妮等，2018）。但这种低端嵌入 GVC 的发展战略并未给中国企业带来出口产品质量的持续提升，而且导致中国面临严峻的环境污染问题。为了贯彻落实“十一五”规划纲要，中央政府首次将二氧化硫（SO_2）、化学需氧量（COD）两类主要污染物减排作为社会经济发展的约束性指标，有效推动了减排工作由以传统的浓度控制向总量控制，并实现了环境规制由软约束向硬约束转变。之后，国务院会同国家发改委等有关部门制定了《节能减排综合性工作方案》，并进一步确定了各省区市的减排目标。“十二五”时期，中央进一步将氮氧化物和氨氮排放总量控制目标纳入约束性减排范畴。

在中国式环境垂直管理体制下，地方官员面临晋升压力和环境目标双重考核，一些地方政府可能会采取层层加码的方式制定更加严格的减排目标。这种做法在短期内有助于实现环境保护目标，但也可能带来一些负面影响。具体来说，在地方政府制定和执行层层加码式减排目标过程中，企业面临的生产成本和合规成本可能显著增加，从而影响其产品质量和国际竞争力。因而，厘清约束性减排目标考核对出口产品质量的影响效应及影响机制，不仅有助于理解环境政策与经济发展的互动关系，而且为中央和地方政府同步推进环境治理能力提升和贸易高质量发展提供了参考。

当前，世界正处于大发展大变革大调整时期。新旧动能转换成为世界经济复苏繁荣的关键，释放制度改革红利成为社会各界的共识。同时，全球化的不断深入导致劳工标准、劳工权益保护在国际贸易中备受关注和重视。在此背景下，考察约束性减排目标考核对企业出口的影响尤为重要：一方面，污染治理是供给侧结构性改革的一个重要方面。然而，约束性减排考核同样导致环境治理成本大幅上升：一是传统的以高污染、高能耗为主的粗放型经济增长模式必须进行调整；二是公众对环境的关注度越来越高，中国的环境问题已引起了国际社会的广泛关注。如何平衡贸易高质量增长与环境保护成为开放型经济研究的重大课题之一。另一方面，近年来国际社会日益重视外贸企业社会责任，对国际贸易未来发展产生深远影响，并成为中国贸易转型升级的重要制约因素。强化企业社会责任是改善民生的首要任务，也是未来中国培育外贸竞争新优势、新动能的重要途径。近几年来，随着全球化的不断深入，传统的关税措施在贸易保护中的地位逐渐下降，而以环境标准为代表的非关税措施正在不断涌现。因而，利用约束性减排目标考核政策来刺激企业提升出口产品质量不仅有利于从宏观层面推动产业结构升级，而且会在微观层面上影响企业的出口选择。在百年未有之大变局下，如何加快培育环境竞争新优势来推动贸易转型升级，并努力实现企业发展与环境保护等社会责任建设有机结合无疑具有重大的理论意义和现实价值。

有鉴于此，本章以“十一五”规划以来政府工作报告中规定的各个地区约束性减排目标作为准自然实验，采用双重差分法评估了其对我国出口产品质量的影响。与以往的研究相比，本章的研究贡献主要体现在以下几个方面：

首先，以高度细化的微观企业层面的贸易数据度量出口产品质量并率先考察了约束性环保考核对我国出口产品质量的影响。现有的文献主要探讨了环境规制对生产成本、技术创新的作用（Calel and Dechezlepretre，2016；Wang et al.，2018；Ouyang et al.，2020；Bu et al.，2020）。关于环境规制与贸易方面的研究主要探讨了不同类型环境规制手段对出口规模、企业出口行为的影响（Hering and Poncet，2014；Sakamoto and Managi，2017；Shi and Xu，2018；Zhang et al.，2020），鲜少探讨其对出口产品质量的作用。随着传统的人口红利、土地红利、要素成本优势的逐渐衰弱，如何成功实现从由“重规模，重速度”向“重质量，重效益”转变已成为我国出口贸易发展的关键着力点。本章进一步将研究视角拓展至出口产品质量层面，并考察了约束性减排目标考核如何通过遵循成本效应和创新补偿效应来影响出口产品质量，并发现虽然约束性减排目标考核引致的成本效应导致企业出口产品质量有所下降，但其引致的创新补偿效应有利于提升出口产品质量。

其次，采用双重差分方法考察了约束性减排目标考核规划对出口产品质量的影响。现有研究中有两篇论文为本章的研究提供了有效的前期研究基础。一篇是郝林和庞塞特（Hering and Poncet，2014）基于1997~2003年中国海关进出口数据库考察了“两控区”政策是否会影响企业的出口概率。另一篇相关的文献是石和许（Shi and Xu，2018）考察了“十一五”时期二氧化硫减排目标考核是否会影响企业出口规模。与上述研究不同，本章采用准自然（quasi－experiment）的双重差分（differences－in－differences）模型对约束性减排目标考核制度与出口产品质量之间的关系进行检验，一方面可以不需要人为对控制组和对照组进行区分，另一方面也可以有效地排除既影响环境政策实施又影响产品质量的影响导致的内生性问题（Yang et al.，2017）。

最后，本章的研究揭示了中国情景下环境规制通过产品转换影响产品质量的机制，丰富了从产品层面进行资源再配置探究的研究。现有研究主要关注了企业的进入退出行为、在位企业技术溢出以及在位企业内部的资源配置如何影响其生产活动（Melitz and Polanec，2015）。部分学者尝试从产品层面探讨资源再配置效应。例如，伯纳德等（Bernard et al.，2010）首次考察了美国制造业产品转换的影响因素。然后，戈尔德贝格等（Goldberg et al.，2010）、伯纳德和奥库波（Bernard and Okubo，2016）、亚科沃尼和贾沃斯基（Iacovone and Javorcik，2010）分别基于印度、智利、日本、墨西哥等国的数据考察了企业内部的产品转换行为。一些学者进一步证实了产品转换可以有效提供企业绩效（Goldberg et al.，2010；Kawakami and Miyagawa，2013；Ma et al.，2014）。此外，部分文献探讨了资源配置如何影响出口质量（Timoshenko，2015；Manova and Yu，2017）。本章基于中国情景的分析，进一步考察了产品转换如何弱化约束性减排目标考核引致的出口产品质量下降问题，客观上丰富了从产品层面视角进行资源再配置研究。

第二节　约束性减排目标考核的政策背景

统计数据显示，中国的环境污染的经济代价已占每年GDP的8%~15%，环境治理已成为中国经济转型过程中不可忽视的重要问题。从具体实践来看，1987 年，中国政府颁布了《大气污染防治法》，旨在通过污染浓度控制来减少二氧化硫和烟尘排放量。1998 年，中国政府进一步通过划分酸雨控制区和二氧化硫控制区来控制主要污染物减排，并在区域内和区域外推行差别化的减排目标来实现排污总量控制。

以五年规划为纲领的约束性减排目标考核制度是一个典型的结果导向型目标考核制度。以“十一五”规划中的约束性减排考核为例，中央政府首先在“十一五”规划中制定一个全国性的减排目标，然后将此目标层层分配到各省区市，并基于该减排目标完成情况对省级领导干部进行综合考评。通过层层分包，最终确定辖区内各个企业的减排目标。这一政策不仅明确了地方政府的长期减排目标和完成年限，而且将减排完成情况与地方政府官员的绩效评价挂钩。2005 年 12 月 3 日，国务院作出《关于落实科学发展观加强环境保护的决定》（国发〔2005〕39 号），首次提出“要把环境保护纳入领导班子和领导干部考核的重要内容，并将考核情况作为干部选拔任用和奖惩的依据之一”，实现了从纯粹的经济效益指标考核向兼顾环保的经济效益指标考核的转变，环境保护由此成为地方领导干部政绩考核的重要内容和选拔任用、奖惩的主要依据。之后，国务院相继颁布了《国务院关于印发节能减排综合性工作方案的通知》（国发〔2007〕15 号）、《“十一五”主要污染物总量减排核查办法（试行）》（环发〔2007〕124 号）、《国务院批转节能减排统计监测及考核实施方案和办法的通知》（国发〔2007〕36 号），并在《主要污染物总量减排考核办法》中明确指出，主要污染物总量减排考核要“依照体现科学发展观要求的地方党政领导班子和领导干部综合考核评价试行办法”的规定，作为对各省、自治区、直辖市人民政府领导班子和领导干部综合考核，实施严格的问责制与一票否决制。

经国务院授权，国家环保总局与全国 31 个省区市人民政府和国家电网公司、华能等 5 家发电集团公司签订了《“十一五”主要污染物总量削减目标责任书》，规定了“十一五”期间二氧化硫（SO_2）和化学需氧量（COD）的排放总量控制目标、重点治理项目的建设进度以及各断面的水质控制目标。而主要污染物排放总量削减目标的分配原则是：在确保实现全国总量控制目标的前提下，综合考虑各地环境质量状况、环境容量、排放基数、经济发展水平和削减能力以及各污染防治专项规划的要求，对东部、中部、西部地区实行区别对待，如表 5 - 1 所示。其中全国二氧化硫排放量削减 10% 的总量控制目标为 2294. 4 万吨，实际分配给各省区市 2246. 7 万吨，国家预留 47. 7 万吨用于二氧化硫排污权有偿分配和排污权交易试点工作。全国化学需氧量削减10%的总量控制目标为1272.8万吨，实际分配给各省区市1263.9万吨，国家预留8.9万吨用于化学需氧量排污权有偿分配和交易试点工作。省级人民政府进一步将中央政府分配的排污总量削减任务分解到下属市级，并与市级人民政府签订主要污染物总量削减目标责任书，且每年对责任书执行情况进行考核，将考核结果作为干部选拔任用和奖惩的依据之一。

据统计，全国有27个省区市建立了环境管理绩效考核机制，把环境保护纳入经济社会发展评价体系，21个省区市把环境保护纳入党政干部政绩综合评价体系，并逐年进行考核，在中国首次实现了污染"行政首长负责制"（刘和旺等，2019）。从环境规制的实践来看，约束性环境规制也取得了明显的治污效果。从监测数据看，"十一五"期间，化学需氧量和二氧化硫排放量在2010年分别比2005年下降了12.5%、14.4%。除新疆、海南、青海和西藏外，所有省区市均达到本省级行政区的"十一五"减排目标。从环境规制的实施范围来看，"十一五"规划的减排策略改变了实施区域仅限于两控区的局部控制思路，最终实现了覆盖全国所有区域的全面规制方案。

表5-1　"十一五"时期各省区市主要污染物减排考核目标

东部	SO_2	COD	中部	SO_2	COD	西部	SO_2	COD
北京	20.4	14.7	山西	14	13.2	内蒙古	3.8	6.7
天津	9.4	9.6	吉林	4.7	10.3	广西	9.9	12.1
河北	15	15.1	黑龙江	2	10.3	重庆	11.9	11.2
辽宁	12	12.9	安徽	4	14.9	四川	11.9	5
上海	25.9	14.8	江西	7	5	贵州	15	7.1
江苏	18	15.1	河南	14	10.8	云南	4	4.9
浙江	15	15.1	湖北	7.8	5	西藏	0	0
福建	8	4.8	湖南	9	10.1	陕西	12	10
山东	20	14.9				甘肃	0	7.7
广东	15	15				青海	0	0
海南	0	0				宁夏	9.3	14.7
						新疆	0	0
均值	14.4	12	均值	7.8	10	均值	6.5	6.6

数据来源：《"十一五"主要污染物总量削减目标责任书》。

"十二五"时期，受国内资源保障能力和环境容量的制约以及全球性能源安全的影响，经济高质量发展过程中的资源环境约束日趋强化，尤其是我国节能减排工作的激励约束机制不健全、监管不力等问题日益凸显。为此，国务院在《“十二五”节能减排综合性工作方案》中将化学需氧量和二氧化硫的减排目标调整为8%。另外，氨氮和氮氧化物排放总量被新增为约束性减排控制指标并规定了10%的减排目标，同时明确规定对地方政府官员实行环境保护“一票否决制”与“约谈制”等。从表5－2可以看出，东部地区的减排压力明显高于中部和西部地区。与此同时，平均来看，COD的减排压力略高于SO_2的减排压力。鉴于“十二五”时期经济总量和能源消费总量基数变大，绝对削减量明显高于“十一五”时期的现实背景。为了顺利完成减排任务，《“十二五”节能减排综合性工作方案》中的节能减排措施更加具体化。例如，在珠三角、长三角、京津冀、山东半岛、武汉及周边、长株潭、成渝及海西等大气联防联控重点区域开展煤炭总量控制试点，并在全国范围内大力实施和强化环评“区域限批”制度，把污染物排放总量指标作为环评审批的前置条件，对年度减排目标未完成、重点减排项目未按目标责任书落实的地区和企业，实行阶段性环评限批。由此可见，继续强化约束性指标管理仍是“十二五”减排工作的重要抓手。

表5－2　“十二五”时期各省区市主要污染物减排考核目标

东部	SO_2	COD	中部	SO_2	COD	西部	SO_2	COD
北京	13.4	8.7	山西	11.3	9.6	内蒙古	3.8	6.7
天津	9.4	8.6	吉林	2.7	8.8	广西	7.9	7.6
河北	12.7	9.8	黑龙江	2.0	8.6	重庆	7.1	7.2
辽宁	10.7	9.2	安徽	6.1	7.2	四川	9	7
上海	13.7	10	江西	7.5	5.8	贵州	8.6	6
江苏	14.8	11.9	河南	11.9	9.9	云南	4	6.2
浙江	13.3	11.4	湖北	8.3	7.4	西藏	0	0
福建	7	6.3	湖南	8.3	7.2	陕西	7.9	7.6
山东	14.9	12				甘肃	－2	6.4
广东	14.8	12				青海	－16.7	－18
海南	－34.9	0				宁夏	3.6	6
						新疆	0	0
均值	8.16	9.08	均值	7.26	8.06	均值	4.97	6.31

数据来源：《“十二五”主要污染物总量削减目标责任书》。

第三节　省级约束性减排目标考核对出口产品质量影响的实证研究

本节基于“十一五”规划和“十二五”规划报告中政府规定的各个地区减排目标，采用多时点双重差分模型考虑约束性减排目标考核对出口产品质量的影响。在此基础上，进一步结合地区、行业、所有制异质性特征检验约束性减排目标考核对不同类型企业的影响差异。

一、计量模型设定

“十一五”和“十二五”期间的约束性减排目标考核为双重差分模型的建立提供了有利的准自然试验。与传统的双重差分模型不同，本节采用连续性的试验变量来捕捉约束性减排目标考核对出口产品质量的相对影响，相应的双重差分模型可设定为：

$$\mathrm{Ln}quality_{fhct} = \beta_0 + \beta_1 \mathrm{Ln}target_p \times Post_t + \beta_2 Control_{ft} + \mu_{fhc} + \eta_t + \varepsilon_{fhct} \quad (5-1)$$

其中，$quality$ 变量为出口产品质量；h 为 HS－6 位码产品，c 为出口目的国，t 为年份；$target_p$ 为企业 f 所在地 p 省在“十一五”和“十二五”期间的约束性减排目标考核目标；$Post$ 为时间虚拟变量，且在 2001～2005 年取值为 0，2006～2015 年取值为 1。Z 为企业层面控制变量。μ 和 η 分别为企业—产品—目的地固定效应和年份固定效应；ε 为随机误差项。

虽然本章在模型（5－1）中加入了年份固定效应以控制不同年份可能存在的差异，但是在制定“十一五”和“十二五”时期各省区市的减排目标时，国家发改委根据各省的实际情况实行差异化的减排目标。因此，如果“十一五”和“十二五”期间各省区市的减排规制是非随机的，即处理组和对照组的因变量在 2006 年之前就表现出差异变动，进而使得 2006 年后不同组别因变量的差异变动，那么本章研究的估计结果有偏。为此，借鉴陈等（Chen et al.，2018）的方法，进一步在模型中控制可能影响“十一五”和“十二五”减排目标政策制定的影响因素。基于陈等（Chen et al.，2018）的研究，选取以下 2 类影响减排目标设定的前定变量：第一类为当地的自然环境，包括降水（Ln*rainfall*）、海拔（Ln*elevation*）和风速（Ln*wind*）；第二类为影响减排目标制定的经济和社会变量，包括人均 GDP（Ln*pgdp*）、人口密度（Ln*density*）、排污强度（Ln*pollution*）和排污去除率（Ln*removal*）。为了控制其他随时间变动的政策标准对约束性减排目标制定的影响，进一步加入贸易开放度（Ln*trade*）与时间变量的交互项，以及利用外资水平（Ln*FDI*）与时间变量的交互项。

同时，同时期其他环境政策的实施可能对出口产品质量产生显著的影响，从而使得本节的估计结果有偏。最为典型的是，中国自 1998 年开始实施两控区政策，该政策覆盖了 27 个省区市，确实达到了减少污染排放的目的。为了控制两控区政策（TCZ）对因变量产生的影响，模型中加入两控区与年份的交互项。基于此，最终回归模型可调整为：

$$\mathrm{Ln}quality_{fhct} = \beta_0 + \beta_1 \mathrm{Ln}target_p \times Post_t + \beta_2 Control_{ft} + X'_{pt} + \mu_{fhc} + \eta_t + \varepsilon_{fhct} \quad (5-2)$$

其中，X'为特征向量变量，包括两控区政策与时间虚拟变量的交互项以及所有影响减排目标政策制定的前定变量与时间虚拟变量的交互项。

二、变量选取与数据来源

1. 指标选择及说明

被解释变量为出口产品质量（Ln*quality*）。借鉴坎德瓦尔等（Khandelwal et al.，2013）、范等（Fan et al.，2015）等文献的做法，采用需求信息回归推断法（简称“KSW”方法）进行测算得到。

约束性减排目标考核变量采用 SO_2 减排目标衡量并以对数形式引入。对于 SO_2 减排目标为 0 的省级行政区，Ln*target* 取值为 0。为了保证估计结果的稳健可靠，后续研究中采用 COD 减排目标进行稳健性检验。

进一步加入影响企业出口产品质量的其他控制变量（*Z*），具体包括：

（1）企业年龄（Ln*age*）。一方面，较长的企业存续期使得员工工作经验较为丰富，因而对产品的熟悉程度较高且更容易改进产品性能（Love et al.，2016；许和连和王海成，2016）；另一方面，较长的存续年限也面临着生产设备老化问题，历史遗漏的债务问题和员工安置问题导致企业的运营成本相对较高（Agostino et al.，2020），从而不利于出口质量提升。企业年龄采用当年年份与企业成立年份之差来衡量并以对数形式引入计量模型。

（2）企业规模（Ln*size*）。在新贸易理论框架下，规模越大的企业可能会获得规模经济、生产技术或外部性等方面的优势，从而可能会提高自身的出口产品质量（Wang et al.，2024）。采用企业职工人数来衡量并以对数形式引入计量模型。

（3）企业全要素生产率（Ln*tfp*）。生产率高的企业更有能力支付生产高质量产品所需的高成本，从而会出口更高质量的产品（Henn et al.，2020；苏丹妮等，2018）。采用扩展的 Olley 和 Pakes（1996）方法进行测算，具体计算过程中企业资本投入 K 通过永续盘存法计算，即 $K_{it}=K_{it-1}+I_{it}-D_{it}$。其中，$K_{it}$为 t 期固定资本存量，I_{it}为 t 期新增资本，D_{it}为 t 期折旧额。初始资本存量采用企业第一次出现在工业企业数据库中的固定资产净值衡量；新增资本为企业相邻年份固定资产原值的差额计算。另外，由于工业企业数据库中 2004 年的统计数据缺失工业总产值统计指标，根据企业代码和名称采用中国经济普查数据匹配得到该指标。个别样本缺失的工业总产出以及中间投入品根据相关的会计准则进行估算补齐或者通过移动平均法进行补齐。

（4）政府补贴（Ln*subsidy*）。政府补贴可以通过资金支持来降低企业出口环节的各项生产成本和交易成本（Kong and Xu，2021），从而提高企业的出口产品质量。采用政府补贴收入来衡量并以对数化方式引入计量模型。

（5）企业所有制。不同所有制类型的企业在政府优惠政策、进入壁垒及融资成本等方面存在显著的差异，从而导致其出口产品质量提升速度不尽相同。借鉴瓜里格里亚等（Guariglia et al.，2011）的研究，依据企业各类资本占实收资本的比重（大于或等于 50%）来区分六种不同的所有制结构。在计量模型中，选取国有（*State*）作为基准变量，分别纳入集体（*Collective*）、独立法人（*Legal*）、私人所有（*Private*）、外商投资（*Foreign*）和港澳台资（*HMT*）五种不同所有制结构的虚拟变量，据此比较上述企业与国有企业的出口产品质量差异。正如瓜里格里亚等（Guariglia et al.，2011）所指，采用企业实收资本比重划分所有制类型的方法比单纯根据企业登记注册类型来划分更为可靠和准确。鉴于少数企业两种不同类型资本占实收资本的比重相同，进一步结合其登记注册类型进行划分。

另外，本节亦控制贸易自由化带来的影响。鉴于 2001 年 12 月 11 日中国加入世界贸易组织（*WTO*），大幅提高了贸易自由化水平。既有研究表明，贸易自由化可以显著提升高质量中间投入品进口，从而提高本国出口产品质量（Fan et al.，2015；Medina，2024）。为此，构建行业层面的最终品关税（Ln*tariff*）来衡量进口冲击，相关数据来源于 WTO 官网。

最后，排除其他外生政策冲击。本章研究主要考察了“十一五”和“十二五”约束性减排目标考核对中国企业出口产品质量的影响，但在同一时期企业出口产品质量还可能受到其他环境政策的干扰，其中尤为突出的是1998年国务院制定的“两控区”政策覆盖了27个省区市，并显著降低了SO_2和COD的排放。为此，本章在模型中加入两控区虚拟变量（*TCZ*），据此控制两控区政策的外生冲击。

2. 数据来源与样本选择

本章中原始数据主要来源于以下几个官方数据库：第一，各省区市“十一五”和“十二五”约束性减排目标考核数据来自《主要污染物总量削减目标责任书》。各省区市的降水量数据来自中国气象局中国地面国际交换站气候资料年值数据集；海拔数据来自美国国家航空航天局（NASA）的航天飞机雷达地形任务90米数字高程地图；风速数据来自欧洲中期天气预报中心（ECMWF）发布的历年栅格气象数据；省级二氧化硫、化学需氧量排放量和去除量数据来自历年《中国环境统计年鉴》；人均GDP、人口密度、贸易开放度和利用外资数据来自《中国统计年鉴》。

第二，制造业企业生产数据来自工业企业数据库。该数据库来源于国家统计局，并被广泛应用于中国经济问题研究（Brandt et al.，2017；Feenstra et al.，2018）。相关统计信息包含制造业的股权结构、雇佣人数、资本投入、总产出、法人个人信息、公司信息以及相关会计报表信息。

第三，海关进出口数据库提供了2001～2015年所有HS－8位码的进出口数据，包括每笔交易的进出口价值、数量、单位、产品来源和目的地、企业信息等。本节重点关注产品出口值和出口量，据此可知单位产品的出口价格。考虑到2002年以前，中国海关数据库使用的是HS96编码，2002年后海关数据库使用的是HS02编码，我们根据United Nation网站上提供的HS－6位数转换码将所有的海关数据转换为HS－6位码。

为了分析“十一五”和“十二五”约束性减排目标考核对企业出口产品质量的影响，首先根据企业所在地的名称和年份信息对工业企业数据库和各省区市的减排目标数据进行合并。其次，根据企业名称和年份、企业所在地的邮政编码和电话号码的后七位数字两种方法对上述数据和海关数据库进行合并。再次，根据企业所在的省区市名称将“十一五”和“十二五”减排目标与企业信息进行合并。最后，将上述合并好的数据与省级层面的数据再次合并。

在完成数据合并后，借鉴布兰特等（Brandt et al.，2017）的方法，对相关原始数据进行了如下处理：（1）剔除了关键指标（包括企业名称、工业总产值、总资产、固定资产净值、职工人数等）缺失的观测值；（2）剔除了一些异常观测值，包括总资产小于流动资产，总资产小于固定资产净值，累计折旧小于当期折旧的观测值，职工人数少于 8 人的观测值；（3）保留存在 2 年及以上的样本观测值；（4）以 2001 年为基期，对主要变量进行价格指数平减；（5）借鉴克里诺和奥利亚里（Crinò and Ogliari，2017）的方法，对可能出现的异常值做了进一步处理，即对所有连续变量进行了 1% 水平的双边缩尾。

鉴于出口产品质量测算涉及企业每笔交易的进出口价值、数量、单位、产品来源和目的地等信息，而 2016 年及之后的中国海关数据库没有披露产品贸易数量，导致无法获得单位产品价格并进行出口产品质量测算，为此，本章研究的样本统计区间为 2001～2015 年。在进行数据清洗和整理后，最终得到 3253336 个样本。表 5－3 报告了相关变量的统计性描述。从中可以发现，样本期间出口产品质量指标存在较大幅度的波动，意味着企业出口产品质量存在较大差异。企业面临的平均减排考核目标为 2.818，标准误为 0.374。控制变量的统计性描述显示，企业规模的均值为 5.773，其中最大值为 12.324，为最小值 2.079 的 6 倍。政府补贴的均值为 5.236，标准误为 2.318。从企业所有制结构来看，外商投资占到 25.5%，港澳台资企业占到 23.5%，两者合计 49%。国有企业和集体企业占比相对较低，分别为 5.3% 和 4.7%。

表 5－3　　主要变量的统计性描述

变量	变量定义	均值	标准误	最小值	最大值
Ln*quality*	出口产品质量	1.256	7.323	－49.999	49.999
Ln*target*	各省 SO_2 的减排目标	2.818	0.374	0	3.254
Ln*target_COD*	各省 COD 的减排目标	2.566	0.324	0	2.715
Post	时间虚拟变量，2006 年前取值为 0，否则为 1	0.551	0.489	0	1
Ln*age*	企业年龄的对数值	2.356	0.632	0	5.052
Ln*size*	企业从业人员的对数值	5.773	1.205	2.079	12.324
Ln*tfp*	OP 法计算的全要素生产率并取对数值	3.906	2.235	－2.316	8.765
Ln*subsidy*	政府补贴的对数值	5.236	2.318	2.072	13.920
Collective	集体企业虚拟变量，如果实收资本中集体资本占比超过 50%，则该变量取值为 1，否则为 0	0.047	0.165	0	1
Legal	法人企业虚拟变量，如果实收资本中法人企业资本占比超过 50%，则该变量取值为 1，否则为 0	0.182	0.375	0	1

续表

变量	变量定义	均值	标准误	最小值	最大值
Private	私人企业虚拟变量，如果实收资本中私人企业资本占比超过50%，则该变量取值为1，否则为0	0.228	0.467	0	1
Foreign	外资企业虚拟变量，如果实收资本中外资企业资本占比超过50%，则该变量取值为1，否则为0	0.255	0.446	0	1
HMT	港澳台资企业虚拟变量，如果实收资本中港澳台资企业资本占比超过50%，则该变量取值为1，否则为0	0.235	0.425	0	1
"十一五"期间节能减排目标的决定因素					
Ln*rainfall*	2001～2005年年均降水量	6.683	0.640	5.195	7.651
Ln*elevation*	海拔高度	5.013	1.974	1.099	8.284
Ln*wind*	2001～2005年年均风速	1.376	1.291	1.149	1.613
LnSO_2*_intensity*	2001～2005年均SO_2排放强度	4.728	0.946	1.484	6.236
Ln*COD_intensity*	2001～2005年均COD排放强度	3.585	1.365	1.285	6.778
Ln*removal*_SO_2	2001～2005年均SO_2去除率	3.203	0.530	2.225	4.150
Ln*removal_COD*	2001～2005年均COD去除率	0.422	0.191	0.147	0.903
"十二五"期间节能减排目标的决定因素					
Ln*rainfall*	2006～2010年年均降水量	6.587	0.528	5.789	8.135
Ln*elevation*	海拔高度	5.013	1.974	1.099	8.284
Ln*wind*	2006～2010年年均风速	1.278	1.335	1.087	1.538
LnSO_2*_intensity*	2006～2010年均SO_2排放强度	4.437	0.772	1.514	6.320
Ln*COD_intensity*	2006～2010年均COD排放强度	3.638	1.432	1.316	6.752
Ln*removal*_SO_2	2006～2010年均SO_2去除率	3.354	0.621	2.358	4.479
Ln*removal_COD*	2006～2010年均COD去除率	0.519	0.177	0.156	0.893
"十一五"时期宏观控制变量					
Ln*trade*	2001～2005年贸易额占GDP比重的均值	4.179	0.735	1.672	4.966
Ln*FDI*	2001～2005年实际利用外资占GDP比重的均值	1.548	0.339	0.077	2.125
"十二五"时期宏观控制变量					
Ln*trade*	2006～2010年贸易额占GDP比重的均值	4.235	0.687	1.755	5.105

续表

变量	变量定义	均值	标准误	最小值	最大值
“十二五”时期宏观控制变量					
Ln*FDI*	2006～2010年实际利用外资占GDP比重的均值	1.625	0.342	0.105	2.257
控制其他政策					
Ln*tariff*	最终品关税	1.887	0.507	-3.565	3.277
WTO	虚拟变量，2002～2015年取值为1，否则取值为0	0.956	0.206	0	1
TCZ	虚拟变量，如果企业所在的城市位于两控区，则该变量取值为1，否则取值为0	0.645	0.458	0	1

三、基准回归结果分析

表5-4报告了减排政策调整的前定变量分析结果。从表5-4列（1）可以看出，降水量、海拔、风速、二氧化硫排放强度、环境规制政策都是影响SO_2减排政策制定的重要因素。同时，海拔、风速、COD排放强度将会显著影响到COD减排政策制定，但降雨量对COD减排政策的影响却不显著。究其原因主要是：二氧化硫的物理性质决定了其易溶于水并且会随降雨落到地面，因此降雨量大的地区更容易降低二氧化硫排放量。另外，各省区市在具体的污染治理过程中投资力度较小，去污能力低，治污投入对环境改善作用有限。

表5-4　　　　减排政策调整的前定变量分析结果

解释变量	Ln*target*	Ln*target_COD*
	(1)	(2)
Ln*rainfall*	0.926*** (0.305)	0.310 (0.276)
Ln*elevation*	-0.281** (0.095)	-0.207* (0.103)
Ln*wind*	3.368** (1.232)	3.847*** (1.171)
LnSO_2_*intensity*/Ln*COD_intensity*	0.493*** (0.153)	0.290*** (0.100)

续表

解释变量	Lntarget	Lntarget_COD
	(1)	(2)
Lnremoval_SO_2/Lnremoval_COD	-0.567** (0.274)	1.281 (0.978)
Constant	-8.920** (3.522)	-5.813* (3.306)
省区市固定效应	Yes	Yes
时间固定效应	Yes	Yes
Observations	62	62
R - squared	0.5530	0.5030

注：***、**、*分别表示1%、5%、10%水平下显著，括号内为稳健标准误。

表5-5中列（1）至列（4）列出了基本回归结果。列（1）的估计结果显示，在控制年份效应、企业—目的国—产品固定效应的情况下，环境规制指标与时间虚拟变量的交叉项（Lntarget × Post）的估计系数为负且通过了1%的显著性水平检验，表明环境规制政策实施对出口产品质量产生了显著的负面效应。在控制企业层面的其他因素和影响出口产品质量的其他外生冲击后，列（4）的估计结果显示，Lntarget × Post 的回归系数依然显著为负，且平均而言，“十一五”期间减排政策的实施导致企业出口产品质量下降了0.047%。这说明环境规制产生的遵循成本效应大于创新补偿效应。

从控制变量的估计结果来看，企业年龄（Lnage）的估计系数在1%的统计水平下显著为正，表明随着企业存续期的延长，其出口产品质量将随之提升。企业规模（Lnsize）对出口产品质量的影响为正且均通过了1%的显著性水平检验。这一结论表明随着企业规模的不断扩大，其出口产品质量提高。另外，全要素生产率（LnTFP）的估计系数显著为正，表明全要素生产率与企业出口产品质量之间存在显著的正向关系。与此同时，政府补贴（Lnsubsidy）对出口产品质量的估计系数虽然为正却未通过1%的显著性水平检验，表明政府补贴对出口产品质量并未产生显著的影响。从企业所有制结构的回归系数来看，国有企业的出口产品质量最高，法人企业次之，港澳台资企业的出口产品质量最低。具体来说，列（4）的估计结果显示，国有企业的出口产品质量比集体企业、法人企业、私人企业、外资企业和港澳台资企业分别高出0.089%、0.075%、0.104%、

0.120%和0.180%。究其原因主要是，国有企业更容易获得银行信贷，融资约束的缓解在很大程度上促进了其出口产品质量提升。本节的实证结果同时显示，Ln*tariff*×*WTO* 的估计系数为负且通过了1%的显著性水平，表明加入 WTO 后，贸易自由化有利于出口产品质量提升。然而，*TCZ* 的变量却不显著，意味着“两控区”和非“两控区”的出口产品质量并不存在显著差异。

表5-5　　　　　　　　基准回归结果

解释变量	被解释变量：Ln*quality*			
	(1)	(2)	(3)	(4)
Ln*target*×*Post*	-0.045* (0.024)	-0.047** (0.024)	-0.055*** (0.021)	-0.047* (0.024)
Ln*age*		0.072*** (0.020)		0.071*** (0.020)
Ln*size*		0.119*** (0.009)		0.119*** (0.009)
Ln*tfp*		0.143*** (0.027)		0.144*** (0.027)
Ln*subsidy*		0.002 (0.002)		0.002 (0.002)
Collective		-0.090** (0.038)		-0.089** (0.038)
Legal		-0.075** (0.033)		-0.075** (0.033)
Private		-0.106*** (0.034)		-0.104*** (0.034)
Foreign		-0.121*** (0.035)		-0.120*** (0.035)
HMT		-0.182*** (0.035)		-0.180*** (0.035)
Ln*tariff*×*WTO*			-0.141*** (0.019)	-0.142*** (0.019)
TCZ			0.237 (0.226)	0.229 (0.225)

续表

解释变量	被解释变量：Lnquality			
	(1)	(2)	(3)	(4)
Target Contrls × *T*	Yes	Yes	Yes	Yes
Other Controls × *Post*	Yes	Yes	Yes	Yes
Constant	0.134 (0.453)	-0.321 (0.459)	-0.488 (0.516)	-0.727 (0.483)
年份固定效应	Yes	Yes	Yes	Yes
企业—产品—目的国固定效应	Yes	Yes	Yes	Yes
观测值	3253336	3253336	3253336	3253336
R - squared	0.533	0.562	0.748	0.750

注：①*Target Contrls* × *T* 为时间趋势 T 与节能减排目标制定时考虑的五个主要影响因素之间的交互项；*Other Controls* × *Post* 为节能减排制定目标制定的其他参考标准（贸易开放度与利用外资水平）与虚拟变量 *Post* 之间的交互性，下同。②括号内的标准误在省份层面进行 cluster 处理，***、**、* 分别表示 1%、5%、10% 水平下显著。

本节进一步探讨了约束性减排目标考核对出口产品质量的影响渠道。基于理论机制分析，选取治污成本、绿色创新和产品转换作为机制变量。其中治污成本采用脱硫设备投入量作为替代变量并加 1 取对数（Ln*equipment*）处理；为了保证结果的稳健可靠，本节亦采用企业 SO_2 去除率（*Removal*）作为治污成本的替代变量。企业绿色创新水平采用绿色发明专利申请量（Ln*innovation*）和全要素生产率（Ln*TFP*），其中绿色发明专利申请量借鉴乌拉达和诺阿伊（Wurloda and Noailly，2018）的研究方法，根据世界知识产权组织发布的《绿色专利清单》中的 IPC 代码识别并核算了企业每年的绿色发明专利申请数量。在实证过程中，采用绿色专利申请量加 1 的自然对数作为绿色创新的衡量指标。另外，本节仅保留连续出口两年及以上的企业作为样本，并参考伯纳德等（Bernard et al.，2010）等的做法，根据企业调整产品组合的方式将其分为三种类型：第一，产品新增率（Ln*add*），由当年企业增加的产品类型数量/上一年企业产品类型数量（%）；第二，产品剔除率（Ln*drop*），由企业当年减少的产品数量/上一年企业产品类型数量（%）；第三，产品转换率（Ln*total*），即为产品新增率与产品剔除率的总和。

表 5-6 中列（1）的估计结果显示，Ln*target* × *Post* 的估计系数显著为正，且约束性减排目标考核的执行导致企业治污设备投入增长了 0.011%。当企业的 SO_2 去除率（Ln*removal*）变量被纳入列（2）的回归

分析中时，估计结果显示，Ln*removal* 变量的估计系数依然显著为正，且地方政府面临的约束性减排目标每提高 1%，将导致企业的 SO_2 去除率提高 0.003%，进一步说明了约束性减排目标考核将显著增加企业的治污投入。同时，表 5－6 中列（3）和列（4）的估计结果显示约束性减排目标考核目标的实施有利于促进企业绿色创新和全要素生产率的提高，因而约束性减排目标考核同样存在显著的创新补偿效应。最后，表 5－6 中列（5）至列（7）的估计结果显示，Ln*target* × *Post* 的估计系数显著为正，表明约束性减排目标考核显著提高了产品转换率。可能的解释是，当地区环境规制政策紧缩时，企业一方面可以进行适当的产品和市场多元化来提高企业竞争力；另一方面可以通过资源优化配置来实现市场专业化，进而弱化环境规制对出口产品质量的负面影响。

表 5－6　　影响机制检验结果

解释变量	Ln*equipment*	*Removal*	Ln*innovation*	Ln*TFP*	Ln*add*	Ln*drop*	Ln*total*
	(1)	(2)	(3)	(4)	(5)	(6)	(7)
Ln*target* × *Post*	0.011 *** (0.003)	0.003 *** (0.0004)	0.015 *** (0.001)	0.046 * (0.024)	0.008 (0.007)	0.017 ** (0.006)	0.016 *** (0.04)
Firm－level controls	Yes	Yes	Yes	Yes	Yes	Yes	Yes
Target Contrls × *T*	Yes	Yes	Yes	Yes	Yes	Yes	Yes
Other Controls × *Post*	Yes	Yes	Yes	Yes	Yes	Yes	Yes
Constant	4.058 *** (0.075)	0.628 (0.484)	0.538 *** (0.031)	0.694 (0.483)	2.436 *** (0.645)	4.063 *** (0.176)	3.047 *** (0.732)
年份固定效应	Yes	Yes	Yes	Yes	Yes	Yes	Yes
企业—产品—目的国固定效应	Yes	Yes	Yes	Yes	Yes	Yes	Yes
观测值	2653188	3253336	3253336	3253336	1814987	2297489	2874685
R－squared	0.686	0.807	0.870	0.768	0.748	0.806	0.820

注：括号内的标准误在省级层面进行 cluster 处理，***、**、* 分别表示 1%、5%、10% 水平下显著。

四、稳健性检验结果分析

为了保证检验结果的稳健可靠，本节从以下七个方面进行稳健性检验。

1. 平行趋势检验

为了考察约束性减排目标考核政策对出口产品质量的影响是否存在时

间上的滞后性和持续性，进一步对比分析了减排政策实施前后企业出口产品质量是否存在差异。借鉴郝林和庞塞特（Hering and Poncet，2014）的研究方法，选取“十一五”减排政策实施当年（即2006年）作为基期，将减排政策实施之前的时间虚拟变量与减排目标（Ln*target*）的交叉项纳入基本模型，据此考察企业在减排政策实施之前出口产品质量是否已经存在显著差异。同时，将减排政策实施之后的时间虚拟变量与减排目标（Ln*target*）的交叉项纳入基本模型，据此考察环境规制的年度效应。相关的实证结果显示，约束性减排政策实施前5年企业出口产品质量并没有发生显著变化。然而，自2006年各省区市节能减排目标确定后，$\text{Ln}target \times Post_n$（$n=2, 3, 4, \cdots, 10$）的估计系数都在1%的水平下显著为负，而$\text{Ln}target \times Post_1$的估计系数虽然为负却未通过10%的显著性水平检验，这意味着约束性减排政策对产品质量的影响存在1年的滞后期。

2. 安慰剂检验

使用双重差分模型在进行因果推断时，政策的实施需要具有一定的外生性。图5-1的平行趋势检验显示，在未实施约束性减排目标考核政策前，企业出口产品质量不存在显著的变化，说明该政策满足差分意义上的外生性。本部分进一步提前政策实施时间，采用安慰剂检验来证明政策的外生性。具体来说，将约束性减排目标考核政策时间节点分别提前1年和2年，设定虚假时间虚拟变量，并构建交互项$\text{Ln}target \times Post_{n}$（$n=1, 2$）纳入基准回归模型。由于外生冲击只发生在政策规定的时间处，那么在政策时间前1年或2年处必然不存在因果效应。如果估计系数显著，则表明不能把出口产品质量变化归因于约束性减排考核政策，也有可能是来自其

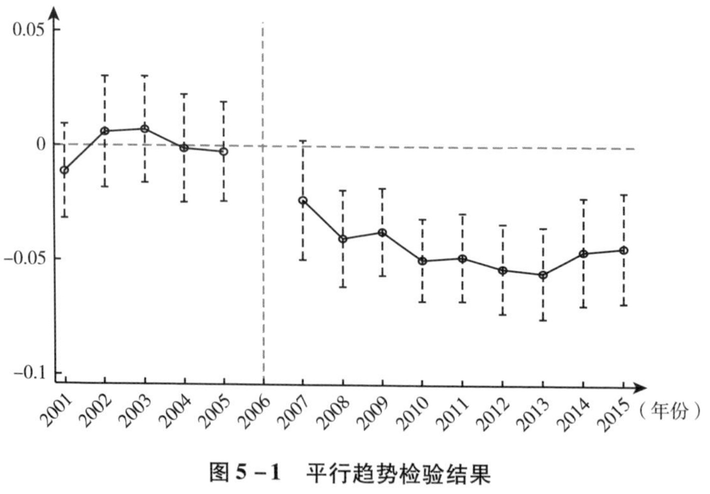

图5-1　平行趋势检验结果

他未观测到的变量影响到了这一结果。表 5 –7 列（1）和列（2）的估计结果显示，核心解释变量的估计系数不再显著，进一步证实了政策的外生性。

3. 政策外生性的其他检验

应用双重差分模型需要满足政策冲击外生性的要求，尤其是政策冲击要与被解释变量表现无关。为此，参考陈等（Chen et al.，2020）的做法，采取省级约束性减排目标考核政策实施前的出口产品质量对处理组变量 Ln*target* 进行回归。表 5 –7 中列（3）的估计结果显示，出口产品质量的回归系数并未通过 10% 的显著性水平检验，说明约束性减排目标考核政策满足外生性要求。

4. 改变核心变量的衡量方法

对于出口产品质量的度量，部分学者使用单位价值量（出口总价值量/出口数量）作为产品质量的代理变量（例如，Bastos and Silva，2010；Manova and Zhang，2013；Brambilla and Porto，2016），这主要是由于高质量产品的单价一般相对较高。与坎德瓦尔等（Khandelwal et al.，2013）提出的需求信息回归推断法测算出口产品质量相比，单位价值量表征的出口质量测算较为简便，相应的估计结果见表 5 –7 中列（4）。另外，借鉴樊海潮和郭光远（2015）的方法，将替代弹性分别替换为 5 和 10，重新测算企业出口产品质量，估计结果如表 5 –7 中列（5）和列（6）所示。最后，借鉴克里诺和奥利亚里（Crinò and Ogliari，2017）的做法，将企业—产品—目的国层面的产品质量按照出口价值进行加权平均，估计结果见列（7）。关于核心解释变量约束性减排目标考核强度指标，根据政府工作报告中针对化学需氧量 COD 是否公开具体减排目标作为核心解释变量，估计结果如列（8）所示。可以发现，无论是替换出口产品质量的衡量方法还是考虑化学需氧量的约束性减排目标考核，核心解释变量 Ln*target* × *Policy* 的估计系数依然显著为负。

5. 采用三重差分方法进行估计

双重差分模型允许一些随着时间变动的区域特征与产出之间密切相关，从而导致估计结果有偏（Cai et al.，2016；Shi and Xu，2018）。为此，进一步采用三重差分模型来控制不同行业的排污强度受约束性减排目标考核的影响，相应的计量模型设定如下：

$$\mathrm{Ln}quality_{fhct} = \beta_0 + \beta_1 \mathrm{Ln}target_p \times Post_t \times \mathrm{Ln}SO_2 + \beta_2 Control_{ft} + X'_{pt} + \mu_{fhc} + \eta_t + \varepsilon_{fhct} \tag{5-3}$$

表 5 - 7　　稳健性检验结果

解释变量	*Lnquality*	*Lnquality*	*Lntarget*	*Lnquality*	*Lnquality*	*Lnquality*	*Lnquality*	*Lnquality*	*Lnquality*	*Lnquality*
	(1)	(2)	(3)	(4)	(5)	(6)	(7)	(8)	(9)	(10)
$Lntarget \times Post_{-1}$	-0.035 (0.022)									
$Lntarget \times Post_2$		-0.027 (0.023)								
Lnquality			-0.154 (0.142)							
$Lntarget \times Post$				-0.007** (0.003)	-0.028** (0.012)	0.044* (0.024)	-0.041** (0.011)	-0.055** (0.0245)		
$Lntarget \times Post \times LnSO_2$									-0.028*** (0.001)	-0.046*** (0.002)
Firm - level controls	Yes	Yes	Yes	Yes	Yes	Yes	Yes	Yes	Yes	Yes
Target Contrls × *T*	Yes	Yes	No	Yes	Yes	Yes	Yes	Yes	Yes	Yes
Other Controls × *Post*	Yes	Yes	No	Yes	Yes	Yes	Yes	Yes	Yes	Yes
Constant	2.172*** (0.117)	1.908*** (0.339)	0.071** (0.031)	0.917*** (0.085)	2.133*** (0.115)	2.103*** (0.117)	9.150*** (0.236)	1.197 (0.744)	-1.471*** (0.484)	-0.817* (0.483)
年份固定效应	Yes	Yes	Yes	Yes	Yes	Yes	Yes	Yes	Yes	Yes
企业—产品—目的国固定效应	Yes	Yes	Yes	Yes	Yes	Yes	Yes	Yes	Yes	Yes

续表

解释变量	*Lnquality*	*Lnquality*	*Lntarget*	*Lnquality*	*Lnquality*	*Lnquality*	*Lnquality*	*Lnquality*	*Lnquality*	*Lnquality*
	(1)	(2)	(3)	(4)	(5)	(6)	(7)	(8)	(9)	(10)
观测值	3253336	3253336	889332	3253336	3253336	3253336	3253336	3253336	3253336	3253336
R - squared	0. 5688	0. 5689	—	0. 801	0. 762	0. 669	0. 733	0. 750	0. 748	0. 752

注：①列（1）和列（2）报告了约束性减排目标考核政策实施时间分别提前 1 年、2 年后的估计结果；列（3）报告了政策外生性检验的估计结果；列（4）中的出口产品质量采用单位价值量测算；列（5）和列（6）的出口产品质量分别基于替代弹性为 5 和 10 计算得到；列（7）中的出口产品质量采用出口价值加权处理计算得到；列（8）采用是否公布 COD 减排目标作为政策变量；列（9）和列（10）中 SO_2 分别采用各行业 2001 ~ 2015 年的平均排放量和排放强度来衡量。②括号内的标准误在省级层面进行 cluster 处理，***、**、* 分别表示 1%、5%、10% 水平下显著。

其中，SO_2 分别为 2001～2015 年各行业的 SO_2 排放量及排放强度均值。表 5－8 中稳健性检验结果列（9）和列（10）的估计结果显示，各个变量的回归系数与表 5－5 中相应变量的系数符号保持一致，模型的回归结果与表 5－5 的结论保持一致。

6. 排除其他政策影响

样本考察期间实施的其他环境政策可能同样会对企业出口行为产生影响，因此，参考石和付（Shi and Xu，2018）的研究考虑排除约束性减排目标考核政策实施时期重大事件的影响。具体包括：

①北京奥运会。2008 年北京奥运会期间，地方政府对北京市及周边地区的排污进行了严格控制，涉及地方包括天津、河北、辽宁、山西、内蒙古地区，为此，本节删除了 2008 年上述地区的企业样本并进行回归，估计结果见表 5－8 中列（1）。

②节能低碳政策。“十一五”时期约束性减排目标考核方案出台后，国家发改委针对钢铁、石油石化、电力、化工等九大行业中 1008 家重点企业展开千家企业节能低碳行动。后来，为了落实“十二五”约束性减排目标考核方案，国家发改委将“千家企业节能行动”进一步扩展到“万家企业节能低碳行动”。为此，本节进一步控制节能行动的影响。具体来说，根据国家发改委公布的《千家企业节能行动实施方案》和《万家企业节能低碳行动企业名单及节能量目标》名单上列出的企业名称与本节样本企业名称匹配，如果企业在“十一五”或者“十二五”时期被纳入该节能减排行动方案名单（*Energy*）时，则同期该变量取值为 1，否则为 0。估计结果见列（2）。

③碳交易试点政策。2011 年 11 月 29 日，国家发改委正式批准北京、天津、上海、重庆、广东、湖北和深圳 7 个省市开展碳排放权交易试点。为此，设置碳排放交易试点政策虚拟变量，当企业所在的地区为碳排放权交易试点地区且年份为 2012 年及之后时，$Pilot\_CO_2$ 取值为 1，否则为 0。估计结果见列（3）。

④环保法庭设立。地方环保法庭作为生态法治建设的载体，能够有效倒逼企业减排和绿色转型。自 2007 年开始，环保法庭在全国各地市迅速发展。为此，根据企业所在地的中级人民法院是否设立环保法庭作为准自然实验，控制环保法治化建设对出口的影响。如果企业所在地的中级人民法院设立了环保法庭，则在设立当年及之后，*Court* 变量取值为 1，否则为 0。估计结果见列（4）。

另外，同期的外部宏观环境变化及贸易促进政策同样会对出口产生显著的影响，具体包括：

①金融危机。2008～2009 年金融危机期间，企业出口量大幅下降。为此，本节删除了 2008～2009 年的企业样本并进行回归，估计结果见表 5－8 中列（5）。

②产业政策。在由“贸易大国”迈向“贸易强国”的进程中，中国政府借助实施各种产业促进与指导政策，推动进出口发展。为此，本节通过整理中央、省级政府“十五”至“十二五”规划中提及的重点产业信息，确定企业所属产业是否属于中央或省级政府重点鼓励和支持的产业政策，并将产业政策虚拟变量（*Industry*）纳入计量模型进行回归，估计结果如表 5－8 中列（6）所示。

③外资准入政策。2002 年开始实行的《外商投资产业指导目录》通过鼓励、限制、禁止外商等措施，引导外商投资流入符合国家战略、利益和安全需要的领域，从而有利于出口结构的转型升级。为此，通过引入虚拟变量（*FI*）来控制外资准入政策的影响。具体来说，若产品所在行业为目录中限制或禁止行业，则 *FI* 取值为 0，鼓励产业则取值为 1，相应的估计结果如表 5－8 中列（7）所示。

④最低工资政策。最低工资政策会影响生产成本和劳动力的市场供需关系，也会间接影响到企业的生产和管理效率，从而影响出口企业的竞争力与生产能力，采用所在地级市城市的最低工资（Ln*minwage*）来控制其对企业出口的影响。估计结果如表 5－8 列（7）所示。

表 5－8 中列（1）至列（8）的估计结果显示，Ln*target* × *Post* 的估计系数依然为负且通过了 10% 的显著性水平检验，表明在控制上述冲击的影响后，约束性减排目标考核政策对出口产品质量的影响依然显著为负。

7. 内生性检验

尽管前面分析中已控制了影响企业出口产品质量的重要因素，但一些与约束性减排目标考密切相关的变量遗漏可能会导致内生性问题。为此，参考郝林和庞塞特（Hering and Poncet，2014）的思路，本节采用空气流通系数的对数（Ln*ventilation*）作为约束性减排目标考核的工具变量，并采用最小二乘法进行回归分析。一般而言，高排污排放量的省区市更容易面临较高的约束性减排目标考核（Hering and Poncet，2014）。空气流通系数为地面以上 10 米风速与大气边界层高度的乘积，相关指标来自 ECMWF 发布的栅格气象数据。另外，选取逆温（*Inversion*）作为约束性减排目标考核的工具变量，这主要是由于在正常情况下，上层大气的温度低于表

表 5-8　排他性检验结果

解释变量	被解释变量：Lnquality							
	(1)	(2)	(3)	(4)	(5)	(6)	(7)	(8)
Lntarget × *Post*	-0.041* (0.024)	-0.053** (0.024)	-0.046** (0.023)	-0.048** (0.023)	-0.049** (0.022)	-0.049** (0.022)	-0.048** (0.020)	-0.041* (0.022)
Energy		-0.004*** (0.001)						
$Pilot\_CO_2$			0.015** (0.006)					
Court				0.006 (0.011)				
Industry						0.014*** (0.005)		
FI							0.009** (0.004)	
Ln*minwage*								-0.008** (0.004)
Firm-level controls	Yes	Yes	Yes	Yes	Yes	Yes	Yes	Yes
Target Contrls × *T*	Yes	Yes	Yes	Yes	Yes	Yes	Yes	Yes

续表

解释变量	被解释变量：Lnquality							
	(1)	(2)	(3)	(4)	(5)	(6)	(7)	(8)
Other Controls × *Post*	Yes	Yes	Yes	Yes	Yes	Yes	Yes	Yes
Constant	-0.237 (0.485)	-0.558 (0.514)	0.431 (0.466)	2.105*** (0.143)	1.218** (0.486)	2.139*** (0.115)	0.472*** (0.068)	-3.667*** (0.725)
年份固定效应	Yes	Yes	Yes	Yes	Yes	Yes	Yes	Yes
企业—产品—目的国固定效应	Yes	Yes	Yes	Yes	Yes	Yes	Yes	Yes
观测值	3231755	3253336	3253336	3253336	2876566	3253336	3253336	3253336
R - *squared*	0.744	0.751	0.752	0.750	0.757	0.754	0.756	0.754

注：①列（1）报告了北京奥运会影响后的估计结果；列（2）报告了控制节能低碳政策后的估计结果；列（3）报告了控制碳交易试点政策后的估计结果；列（4）报告了排除环保法庭设立影响后的估计结果；列（5）报告了排除金融危机影响后的估计结果；列（6）报告了控制产业政策影响后的估计结果；列（7）报告了控制外资准入政策影响的估计结果；列（8）报告了排除最低工资政策后的估计结果。②括号内的标准误在省级层面进行 cluster 处理，***、**、*分别表示1%、5%、10%水平下显著。

层。空气污染物可以从地面输送到上层，并进一步扩散。若上层温度高于底层温度，从而形成热逆温，空气污染物被困在地面附近，导致空气污染浓度很高。因此逆温现象越严重，空气污染越严重，该地面临的约束性减排考核越严重，满足相关性要求。逆温现象的形成一般独立于经济活动，满足外生性。表 5 – 9 中列（1）至列（4）报告了工具变量的估计结果，可以看出 Ln*target* × *Post* 的估计系数仍然显著为负，表明约束性减排目标考核政策明显降低了企业的出口产品质量。为验证工具变量的有效性，根据克莱因伯格和帕普（Kleibergen and Paap，2006）的研究对工具变量分别进行识别不足和弱工具变量检验。LM 检验在 1% 的显著性水平下拒绝了“工具变量识别不足”的原假设，而 Wald rk F 统计量也都在 10% 水平下拒绝了“工具变量是弱识别”的原假设，说明工具变量的选择是合理的。因而在考虑了模型潜在的内生性后，相关主要结论仍然成立。总之，约束性减排目标考核政策降低了企业的出口产品质量在考虑了内生性问题后依然成立。

样本选择偏差是内生性问题产生的另一根源。由于 2001 ~ 2010 年的中国工业企业数据库不包含主营业务收入 500 万元以下的中小非国有企业样本，而 2011 ~ 2015 年的中国工业企业数据库不包含主营业务收入 2000 万元以下的中小非国有企业样本，样本的缺失可能使得基本回归的结果产生偏误（王海成等，2019）。为此，剔除 2011 年前营业收入为 500 万元人民币以下、2011 年及之后营业收入为 2000 万元人民币以下的国有企业样本后重新进行回归分析。表 5 – 9 中列（5）的估计结果显示，Ln*target* × *Post* 的估计系数仍然显著为负，表明数据库的统计缺陷并不会对估计结果产生影响。第二类样本选择问题是本章的研究对象为出口企业，剔除了非出口企业样本，由此产生了因样本自选择产生的非随机样本问题。为此，采用赫克曼（Heckman，1979）提出的两阶段最小二乘法来解决样本选择偏差问题。在第一阶段，基于 Probit 模型考察哪些因素会影响到企业出口抉择。参考里克特和舍里希（Richter and Schiersch，2017）的研究，在 Probit 模型中纳入企业年龄、规模、全要素生产率、所有制结构来控制企业特征，并将由此计算得出的逆米尔值（*imr*）纳入第二阶段的回归来纠正选择偏差。表 5 – 9 中列（6）的估计结果显示，Ln*target* × *Post* 的估计系数仍然显著为负。因此，在考虑样本选择偏差问题后，本章研究的主要结论依然成立。

表 5-9　　　　　　　　　　内生性检验

解释变量	被解释变量：Ln*quality*					
	2SLS				OLS	Heckman
	(1)	(2)	(3)	(4)	(5)	(6)
IV	0.069 ** (0.033)		0.229 *** (0.010)			
Ln*ventilation* × *Post*		-0.282 *** (0.106)		-0.402 *** (0.067)		
Firm-level controls	Yes	Yes	Yes	Yes	Yes	Yes
Target Contrls × *T*	Yes	Yes	Yes	Yes	Yes	Yes
Other Controls × *Post*	Yes	Yes	Yes	Yes	Yes	Yes
IMR						-0.790 *** (0.173)
Constant	-7.018 *** (1.064)	2.158 *** (0.066)	-20.451 *** (2.850)	2.125 *** (0.115)	-0.702 (0.483)	-0.095 (0.504)
年份固定效应	Yes	Yes	Yes	Yes	Yes	Yes
企业—产品—目的国固定效应	Yes	Yes	Yes	Yes	Yes	Yes
K-P Wald F 检验	287.65 ***		324.56 ***			
K-P rk LM 检验	243.77 ***		196.43 ***			
观测值	3253336	3253336	3253336	3253336	3249910	3253336
R-squared	—	—	—	—	0.750	0.750

注：①列（1）和列（2）报告了基于空气流通系数作为工具变量的两阶段最小二乘法估计结果；列（3）和列（4）报告了基于逆温作为工具变量的两阶段最小二乘法估计结果；列（5）为剔除 2011 年前营业收入为 500 万元人民币以下、2011 年及之后营业收入为 2000 万元人民币以下的国有企业样本回归结果；列（6）报告了 Heckman 两步法的估计结果。②括号内的标准误在省级层面进行 cluster 处理，***、**、* 分别表示 1%、5%、10% 水平下显著。

五、异质性检验结果分析

表 5-10 汇报了约束性减排目标考核政策对不同类型企业影响的异质性检验结果。为了进一步考察约束性减排目标考核对不同地区企业排污影响的异质性，本节以东部地区作为基准，分别纳入中部地区虚拟变量（*Central*）、西部地区虚拟变量（*West*）与 Ln*target* × *Post* 的交互项。从表 5-10 中列（5）的估计结果可以看出，中部地区约束性减排目标考核引致的出

口产品质量比东部地区低 0.066%，西部地区减排政策引致的出口产品质量比东部地区低 0.129%，因而约束性减排目标考核政策导致东部地区出口产品质量明显高于中西部地区。究其原因可能是中西部地区的经济发展水平相对较低，较高的约束性减排压力导致企业的治污成本显著提高，从而在一定程度上对绿色创新投入、新产品研发投入产生挤出效应，并导致其出口产品质量下降较大。

同时，不同行业内环境规制政策对出口产品质量的影响也存在显著差异。当模型中纳入约束性减排目标考核、时间虚拟变量以及行业虚拟变量后，表 5－10 中列（5）估计系数显示，在约束性减排目标考核的影响下，劳动密集型行业、资本密集型行业的出口产品质量分别比技术密集型行业低了 0.036%、0.076%。资本密集型行业的出口产品质量受到约束性减排目标考核的负面影响最大，劳动密集型行业次之，技术密集型行业受到的负面影响最小。可能的解释是，技术密集型行业技术转型和技术升级的弹性空间相对较大，约束性减排压力的提高将使得企业主动选择技术创新来实现环境约束下的生产最大化或成本最小化。企业的所有制类型也将显著影响到环境规制的出口效应。

从所有制结构的交叉项估计结果来看，在约束性减排目标考核政策的影响下，国有企业、集体企业和外资企业之间的出口产品质量并不存在显著差异。法人企业、私人企业和港澳台资企业的出口产品质量比国有企业分别低了 0.039%、0.045% 和 0.037%。因此，私有企业的出口产品质量受环境规制的负面影响最为显著，法人企业次之。这主要是民营企业面临较大的融资约束，约束性减排压力导致民营企业治污成本上升。在资金压力下，民营企业倾向于通过提高污染治理开支来实现污染的末端治理，从而对创新产生较大的挤出效应并降低了其出口产品质量。

最后，从出口目的国来看，$\text{Ln}target \times Post$ 与 OECD 国家虚拟变量交互项估计系数为 0.225 且通过了 1% 的显著性水平检验，表明约束性减排目标考核政策的实施导致出口到 OECD 国家的出口产品质量比非 OECD 国家的出口产品质量高出 0.235%。同时，从表 5－10 中列（4）的估计结果可知，约束性减排目标考核政策的实施导致出口到非 OECD 国家的出口产品质量下降。因此，约束性减排目标考核政策虽然降低了出口目的地集中在非 OECD 国家企业的出口产品质量，但却提高了出口目的地集中在 OECD 国家企业的出口产品质量。这主要是 OECD 国家的消费者对于进口产品质量的环保要求更高，因此对出口企业进行研发创新与产品质量升级具有更强的激励作用。

表 5-10　　　　　　　　　　异质性检验结果

解释变量	被解释变量：Lnquality				
	(1)	(2)	(3)	(4)	(5)
Lntarget × Post	−0.051** (0.024)	−0.042* (0.024)	−0.062** (0.029)	−0.208*** (0.025)	−0.117*** (0.031)
Lntarget × Post × Central	−0.061*** (0.021)				−0.066*** (0.021)
Lntarget × Post × West	−0.101*** (0.023)				−0.129*** (0.023)
Lntarget × Post × Capital		−0.081*** (0.008)			−0.076*** (0.008)
Lntarget × Post × Labour		−0.012* (0.006)			−0.036*** (0.006)
Lntarget × Post × Collective			−0.027 (0.025)		−0.037 (0.026)
Lntarget × Post × Legal			−0.033* (0.019)		−0.039** (0.020)
Lntarget × Post × Private			−0.053*** (0.019)		−0.045** (0.020)
Lntarget × Post × Foreign			0.026 (0.019)		−0.003 (0.020)
Lntarget × Post × HMT			−0.032* (0.019)		−0.037* (0.020)
Lntarget × Post × OECD				0.223*** (0.006)	0.225*** (0.006)
Firm-level controls	Yes	Yes	Yes	Yes	Yes
Target Contrls × T	Yes	Yes	Yes	Yes	Yes
Other Controls × Post	Yes	Yes	Yes	Yes	Yes
Constant	−1.988*** (0.328)	−1.910*** (0.319)	−0.672 (0.485)	−1.120** (0.482)	−0.912* (0.488)
年份固定效应	Yes	Yes	Yes	Yes	Yes
企业—产品—目的国固定效应	Yes	Yes	Yes	Yes	Yes
观测值	3253336	3253336	3253336	3253336	3253336
R-squared	0.750	0.751	0.750	0.753	0.753

注：括号内的标准误在省级层面进行 cluster 处理，*** 、** 、* 分别表示 1%、5%、10% 水平下显著。

第四节　地级市减排目标考核对出口产品质量的影响研究

层层分解式减排与我国“层层分包”的行政体制和多层级的官员政治锦标赛有着内在的关联。中国的行政体制呈现出典型的层层分包特征，具体来说，在国家环保总局与全国 31 个省区市人民政府和国家电网公司、华能等 5 家发电集团公司签订了主要污染物总量削减目标责任书之后，为了确保完成主要污染物总量减排目标任务，各个省级政府进一步将全省的主要污染物总量减排目标任务分解下至地级市政府，并在各地市官员的考核指标中纳入环境目标约束这一项指标。为此，本节进一步手工整理了 2007～2015 年 276 个地级市的历年政府工作报告中的约束性减排工作部署，据此考虑各个省级政府对主要污染物总量减排目标任务分解后产生的环境目标约束对出口质量的影响。

一、计量模型设定

由于地方政府对其减排目标反映不一致，参考余泳泽等（2020）的研究，进一步根据地级市政府是否在其政府工作报告中纳入相应的约束性减排目标考核将样本划分为实验组和对照组，并基于首次提出污染物减排目标的时间建立多时点双重差分模型，据此考察层层分解的减排目标考核对出口产品质量的影响。相应的计量模型可设定为：

$$\mathrm{Ln}quality_{fhct} = \beta_0 + \beta_1 D_c \times Policy_t + \beta_2 Control_{ft} + \mu_{fhc} + \eta_t + \varepsilon_{fhct} \tag{5-4}$$

其中，f、h、c 和 t 分别表示对应的企业 f 所在的城市 c 和年份 t。被解释变量 Ln*quality* 为出口产品质量。D 为政策虚拟变量，反映企业所在的城市是否公开了约束性减排考核目标；*Policy* 为时间虚拟变量，考察政策发生前后出口产品质量的变化程度。*Control* 表示影响企业出口产品质量的控制变量。μ 和 η 分别为企业—产品—目的地固定效应和年份固定效应；ε 为随机误差项。

二、变量选取与数据来源

被解释变量为出口产品质量（Ln*quality*）。借鉴坎德瓦尔等（Khandelwal et al.，2013）、范等（Fan et al.，2015）等文献的做法，采用需求信息回归推断法（简称“KSW”方法）进行测算。

核心解释变量为约束性减排目标考核政策（*D*）。通过手工检索2006～2015年中国地级市政府工作报告的相关信息，并根据地方政府自我约束的差异来认定政府是否受到环境目标约束。具体来说，如果地方政府在工作报告中针对主要污染物 SO_2 设置了具体的减排目标，变量 *D* 赋值为1，否则为0。为了保证估计结果的稳健可靠，后续研究中采用COD减排目标进行稳健性检验。

另一核心解释变量为政策冲击年份虚拟变量（*Policy*）。在政策公布当年及对应的五年规划期之后取值为1，否则为0。例如，郑州市分别于2007年和2011年的政府工作报告中首次披露了约束性减排目标考核，则Post变量在2001～2006年取值为1，其他年份取值为0。

进一步加入影响企业出口产品质量的其他控制变量（*Control*），具体包括：（1）企业规模（Ln*size*），采用全部从业人员年平均人数的自然对数衡量；（2）企业年龄（Ln*age*），采用当年年份与企业成立年份之差来衡量并以对数形式引入计量模型；（3）企业资本密集度（Ln*KL*），采用固定资产净值年平均余额与全部从业人员年平均人数的比值来衡量并以对数形式引入计量模型；（4）企业全要素生产率（Ln*tfp*），采用扩展的奥利和佩克斯（Olley and Pakes，1996）方法进行测算；（5）政府补贴（Ln*subsidy*），采用政府补贴的对数值衡量。

相关数据主要来源于2001～2015年中国海关贸易数据库、中国工业企业数据库以及历年地级市的政府工作报告。主要变量的统计性描述如表5－11所示。

表5－11　主要变量的描述性统计

变量	变量定义	均值	标准差	最小值	最大值
Ln*quality*	出口产品质量	1.256	7.323	－49.999	49.999
D	地级市约束性减排目标考核政策	0.327	0.469	0	1
Policy	时间虚拟变量，约束性减排目标公布之前取值为1，否则为0	0.427	0.563	0	1
Ln*size*	企业从业人员的对数值	5.773	1.205	2.079	12.324
Ln*age*	企业年龄的对数值	2.356	0.632	0	5.052
Ln*KL*	企业资本密集度	3.673	1.270	0.265	14.213
Ln*tfp*	OP法计算的全要素生产率并取对数值	3.906	2.235	－2.316	8.765
Ln*subsidy*	政府补贴的对数值	5.236	2.318	2.072	13.920

三、基准回归结果分析

表5-12列出了未加入控制变量以及加入控制变量下的回归结果。从表5-12中可以看出，在考虑企业—产品—目的国固定效应以及年份双固定效应后，列（3）的估计结果显示，地级市约束性减排目标考核对企业出口产品质量仍然存在显著的负向影响，这主要表现为：$D \times Policy$ 的估计系数为负并且通过了1%的显著性检验。在纳入企业层面的控制变量后，列（4）的估计结果显示，$D \times Policy$ 的估计系数依然显著为负，说明约束性减排目标与出口成本质量之间呈现负向关系的结果仍然成立。究其原因可能是，当地级市政府工作报告揭示了约束性减排目标考核任务后，地方政府将加强环境规制从而导致企业短期内治污成本上升。

控制变量的估计结果显示，企业规模（Ln*size*）的估计显著为正，说明企业规模越大，其出口产品质量越高。同时，企业年龄（Ln*age*）的估计系数为0.031且在1%的显著性水平下通过检验，表明企业经营期间的不断延长有利于提升其出口产品质量。列（4）的估计结果显示，企业资本密集度（Ln*KL*）的提升与其出口产品质量之间存在显著的正相关关系，且企业资本密集度每提高1%，将导致其出口产品质量提升0.018%。这主要是资本密集度越高的企业越注重设备、技术的更新，从而导致其生产的产品质量越高。全要素生产率（Ln*tfp*）对出口产品质量存在显著的正向影响，且其估计系数明显大于其他控制变量。列（4）的估计结果显示，全要素生产率每提高1%，企业的出口产品质量随之提升0.107%。TFP的提高有助于扩大企业生产规模并形成规模效应据此降低企业的生产成本，从而提升其出口产品质量。政府补贴（Ln*subsidy*）的估计系数显著为正，表明政府补贴能够有效提升出口产品质量。政府补贴不仅能够显著降低企业的生产成本，而且有利于激励企业增加研发投入，从而促使其提升出口产品质量。

表5-12　　基准回归结果

解释变量	被解释变量：Ln*quality*			
	(1)	(2)	(3)	(4)
$D \times Policy$	-0.059*** (0.005)	-0.083*** (0.019)	-0.028*** (0.010)	-0.024** (0.011)
Ln*size*		0.054*** (0.005)		0.017* (0.009)

续表

解释变量	被解释变量：Ln*quality*			
	(1)	(2)	(3)	(4)
Ln*age*		0.031 *** (0.005)		0.061 *** (0.008)
Ln*KL*		0.029 *** (0.003)		0.018 *** (0.005)
Ln*tfp*		0.139 *** (0.003)		0.107 *** (0.004)
Ln*subsidy*		0.027 ** (0.012)		0.018 *** (0.006)
Constant	0.618 *** (0.002)	0.492 *** (0.033)	0.619 *** (0.001)	0.451 *** (0.008)
年份固定效应	Yes	Yes	Yes	Yes
企业—产品—目的国固定效应	No	No	Yes	Yes
观测值	3253336	3253336	3253336	3253336
R – squared	0.373	0.494	0.707	0.738

注：***、**、*分别表示1%、5%、10%显著性水平，括号内的标准误在城市层面进行cluster处理。

四、稳健性检验结果分析

为了保证估计结果的稳健可靠，本节将从以下几个方面进行稳健性检验。

1. 平行趋势检验

为了保证多期双重差分模型的有效性，需要确定实验组和对照组的企业出口产品质量的变化趋势是平行的。对于传统的双重差分模型，可以使用实验组和对照组之间的对比图来说明政策冲击前后的变化，但这种方法适用于政策发生在同一时点，且政策冲击只有一次的情况下。鉴于地级市的约束性减排目标考核这一政策冲击在不同的城市发生的时间不完全相同，不存在完全一致的实验组和对照组，因此无法使用传统的实验组和对照组作对比分析。借鉴贝克等（Beck et al.，2010）的事件研究法，通过加入约束性减排目标政策虚拟变量与年份变量的交互项进行计量检验。图5－2平行趋势的检验结果显示，在地方政府制定环境目标约束之前，实验组和对照组符合平行趋势检验，出口产品质量的变化趋势并无显著差异。而当实施环境目标约束政策后，交互项的回归系数显著为负，这也意味着约束性减排目标对企业出口产品质量存在一定的负面影响。

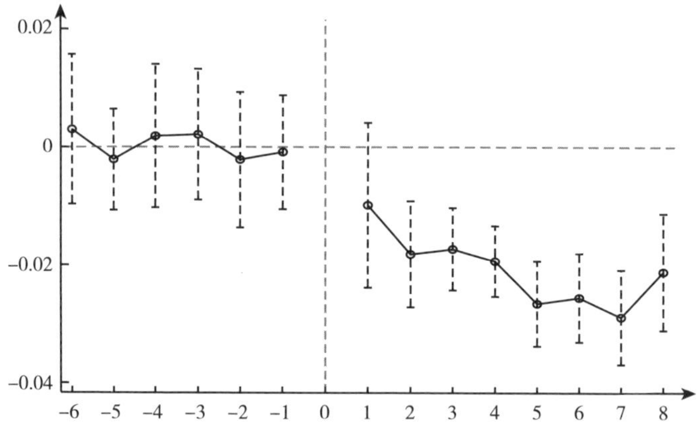

图 5－2　平行趋势检验结果

2. 安慰剂检验

为了验证双重差分估计效应的有效性，本节通过随机提前试点政策时间来进行安慰剂检验，据此证明约束性减排政策的外生性。具体来说，将地方政府公布约束性减排目标的时间节点分别提前 1 年和 2 年，设定虚假时间虚拟变量，并构建交互项 $D \times Policy_{\_n}$（$n=1$，2）纳入基准回归模型。由于外生冲击只发生在政策规定的时间处，那么在政策时间前 1 年或 2 年处必然不存在因果效应。表 5－13 中列（1）和列（2）的估计结果显示，核心解释变量 $D \times Policy$ 的估计系数未通过 10% 的显著性水平检验，进一步证实了政策的外生性。

3. 政策外生性的其他检验

采用双重差分模型需要满足政策冲击外生性的要求，尤其是政策冲击要与被解释变量表现无关。为此，参考陈等（Chen et al.，2020）的做法，采取地级市政府报告约束性减排目标前的出口产品质量对处理组变量 D 进行 Logit 回归。表 5－13 中列（3）的估计结果显示，出口产品质量的回归系数并未通过 10% 的显著性水平检验，说明约束性减排目标考核政策满足外生性要求。

4. 替换核心变量的度量方式

为了防止因变量测度导致的回归偏差，借鉴樊海潮和郭光远（2015）的方法，将替代弹性分别替换为 5 和 10，重新测算企业出口产品质量，估计结果如表 5－13 中列（4）和列（5）所示；另外，参考马诺夫和张

（Manova and Zhang，2013）、布兰比拉和波尔图（Brambilla and Porto，2016）的研究，使用单位价值量（即出口总价值量/出口数量）作为产品质量的代理变量进行回归，估计结果见列（6）。最后，根据政府工作报告中针对化学需氧量 COD 是否公开具体减排目标作为核心解释变量，估计结果如列（7）所示。可以发现，无论是替换出口产品质量的衡量方法还是考虑化学需氧量的约束性减排目标考核，核心解释变量 $D \times Policy$ 的估计系数依然显著为负。

表 5－13　　稳健性检验结果

Variable	*Lnquality*	*Lnquality*	*D*	*Lnquality*	*Lnquality*	*Lnquality*	*Lnquality*
	(1)	(2)	(3)	(4)	(5)	(6)	(7)
$D \times Policy$	−0.017 (0.022)	−0.015 (0.029)		−0.052*** (0.012)	−0.010** (0.004)	−0.016*** (0.004)	−0.013** (0.004)
Lnquality			−0.270 (0.523)				
控制变量	Yes	Yes		Yes	Yes	Yes	Yes
Constant	3.201** (1.684)	1.202** (0.608)	2.267*** (0.902)	0.179*** (0.009)	0.253*** (0.017)	0.4873*** (0.113)	0.689*** (0.061)
年份固定效应	Yes	Yes	Yes	Yes	Yes	Yes	Yes
企业—产品—目的国固定效应	Yes	Yes	Yes	Yes	Yes	Yes	Yes
观测值	3253336	3253336	1169875	3253336	3253336	3253336	3253336
$R-squared$	0.651	0.632	—	0.418	0.399	0.714	0.697

注：①列（1）和列（2）报告了将地方政府公布约束性减排目标的时间节点分别提前 1 年和 2 年后的估计结果；列（3）报告了政策外生性检验的估计结果；列（4）和列（5）中的出口产品质量分别基于替代弹性为 5 和 10 计算得到；列（6）的出口产品质量采用单位出口价值量测算；列（7）采用是否公布 COD 减排目标作为政策变量。②括号内的标准误在地级市城市层面进行 cluster 处理，***、**、* 分别表示 1%、5%、10% 水平下显著。

5. 排他性检验

为确保回归结果的稳健性和可靠性，本节进一步排除地级市约束性减排目标考核政策时期的重大外部事件影响，具体包括：①金融危机。2008～2009 年全球金融危机的爆发对中国的出口产生了巨大的负面影响，为此本节剔除了金融危机时期的样本，估计结果如表 5－14 中列（1）所示。②节能低碳行动。“十一五”时期约束性减排目标考核方案出台后，国家发改委针对钢铁、石油石化、电力、化工等九大行业中 1008 家重点企业展开千家企业节能低碳行动，“十二五”期间又进一步扩展到“万家企业节能低碳行动”。为此，本节进一步控制节能行动的影响，估计结果如表5－14中列（2）所示。③排污权交易试点政策。2007年，江苏、天津、河北、山西等11个省区市被纳入SO_2排污权交易试点，开创了排污权二级市场交易先例。为此，本节进一步控制SO_2排污权交易试点政策对企业出口产品质量的影响，估计结果如表5－14中列（3）所示。④碳排放权交易试点。2011年11月29日，国家发改委正式批准北京、天津、上海、重庆、广东、湖北和深圳7个省市开展碳排放权交易试点。为此，进一步控制了碳排放交易试点政策对企业出口产品质量的影响。表5－14中列（1）至列（4）的估计结果显示，$D \times Policy$的估计系数依然为负且通过了1%的显著性水平检验，表明在控制上述外部政策冲击的影响后，约束性减排目标考核政策对出口产品质量的影响依然显著为负。

另外，同期中央政府推行的一系列贸易政策同样会对出口产生显著的影响，具体包括：①贸易自由化政策。加入世贸组织（WTO）以来，中国达成了关税的大幅度削减，有效推动了出口贸易发展。为此，引入CIC－4位码行业的最终品进口关税（*Output_tarrif*）和中间品进口关税（*Input_tarrif*）衡量贸易自由化政策，估计结果如表5－14中列（5）所示。②外资准入政策。2002年开始实行的《外商投资产业指导目录》通过鼓励、限制、禁止外商等措施，引导外商投资流入符合国家战略、利益和安全需要的领域，从而有利于出口结构的转型升级。为此，通过引入虚拟变量（*FI*）来控制外资准入政策的影响。具体来说，若产品所在行业为目录中限制或禁止行业，则*FI*取值为0，鼓励产业则取值为1，相应的估计结果如表5－14中列（6）所示。③最低工资政策。最低工资政策会影响生产成本和劳动力的市场供需关系，也会间接影响到企业的生产和管理效率，从而影响出口企业的竞争力与生产能力，采用所在地级市城市的最低工资（Ln*minwage*）来控制其对企业出口的影响。估计结果如表5－14中列（7）所示。④出口退税政策。近年来，中国的出口退税政策经历了持续的改革与完善，对改善产品结构和提高外贸效益、延伸企业链长起到了至关重要的作用。参考许和连、王海成（2018）的处理方法，当企业所在城市被选为出口退（免）税审批权下放的试点城市时，*Reform*变量在当年及其后续年份的赋值为1，否则为0。估计结果如表5－14中列（8）所示。表5－14中列（1）至列（8）的估计结果显示，在控制上述政策冲击后，$D \times Policy$变量的估计系数仍然显著为负，表明基准回归结论是稳健可靠的。

表 5-14 排他性检验结果

Variables	被解释变量：ln*quality*							
	(1)	(2)	(3)	(4)	(5)	(6)	(7)	(8)
D × *Policy*	-0.009*** (0.002)	-0.022*** (0.010)	-0.023*** (0.006)	-0.022** (0.011)	-0.028* (0.017)	-0.031*** (0.161)	-0.024 (0.016)	-0.028*** (0.009)
Energy		-0.015*** (0.005)						
$Polit\_SO_2$			-0.023*** (0.005)					
$Polit\_CO_2$				-0.040*** (0.011)				
Ln*Output_tariff*					0.012 (0.007)			
Ln*Input_tariff*					0.003*** (0.001)			
FI						0.021*** (0.008)		
Ln*minwage*							-0.054** (0.025)	

续表

Variables	被解释变量：ln*quality*							
	(1)	(2)	(3)	(4)	(5)	(6)	(7)	(8)
Reform								0.032** (0.015)
控制变量	Yes	Yes	Yes	Yes	Yes	Yes	Yes	Yes
Constant	0.457*** (0.008)	0.416*** (0.080)	1.351*** (0.026)	0.453*** (0.008)	0.593*** (0.069)	0.691*** (0.057)	0.144 (0.531)	0.486**** (0.136)
年份固定效应	Yes	Yes	Yes	Yes	Yes	Yes	Yes	Yes
企业—产品—目的国固定效应	Yes	Yes	Yes	Yes	Yes	Yes	Yes	Yes
Observations	2876566	3253336	3253336	3253336	3253336	3253336	3253336	3253336
R – squared	0.754	0.738	0.739	0.739	0.738	0.740	0.739	0.741

注：①列（1）报告了控制金融危机影响后的估计结果；列（2）报告了控制节能低碳行动后的估计结果；列（3）报告了控制排污权交易试点政策影响的估计结果；列（4）报告了排除碳交易试点政策后的估计结果；列（5）报告了控制贸易自由化政策后的估计结果；列（6）报告了控制外资准入政策后的估计结果；列（7）报告了排除最低工资水平后的估计结果；列（8）报告了排除出口退税改革后的估计结果。②括号内的标准误在地级市城市层面进行 cluster 处理，***、**、* 分别表示 1%、5%、10% 水平下显著。

6. 考虑模型的内生性问题

反向因果关系和遗漏变量是造成内生性的主要原因，这主要是由于出口产品质量高的企业可能存在较高的环境议价能力，进而影响所在地方政府的减排目标披露程度。另外，尽管前面分析中已控制了影响企业出口产品质量的重要因素，但一些与约束性减排目标密切相关的变量遗漏可能会导致内生性问题。基于此，本节使用工具变量法尽可能减少基准模型存在的潜在内生性。具体来说，选取地级市逆温和空气流通系数作为约束性减排目标考核的工具变量，并采用最小二乘法进行回归分析。在正常情况下，上层大气的温度低于表层。空气污染物可以从地面输送到上层，并进一步扩散。若上层温度高于底层温度，从而形成热逆温，空气污染物被困在地面附近，导致空气污染浓度很高。因此逆温现象越严重，空气污染越严重，满足相关性要求。逆温现象的形成一般独立于经济活动，满足外生性。此外，若地区的空气流通系数越小，那么该地区污染物和碳排放的监测浓度越高，地方政府将会采取更严格的管制措施来完成中央政府分配的减排指标，该地区被纳入排放权交易试点的概率越大，满足相关性要求。空气流通系数仅受到地区气候因素和地理位置条件的影响，满足外生性。

表5－15中列（1）至列（4）报告了工具变量的估计结果，可以看出 $D \times Post$ 的估计系数仍然显著为负，表明约束性减排目标考核政策明显降低了企业的出口产品质量。工具变量有效性的相关统计结果显示，LM检验在1%的显著性水平下拒绝了“工具变量识别不足”的原假设，而Wald rk F统计量也都在10%水平下拒绝了“工具变量是弱识别”的原假设，说明工具变量的选择是合理的。因而在考虑了模型潜在的内生性后，相关主要结论仍然成立。

样本选择偏差是内生性产生的另一原因。由于2001～2010年的中国工业企业数据库不包含主营业务收入500万元以下的中小非国有企业样本，而2011～2015年的中国工业企业数据库不包含主营业务收入2000万元以下的中小非国有企业样本，样本的缺失可能使得基本回归的结果产生偏误。为此，剔除2011年前营业收入为500万元人民币以下、2011年及之后营业收入为2000万元人民币以下的国有企业样本后重新进行回归分析。表5－15中列（5）的估计结果显示，约束性减排目标的估计系数仍然显著为负，表明数据库的统计缺陷并不会对估计结果产生影响。另外，采用赫克曼（Heckman，1979）提出的两阶段最小二乘法来解决样本选择偏差问题。表5－15中列（6）的估计结果显示，$D \times Post$ 的估计系数仍然显著为负。因此，在考虑样本选择偏差问题后，本章研究的主要结论依然成立。

表 5-15　　内生性检验结果

Variables	(1)	(2)	(3)	(4)	(5)	(6)
IV	0.013*** (0.003)		0.053*** (0.013)			
D×Policy		-0.099*** (0.032)		-0.343* (0.076)	0.045*** (0.016)	-0.079** (0.033)
IMR						0.325** (0.153)
控制变量				Yes		Yes
Constant	0.377*** (0.021)	2.361 (1.562)		2.738*** (0.038)	1.053*** (0.018)	0.924*** (0.064)
年份固定效应	Yes	Yes	Yes	Yes	Yes	Yes
企业—产品—目的国固定效应	Yes	Yes	Yes	Yes	Yes	Yes
K-P Wald F 检验	23.48***		131.57***		—	—
K-P rk LM 检验	19.46***		124.51**		—	—
观测值	3253336	3253336	3253336	3253336	3249910	3253336
R-squared	—	—	—	—	0.516	0.735

注：①列（1）和列（2）报告了采用第二层与第一层大气温度差测算的逆温作为工具变量的估计结果；列（3）和列（4）报告了采用空气流通系数作为工具变量的估计结果；列（5）报告了剔除2011年前营业收入为500万元人民币以下、2011年及之后营业收入为2000万元人民币以下的国有企业样本回归结果；列（6）报告了采用Heckman两步法回归后的估计结果。②括号内的标准误在地级市城市层面进行cluster处理，***、**、*分别表示1%、5%、10%水平下显著。

五、异质性检验结果分析

为了进一步考察约束性减排目标考核对不同地区企业排污影响的异质性，本节根据企业所在区位将其划分为东部地区（*East*）、中部地区（*Central*）和西部地区（*West*）三大区域，据此对比分析不同区域的减排目标约束对出口产品质量的影响差异。从表5-16中列（4）的估计结果可知，约束性减排目标考核政策导致对东部地区出口产品质量的负面影响最小，中部次之，西部最大。具体来说，约束性减排目标考核政策导致东部地区的出口产品质量下降了0.018%，较中部和西部地区分别高出0.004%、0.022%。这可能是东部地区的生产技术相对先进，绿色创新的能力相对高于中西部地区，从而导致环境规制对出口产品质量的负面影响相对较小。另外，中西部地区在“十一五”规划之前的环境规制水平相对较低，一旦政府加大环境规制力度，导致企业治污成本明显上升，从而对出口产品质量的负面影响相对较大。

同时，不同行业对约束性减排目标考核的敏感度也存在显著差异。一般来说，污染程度较低的清洁型行业对约束性减排目标考核的敏感度较低，污染程度较高的行业对约束性减排目标考核较为敏感，从而导致企业出口行为也存在显著差异。为此，根据《国民经济行业分类与代码》（GB/T 4754—2002）代码并结合行业的相对治污成本，将工业企业数据库中各企业所属的行业划分为污染密集型行业（*Dirty*）和清洁型行业（*Clean*）。其中污染行业主要包括黑色金属矿采选业、非金属矿采选业、造纸及纸制品业、化学原料及化学制品制造业等19个行业。表5－16中列（2）的估计结果显示，在约束性减排目标考核政策的作用下，污染密集型行业的出口产品质量平均下降了0.031%，而清洁型行业的出口产品质量比污染密集型行业高0.012%。列（4）的估计结果也显示，约束性减排目标考核对污染密集型行业的出口产品质量的负面影响大于清洁型行业。

不同类型企业面临的外部环境及融资约束等也存在较大差异，从而导致其出口产品质量不同。依据企业各类资本占实收资本的比重区分不同的所有制结构，并选取国有企业（*State*）作为基准变量，分别纳入民营企业（*Private*）、外资企业（*Foreign*）和约束性减排目标考核政策冲击的交互项，据此比较不同类型企业的出口产品质量差异。表5－16中列（3）的估计结果显示，在约束性减排目标考核政策的作用下，国有企业出口产品质量下降了0.004%，民营企业和外资企业的出口产品质量比国有企业分别低了0.027%和0.014%，因而地级市约束性减排目标考核对国有企业出口产品质量的负面影响最小，外资企业次之，民营企业的负面影响最大。国有企业相比于其他企业有着天然的优势，即使面临约束性减排目标考核，但由于本身存在环境预算软约束，从而对企业出口产品质量的负面影响较小。对于民营企业而言，激烈的市场竞争和严格的环境规制导致其减排压力剧增，因此，环境目标约束对民营企业出口产品质量的负面作用更明显。

表 5－16　　　　　　　　　　　异质性检验结果

解释变量	被解释变量：Ln*quality*			
	(1)	(2)	(3)	(4)
D×*Policy*	−0.009** (0.002)	−0.031*** (0.002)	−0.004*** (0.001)	−0.018*** (0.004)
D×*Policy*×*Central*	−0.004** (0.002)			−0.004** (0.002)
D×*Policy*×*West*	−0.026*** (0.009)			−0.022** (0.011)
D×*Policy*×*Clean*		0.012*** (0.002)		0.0140** (0.007)
D×*Policy*×*Private*			−0.027*** (0.006)	−0.025*** (0.009)
D×*Policy*×*Foreign*			−0.014*** (0.004)	−0.012** (0.006)
控制变量	Yes	Yes	Yes	Yes
Constant	0.455*** (0.008)	0.428*** (0.029)	0.365*** (0.055)	0.396*** (0.063)
年份固定效应	Yes	Yes	Yes	Yes
企业—产品—目的国固定效应	Yes	Yes	Yes	Yes
观测值	3253336	3253336	3253336	3253336
R－squared	0.735	0.735	0.736	0.736

注：***、**、*分别表示 1%、5%、10%显著性水平，标准误在城市层面进行 cluster 处理。

第五节　“层层加码”式减排目标考核对出口产品质量的影响研究

在中国式环境垂直管理体制下，地方官员面临晋升压力和环境目标双重考核，一些地方政府可能会采取层层加码的方式制定更加严格的减排目标。这种做法在短期内有助于实现环境保护目标，但也会显著影响到企业的出口行为及产品质量。为此，本节以各地级市约束性减排目标增长率与省级目标增长率之差作为“层层加码”的替代变量，考察压力型体制下“层层加码”式减排考核对出口产品质量的影响。

一、“层层加码”式减排目标考核政策背景

21 世纪以来，以政府为主导的环境规制在解决中国环境问题过程中发挥了举足轻重的作用。其中，2006 年发布的《中华人民共和国国民经济和社会发展第十一个五年规划纲要》首次将二氧化硫和化学需氧量两种主要污染物的排放总量以及单位 GDP 能源消耗等环保指标确定为地方官员绩效考核的约束性指标。之后，环保部与各省区市签订了《“十一五”主要污染物总量削减目标责任书》，通过签订目标责任书将约束性减排指标分解到各省级政府，省级政府再将减排目标分解到各地级市政府，约束性减排目标责任制正式实施。“十二五”规划在“十一五”规划确定的两个约束性减排指标基础上，又增加了氨氮和氮氧化物两个约束性减排指标。根据“十二五”规划及中央政府下达的约束性减排指标，各省区市又编制了主要污染物减排规划。与“十一五”的减排任务分解程序相同，中央政府将全国总指标分解落实到各省区市，省级主管部门与市级政府签订主要污染物总量削减目标责任书，并将节能减排指标层层分解落实到地市以及辖区内重点污染企业。地方官员在晋升锦标赛的压力下，为了实现政治晋升的目的，尤其是将减排目标考核结果作为决定地方各级领导干部政治任免的重要依据时，往往会超额完成上级政府下达的减排目标，从而形成偏向性减排目标：即在主要污染物减排目标分解过程中，环境目标的约束水平也存在差异性。本节关注的“层层加码”现象聚焦于地方政府在约束性减排目标上的竞争，主要考察了省级政府对于中央目标的加码，相关的约束性减排目标数据主要来源于“十一五”和“十二五”期间省级、地级市人民政府主要污染物减排综合性工作方案、政府工作报告和环境保护规划。

表 5－17 的统计数据显示，五年规划期间，从平均来看，中央政府给省级政府下达的约束性减排目标略低于全国平均减排率，但是省级政府给地市级政府提出的约束性减排目标平均来说都超过了中央提出的目标。“十一五”期间，全国有 180 个城市公布了二氧化硫减排目标，平均减排率为 13.88%，比省级均值（9.97%）高出 3.91%；其中有 90 个城市的 SO_2 减排目标高出省级政府的减排目标，最高超出省级约束性减排率 37.25%（兰州）；与之相比，“十二五”期间，全国有 256 个城市明确了 SO_2 减排目标，平均减排率（10.39）比省级均值（5.84）高出 4.55%；其中有 132 个城市的 SO_2 减排目标高出省级政府的约束性减排目标，最高超出

约束性减排率 48.26%（乌鲁木齐）。从 COD 的约束性减排任务分解来看，“十一五”期间，171 个城市明确了 COD 减排目标，其中高出省级减排目标的有 87 个城市，最高超出省级标准 51%（成都）；“十二五”期间，256 个城市明确了 COD 减排目标，其中高出省级减排目标的有 138 个城市，最高超出省级标准 62.17%（乌鲁木齐）。由此可见，省级政府对中央政府的约束性减排的加码是一个极其普遍存在的现象，而非某些省区市的特殊现象。

表 5－17　　　　中央与地方的约束性减排目标考核指标

五年计划	统计指标	中央	省级	市级	省级—中央	市级—省级
二氧化硫减排率						
“十一五”	均值	10	9.97	13.88	－0.03	3.91
	最大值	—	25.9	53.6	—	27.7
	最小值	—	0	0	—	0
“十二五”	均值	8	5.84	10.39	－2.16	4.55
	最大值	—	14.9	55.1	—	40.2
	最小值	—	0	0	—	0
化学需氧量减排率						
“十一五”	均值	10	9.12	12.59	－0.88	3.47
	最大值	—	15.1	56	—	40.9
	最小值	—	0	0	—	0
“十二五”	均值	8	6.68	9.94	－1.32	3.26
	最大值	—	12	62.17	—	50.17
	最小值	—	0	0	—	0

资料来源：约束性减排目标数据主要来源于“十一五”和“十二五”期间省级、地级市人民政府主要污染物减排综合性工作方案、政府工作报告和环境保护规划。

从区域约束性减排压力来看，表 5－18 的统计数据显示，东部地区的“层层加码”式减排压力明显高于中部和西部地区。“十一五”期间，东部地区省级 SO_2 的平均减排率为 14.4%，比全国 10% 的减排率高出 4.4%；同时，东部地区地级市 SO_2 的平均减排率为 15.69%，比省级平均减排率高出 1.29%，且 38.55% 的城市减排目标高于省级目标。“十二五”期间，东部地区省级 SO_2 的平均减排率为 8.16%，比全国 8% 的减排率高出 0.16%；同时，东部地区地级市 SO_2 的平均减排率为 14.23%，比省级平均减排率高出 6.07%，且 55.88% 的城市减排目标高于省级目标。由此可知，“十二五”时期，虽然全国和省级 SO_2 的减排考核压力有所下降，但东部地区的地级市政府面临的减排压力却明显上升。东部地区的 COD 减排考核也呈现出类似的趋势。

与之相比，“十一五”时期，中部和西部的省级 SO_2 平均减排目标分别比全国平均水平低了 2.2% 和 3.5%；地级市的 SO_2 平均减排目标比省级平均水平分别高了 3.26%、6.64%，但比全国 10% 的平均减排率分别高了 1.06%、3.14%。“十二五”时期，中部和西部的省级 SO_2 平均减排目标分别比全国平均水平低了 0.74% 和 3.03%；地级市的 SO_2 平均减排目标比省级平均水平分别高了 1.95%、2.68%，其中中部地区比全国 8% 的平均减排率高 1.21%，西部地区比全国平均减排率低 0.35%。由此可知，虽然中部地区和西部地区的地级市城市同样面临“加码式”减排考核，但由于省级政府面临的约束性减排压力明显小于全国平均水平，导致加码现象并不严重。另外，“十一五”和“十二五”期间，中部地区省级政府的 COD 减排压力基本与全国平均水平一致，地级市政府的减排压力略高于省级平均水平；而西部地区省级政府的 COD 减排压力明显低于全国平均水平，但地级市政府的 COD 减排目标高于全国平均水平，导致地级市政府的“加码式”减排考核压力高于中部地区。

表 5－18　　不同区域约束性减排目标考核指标

区域	五年规划	统计指标	公布减排目标城市数量	省级	市级	省级—中央	市级—省级	超过省级目标城市数据
东部	“十一五”	SO_2	83	14.4	15.69	4.4	1.29	32
		COD	75	12	11.25	2	-0.75	26
	“十二五”	SO_2	77	8.16	14.23	0.16	6.07	43
		COD	77	9.08	12.31	1.08	3.23	43
中部	“十一五”	SO_2	50	7.8	11.06	-2.2	3.26	28
		COD	49	10	12.19	0	2.19	29
	“十二五”	SO_2	94	7.26	9.21	-0.74	1.95	51
		COD	94	8.06	8.27	0.06	0.21	53
西部	“十一五”	SO_2	47	6.5	13.14	-3.5	6.64	30
		COD	47	6.6	13.81	-3.4	7.21	32
	“十二五”	SO_2	85	4.97	7.65	-3.03	2.68	38
		COD	85	6.31	8.80	-1.69	2.49	42

资料来源：约束性减排目标数据主要来源于“十一五”和“十二五”期间省级、地级市人民政府主要污染物减排综合性工作方案、政府工作报告和环境保护规划。

二、计量模型设定及变量说明

1. 计量模型设定

为了验证省级政府与地级政府的“层层加码”式减排考核对企业出口产品质量的影响，本节设定如下双重差分模型：

$$Quality_{fcit} = \beta_0 + \beta_1 \mathrm{Ln}otarget_c \times Post_t + \beta_2 Control_{fcit} + \mu_f + \eta_t + \theta_{it} + \varepsilon_{fcit} \quad (5-5)$$

其中，*Quality* 变量为出口产品质量；*i* 为出口产品所属行业，*c* 为企业所在城市，*t* 为年份；$otarget_p$ 为企业 *f* 所在地 *c* 市在“十一五”和“十二五”期间的约束性减排目标考核目标与省级减排目标差；*Post* 为时间虚拟变量，且在2001～2005年取值为0，2006～2015年取值为1。*Z* 为企业层面控制变量。μ 和 η 分别为企业固定效应和年份固定效应；θ 行业—年份交互固定效应，用来控制行业层面的随时间变化的冲击；ε 为随机误差项。

2. 指标选择及说明

（1）被解释变量为出口产品质量（*Quality*）。借鉴坎德瓦尔等（Khandelwal et al.，2013）、范等（Fan et al.，2015）等文献的做法，采用需求信息回归推断法（简称“KSW”方法）进行测算得到。在此基础上，根据企业所在行业的出口值进行加权处理，即可获得企业—产品层面的出口产品质量。

（2）核心解释变量为“层层加码”减排考核目标（Ln*otarget*）。本节采用地级市政府面临的 SO_2 减排目标与被管辖的省级政府的 SO_2 减排目标之差衡量，并以对数形式引入。对于两者的减排目标之差为0，则Ln*otarget* 取值为0。为了保证估计结果的稳健可靠，后续研究中采用COD减排目标进行稳健性检验。本节的另一核心解释变量 *Post* 为时间虚拟变量，且在2001～2005年取值为0，2006～2015年取值为1。

（3）控制变量。进一步加入影响企业出口产品质量的其他控制变量（*Z*），具体包括：企业规模（Ln*size*），采用企业员工总人数衡量并以对数形式引入计量模型；企业年龄（Ln*age*），以当期年份与企业开业年份之差再加1取对数衡量；全要素生产率（Ln*tfp*），采用OP方法进行测算；企业资本密集度（Ln*KL*），采用固定资产净值年平均余额与全部从业人员年平均人数的比值来衡量并以对数形式引入计量模型；企业所有制（*Foreign*），依据企业各类资本占实收资本的比重划分（不低于50%）来区分所有制结构，并纳入外资企业虚拟变量；地区开放水平（*Fdi*），采用地级市实际利用外资额占地区生产总值的比重衡量；市场竞争程度（*HHI*），采用赫芬达尔指数衡量。

3. 数据来源与样本选择

本节原始数据主要来源于以下几个官方数据库：

第一，约束性减排目标考核数据，其中各省区市的相关统计数据来自《主要污染物总量削减目标责任书》；地级市的减排目标数据主要来自省级、地级市人民政府主要污染物减排综合性工作方案、政府工作报告和环境保护规划。

第二，制造业企业生产数据来自工业企业数据库。该数据库来源于国家统计局，并被广泛应用于中国经济问题研究（Hering and Poncet，2014；Brandt et al.，2017；Feenstra et al.，2018）相关统计信息包含制造业的股权结构、雇佣人数、资本投入、总产出、法人个人信息、公司信息以及相关会计报表信息。

第三，海关进出口数据库提供了2001～2015年所有HS－8位码上的进出口数据，包括每笔交易的进出口价值、数量、单位、产品来源和目的地、企业信息等。本节重点关注产品出口值和出口量，据此可知单位产品的出口价格。考虑到2002年以前，中国海关数据库使用的是HS96编码，2002年后海关数据库使用的是HS02编码，我们根据United Nation网站上提供的HS－6位数转换码将所有的海关数据转换为HS－6位码。

为了降低不同数据库之间的匹配误差，本节对不同样本数据的统计口径进行了以下处理：一是鉴于2002年中国重新调整了《国民经济行业分类（GB/T4754－2002）》，为保持行业代码与年份一致，本节对2000～2002年与之后年份行业代码进行了协调和统一；二是将海关数据库HS－8位代码提取转换为HS－6位码，结合联合国商品数据库提供的SITC/ISIC代码，将CIC4位码与SITC/ISIC代码进行转换。在完成上述行业信息转换后，借鉴布兰特等（Brandt et al.，2017）的方法，对相关原始数据进行了如下处理：（1）剔除单笔贸易额小于50、产品数量小于1或缺失的样本；（2）剔除了关键指标（包括企业名称、工业总产值、总资产、固定资产净值、职工人数等）缺失的观测值；（3）剔除了一些异常观测值，包括总资产小于流动资产，总资产小于固定资产净值，累计折旧小于当期折旧的观测值，职工人数少于8人的观测值；（4）保留存在2年及以上的样本观测值；（5）以2001年为基期，对主要变量进行价格指数平减；（6）借鉴克里诺和奥利亚里（Crinò and Ogliari，2017）的方法，对可能出现的异常值做了进一步处理，即对所有连续变量进行了1%水平的双边缩尾。

鉴于出口产品质量测算涉及企业每笔交易的进出口价值、数量、单位、产品来源和目的地等信息，而2016年及之后的中国海关数据库没有披露产品贸易数量，导致无法获得单位产品价格并进行出口产品质量测算，为此，本章研究的样本统计区间为2001～2015年。在进行数据清洗和整理后，最终得到676391个样本。表5－19报告了相关变量的统计性描述。可以发现，样本期间出口产品质量指标存在较大幅度的波动，意味着企业出口产品质量存在较大差异。平均而言，地级市政府与省级政府之间的约束性减排目标差达2.5652（即13.0032%），标准误为0.9747。

表5－19　　主要变量的描述性统计

变量	变量定义	均值	标准差	最小值	最大值
quality	出口产品质量	0.564	0.147	0.163	1
Ln*target* × *Post*	地级市与省级之间减排目标考核差	2.565	0.975	0	4.000
Ln*size*	企业从业人员的对数值	6.527	2.358	2.079	12.324
Ln*age*	企业年龄的对数值	2.064	0.812	0	4.913
Ln*tfp*	OP法计算的全要素	2.087	1.776	－2.273	8.765
Ln*kl*	企业资本密集度	4.997	1.734	0.265	14.213
Foreign	外资企业虚拟变量	0.323	0.468	0	1
Fdi	地区开放水平	0.173	0.100	0.001	0.436
HHI	市场竞争程度	0.091	0.238	0.001	1

三、基准回归结果分析

表5－20报告了基准回归结果。其中表5－20中列（1）和列（2）仅控制了企业和年份固定效应。无论是否加入控制变量，实施“层层加码”式减排目标考核对中国企业出口产品质量有显著的负向影响。这说明上级与下级政府部门之间减排目标差距越大，越不利于该地区企业出口产品质量提升。由于双重固定效应模型未控制既随行业变化也随时间变化的因素以及既随地区变化也随时间变化的因素，可能会遗漏一些不可观测的因素，因而在基准回归模型的基础上，列（3）和列（4）汇报了进一步控制年份—行业交互固定效应的基准模型回归结果。结果显示，“层层加码”式减排目标考核的实施对出口产品质量有显著负向影响，与前面结果一致。

从控制变量的回归系数来看，企业规模（Ln*size*）的回归系数在10%

水平上显著为负，表明企业规模越小，出口产品质量越高。企业年龄（Ln*age*）、全要素生产率（Ln*tfp*）、企业资本密集度（Ln*kl*）和地区开放度（*Fdi*）的回归系数均显著为正，说明企业经营时间越久、全要素生产率越高、固定资产占比越高、地区开放程度越大，有利于提升企业出口产品质量。企业所有制（*Foreign*）的估计系数在1%水平上显著为负，表明企业所有权性质为非外资企业，有助于提升出口产品质量。另外，赫芬达尔指数（*HHI*）的回归系数显著为负，表明市场竞争程度越低，越不利于出口产品质量的提高。

表5-20　　　　　　　　　基准回归结果

解释变量	被解释变量：*Quality*			
	(1)	(2)	(3)	(4)
Ln*otarget* × *Post*	-0.002*** (0.001)	-0.002** (0.001)	-0.002*** (0.001)	-0.002** (0.001)
Ln*size*		-0.003* (0.002)		-0.003* (0.002)
Ln*age*		0.001* (0.000)		0.001* (0.000)
Ln*tfp*		0.001*** (0.000)		0.001*** (0.00)
Ln*kl*		0.001** (0.000)		0.001** (0.000)
Foreign		-0.003*** (0.001)		-0.003*** (0.001)
Fdi		0.006** (0.003)		0.006** (0.003)
HHI		-0.003*** (0.001)		-0.003*** (0.001)
Constant	0.569*** (0.002)	0.566*** (0.003)	0.569*** (0.002)	0.566*** (0.003)
企业固定效应	Yes	Yes	Yes	Yes
年份固定效应	Yes	Yes	Yes	Yes
行业—年份固定效应	No	No	Yes	Yes

续表

解释变量	被解释变量：*Quality*			
	（1）	（2）	（3）	（4）
观测值	676390	676390	676391	676391
R-squared	0.038	0.038	0.038	0.038

注：括号内的标准误在地级市城市层面进行 cluster 处理。***、**、* 分别表示 1%、5%、10% 水平下显著。

四、稳健性检验

为了保证估计结果的稳健可靠，本节采取一系列稳健性检验，具体包括平行趋势检验、安慰剂检验、替换核心变量的衡量方式、控制其他政策冲击、内生性检验和解决样本选择偏差问题。

1. 平行趋势检验

采用多时点双重差分法进行研究的一个关键前提条件是：在地级市和省级政府没有进行约束性减排考核前，处理组和对照组企业出口产品质量的变化趋势应该是趋同的。为此，本节将约束性减排政策实施之前的时间虚拟（$Post_{-t}$）变量与“加码式”减排目标（Ln*target*）的交叉项纳入基本模型，据此考察企业在减排政策实施之前出口产品质量是否已经存在显著差异。同时，将减排政策实施之后的时间虚拟变量（$Post_t$）与减排目标（Ln*otarget*）的交叉项纳入基本模型。相应的多时点连续型双重差分模型平行趋势检验模型如下：

$$quality_{fcit} = \beta_0 + \beta_i \sum_{t=-5}^{9} \mathrm{Ln}otarget_c \times Post_t + \gamma_1 Control_{fcit} + \mu_f + \eta_t + \theta_{it} + \varepsilon_{fcit} \quad (5-6)$$

其中 $\mathrm{Ln}otarget_c$ 表示企业所在城市 c 面临的约束性减排目标差；$Post_t$（t = -5，-4，-3，…，9）表示约束性减排政策实施前/后第 t 年的虚拟变量。图 5-3 的估计结果显示，“十一五”约束性减排政策实施前 5 年企业出口产品质量并没有发生显著变化。换句话说，在实施约束性减排目标考核之前，对照组和实验组的出口变化趋势并无明显差异，所以平行趋势假设得到基本满足。然而，自 2006 年省级政府实行“层层加码式”减排后，$\mathrm{Ln}otarget \times Post_n$（n = 2，3，4）的估计系数都在 1% 的水平下显著为负；这一现象在“十二五”时期尤为明显，$\mathrm{Ln}otarget \times Post_n$（n = 5，…，9）的估计系数绝对值明显变大。

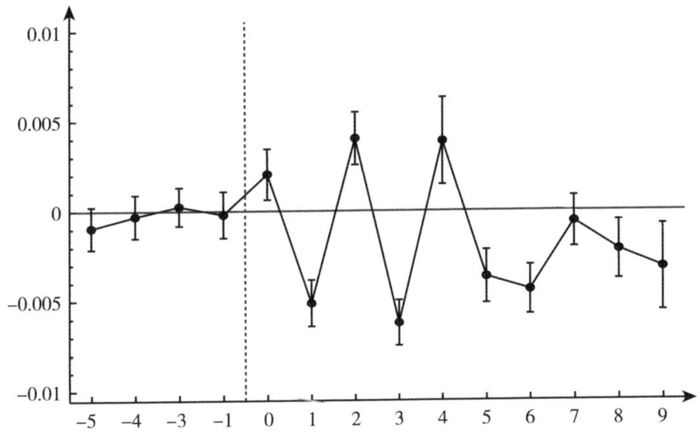

图 5-3　平行趋势检验结果

2. 替换核心变量的度量方式

为了防止因变量测度导致的回归偏差，借鉴樊海潮和郭光远（2015）的方法，将替代弹性分别替换为 5 和 10，重新测算企业出口产品质量，估计结果如表 5-21 中列（1）和列（2）所示；另外，使用单位价值量（即出口总价值量/出口数量）作为产品质量的代理变量进行回归，估计结果见列（3）。最后，进一步，采用“十一五”和“十二五”期间省级与地级市政府针对 COD 的约束性减排目标考核差作为政策替代变量，估计结果如列（4）所示。从回归结果来看，替换核心解释变量或因变量度量方法后，“层层加码”式减排目标考核政策对出口产品质量的影响系数仍然显著为负，验证了前面结果的稳健性。

表 5-21　　　　替换变量衡量方式的稳健性检验结果

解释变量	被解释变量：*Quality*			
	(3)	(4)	(5)	(6)
Lnotarget × *Post*	-0.002** (0.001)	-0.002*** (0.001)	-0.027*** (0.004)	-0.002*** (0.000)
控制变量	Yes	Yes	Yes	Yes
Constant	0.445*** (0.000)	0.623*** (0.003)	7.973*** (0.016)	0.620*** (0.003)
企业固定效应	Yes	Yes	Yes	Yes
年份固定效应	Yes	Yes	Yes	Yes
行业—年份固定效应	Yes	Yes	Yes	Yes

续表

解释变量	被解释变量：*Quality*			
	（3）	（4）	（5）	（6）
观测值	676391	676391	676391	676391
R - squared	0. 055	0. 069	0. 683	0. 069

注：①列（1）和列（2）中的出口产品质量分别基于替代弹性为 5 和 10 计算得到；列（3）的出口产品质量采用单位出口价值量测算；列（4）采用 COD 减排考核差作为政策变量。②括号内的标准误在地级市城市层面进行 cluster 处理，*** 、** 、* 分别表示 1% 、5% 、10% 水平下显著。

3. 剔除同期其他政策干扰

由于同时期其他开放政策可能也会影响到企业的出口行为，从而对本节的估计结果造成干扰。为此，本节进一步控制了类似的政策冲击，具体包括：

①国企改制。国企改制作为一项系统性政策，对国家经济结构和产业竞争力都产生了深远影响。一方面，国企改制通过优化企业管理、提高生产效率、引入外部投资和技术等方式提高产品竞争力，促进企业出口；另一方面，国企改革也可能促进产能结构优化和升级，提高企业市场占有率和竞争力，进而推动出口发展。本节参考毛其淋和方森辉（2020）的做法，采用 CIC -4 位码行业国有企业数量占比（*State_reform*）来控制国企改制的影响，结果如表 5 -22 中列（1）所示。从回归结果看，国企改制政策对出口产品质量的影响并不显著，剔除该政策影响后，“层层加码”式减排目标考核对出口产品质量的影响在 5% 水平上显著为负，与前面研究一致。

②贸易自由化政策。加入世贸组织（WTO）以来，中国达成了关税的大幅度削减，有效推动了出口贸易发展。为此，基于 WITS - TRAINS 数据库的关税数据，引入 CIC -4 位码行业的最终品进口关税（*Output_tarrif*）和中间品进口关税（*Input_tarrif*）衡量贸易自由化政策，结果如表 5 -22 中列（2）的所示。回归结果显示，最终品进口关税对出口产品质量有显著正向影响，而中间品进口关税的影响不显著。剔除关税削减影响后，“层层加码”式减排目标考核对出口产品质量的影响在 1% 水平上显著为负，与前面研究一致。

③外资准入政策。2002 年开始实行的《外商投资产业指导目录》通过鼓励、限制、禁止外商等措施，引导外商投资流入符合国家战略、利益和安全需要的领域，从而有利于出口结构的转型升级。借鉴 Sheng 和 Yang（2016）的策略，通过引入虚拟变量（*FI*）来控制外资准入政策的影响。

具体来说，若产品所在行业为当年产业指导目录中的鼓励类行业，若是鼓励产业则 FI 变量值取值为 1，否则为 0。表 5 - 22 中列（3）结果显示，外资准入政策对出口产品质量提升有显著的促进作用，剔除该政策影响后，“层层加码”式减排目标考核对出口产品质量的影响在 1% 水平上显著为负，与前面研究一致。

④最低工资政策。最低工资政策会影响生产成本和劳动力的市场供需关系，也会间接影响到企业的生产和管理效率，从而影响出口企业的竞争力与生产能力。本节采用所在地级市城市的最低工资（Ln*minwage*）来控制其对企业出口产品质量的影响，相关数据来源于地级市政府人力资源和社会保障局公布的最低工资标准调整政策文件。表 5 - 22 中列（4）结果显示，最低工资对出口产品质量的影响不显著，剔除该政策后“层层加码”式减排目标考核的影响仍与前面一致。

另外，样本期间实施的其他环境规制政策同样也有可能影响出口产品质量。为此，本节进一步控制了可能影响出口产品质量的环境政策冲击，具体包括：

①奥运会期间环境管制的影响。2008 年北京奥运会期间，地方政府对北京市及周边地区的排污进行了严格控制，涉及地方包括天津、河北、辽宁、山西、内蒙古地区，为此，本节删除了 2008 年上述地区的企业样本并进行回归，估计结果见表 5 - 22 中列（5）。结果显示，剔除奥运会期间环境管制地区企业样本后，“层层加码”式减排目标考核对出口产品质量的影响显著为负，仍与前面一致。

②千/万家企业节能低碳行动。“十一五”时期约束性减排目标考核方案出台后，国家发改委针对钢铁、石油石化、电力、化工等九大行业中 1008 家重点企业展开千家企业节能低碳行动。后来，为了落实“十二五”约束性减排目标考核方案，国家发改委将“千家企业节能行动”进一步扩展到“万家企业节能低碳行动”。为此，本节进一步控制节能行动的影响。具体来说，根据国家发改委公布的《千家企业节能行动实施方案》和《万家企业节能低碳行动企业名单及节能量目标》名单上列出的企业名称与本节样本企业名称匹配，如果企业在“十一五”或者“十二五”时期被纳入该节能减排行动方案名单（*Energy*）时，则同期该变量取值为 1，否则为 0。表 5 - 22 中列（6）的估计结果显示，千/万家企业节能低碳行动对出口产品质量的影响不显著，剔除该政策后“层层加码”式减排目标考核的影响显著为负，与前面一致。

③排污权交易试点政策。自 2007 年开始，财政部、环境保护部和国

家发改委批复了江苏、浙江、天津、湖北、湖南、内蒙古、山西、重庆、陕西、河北、河南等11个省区市开展SO_2排污权交易试点。为此，设置SO_2排污权交易试点政策虚拟变量（$Pilot\_SO_2$）。当企业所在的省区市在SO_2排污权交易试点地区且年份为2007年及之后，$Pilot_SO_2$取值为1，否则为0。表5－22中列（7）的估计结果显示，在控制排污权交易试点后，$Lnotarget \times Post$的估计系数依然显著为负。

④碳交易试点政策。2011年11月29日，国家发改委正式批准北京、天津、上海、重庆、广东、湖北和深圳7个省市开展碳排放权交易试点。为此，设置碳排放交易试点政策虚拟变量，当企业所在的地区为碳排放权交易试点地区且年份为2012年及之后，$Pilot_CO_2$取值为1，否则为0。表5－22中列（8）核心解释变量的估计系数方向仍然与基准回归保持一致，表明回归结果是稳健可靠的。

4. 内生性检验

反向因果关系是造成内生性的主要原因。从本章研究来看，出口产品质量高的企业可能存在较高的环境议价能力，进而影响所在地方政府设定减排目标水平。为此，分别选取2001～2005年地级市逆温和空气流通系数的均值作为“层层加码”式减排目标考核的工具变量，并采用最小二乘法进行回归分析。这主要是考虑到在正常情况下，上层大气的温度低于表层。因此，空气污染物可以从地面输送到上层，并进一步扩散。若上层温度高于底层温度，从而形成热逆温，空气污染物被困在地面附近，导致空气污染浓度很高。因此，逆温现象越严重，空气污染越严重，满足相关性要求。逆温现象的形成一般独立于经济活动，满足外生性。此外，若地区的空气流通系数越小，那么该地区污染物的监测浓度越高，当地政府将会采取更严格的管制措施来完成上级政府分配的减排目标，该地区面临的约束性减排目标考核压力越大，满足相关性要求。空气流通系数仅受到地区气候因素和地理位置条件的影响，满足外生性。

逆温强度数据来自美国国家航空和航天局（NASA）的Modern－Era Retrospective Analysis for Research and Applications Version 2（MERRA－2）卫星数据。将海拔110～36 000米的高度分成42层，如果第二层温度高于第一层判断为逆温现象。如果地面海拔过高，超过第二层，则顺延两层进行对比。每天4个时段各形成一次观测值，若有一次出现逆温，就判定该天为逆温天，之后计算全年逆温天数，作为逆温强度的数据。将逆温数据经纬度与地级市经纬度数据进行就近匹配，得到地级市逆温数据；另外，亦使用第三层大气温度减去第二层大气温度作为判断是否出现逆温的标

表 5-22 排他性检验结果

解释变量	被解释变量：*Quality*							
	(1)	(2)	(3)	(4)	(5)	(6)	(7)	(8)
Ln*otarget* × *Post*	-0.002** (0.001)	-0.002*** (0.001)	-0.002*** (0.001)	-0.002** (0.001)	-0.002** (0.001)	-0.002** (0.001)	-0.002** (0.0007)	-0.002*** (0.0008)
State_reform	0.000 (0.000)							
Ln*Output_tariff*		0.001** (0.000)						
Ln*Input_tariff*		0.001 (0.001)						
FI			0.003*** (0.001)					
Ln*minwage*				-0.003 (0.001)				
Energy						0.001 (0.001)		
$Pilot\_SO_2$							0.004*** (0.001)	

续表

解释变量	被解释变量：*Quality*							
	(1)	(2)	(3)	(4)	(5)	(6)	(7)	(8)
$Pilot\_CO_2$								0.002 ** (0.001)
控制变量	Yes	Yes	Yes	Yes	Yes	Yes	Yes	Yes
Constant	0.566 *** (0.003)	0.563 *** (0.005)	0.565 *** (0.003)	0.568 *** (0.008)	0.566 *** (0.003)	0.566 *** (0.003)	0.565 *** (0.003)	0.566 *** (0.003)
企业固定效应	Yes	Yes	Yes	Yes	Yes	Yes	Yes	Yes
年份固定效应	Yes	Yes	Yes	Yes	Yes	Yes	Yes	Yes
行业—年份固定效应	Yes	Yes	Yes	Yes	Yes	Yes	Yes	Yes
观测值	676391	676391	676391	676391	672513	676391	676391	676391
$R-squared$	0.038	0.038	0.038	0.038	0.038	0.038	0.038	0.038

注：①列（1）报告了控制国企业改制影响后的估计结果；列（2）报告了控制贸易自由化政策后的估计结果；列（3）报告了控制外资准入政策后的估计结果；列（4）报告了排除最低工资水平后的估计结果；列（5）报告了排除北京奥运会影响后的估计结果；列（6）报告了控制节能低碳行动影响后的估计结果；列（7）报告了控制排污权交易试点政策影响的估计结果；列（8）报告了排除碳交易试点政策后的估计结果。②括号内的标准误在地级市城市层面进行 cluster 处理，***、**、* 分别表示 1%、5%、10% 水平下显著。

准，如果第三层大气温度大于第二层大气温度，则当天出现逆温，赋值为1，反之，赋值为0。基于第二层与第一层大气温度差测算的逆温工具可表示为IV1；基于第三层与第二层大气温差测算的逆温工具可表示为IV2。空气流通系数来源于欧洲中期天气预报中心的ERA－Interim数据库，选取10米高度和边界层高度的风速数据，计算出每个网格风速和边界层高度的乘积即对应年份的空气流通系数（IV3），并将地区经纬度数据与各网格进行匹配得到地区空气流通系数。

表5－23中列（1）至列（6）报告了两阶段最小二乘法的估计结果，其中列（1）和列（2）列报告了近地一二层逆温工具变量的回归结果，列（3）和列（4）报告了近地二三层逆温工具变量的回归结果；列（5）和列（6）为空气流通系数工具变量的回归结果。从第一阶段估计结果来看，逆温工具变量与加码式减排目标之间呈正相关关系，空气流通工具变量与加码式减排目标之间呈负相关关系。同时，F值大于10，表明弱工具变量问题并不存在。而LM统计值在1%的水平上显著拒绝原假设，表明工具变量是可识别的。2SLS第二阶段估计结果显示，估计系数依然显著为负，与前面研究结论一致。

样本选择偏差问题是内生性产生的另一原因。由于2001～2010年的中国工业企业数据库不包含主营业务收入500万元以下的中小非国有企业样本，而2011～2015年的中国工业企业数据库不包含主营业务收入2000万元以下的中小非国有企业样本，样本的缺失可能使得基本回归的结果产生偏误。为此，剔除2011年前营业收入为500万元人民币以下、2011年及之后营业收入为2000万元人民币以下的国有企业样本后重新进行回归分析。表5－23中列（7）的估计结果显示，Ln*otarget* × *Post* 的估计系数仍然显著为负，这表明数据库的统计缺陷并不会对估计结果产生影响。

另外，本节采用Heckman两步法缓解样本自选择偏误造成的内生性问题。在第一阶段，基于Probit模型考察哪些因素会影响到企业出口抉择。首先，在Probit模型中纳入企业规模（Ln*scale*）、年龄（Ln*age*）、全要素生产率（Ln*tfp*）、所有制结构（*Ownership*）来控制企业特征，并将由此计算得出的逆米尔值（*imr*）纳入第二阶段的回归来纠正选择偏差。表5－23中列（8）的检验结果与基准回归保持一致，Ln*otarget* × *Post* 的估计值为负且通过了5%的显著性检验，再次证实基准回归的稳健性。

五、异质性检验结果分析

首先，考虑我国现阶段各地区发展不平衡、区域差异较大的背景，将

表 5－23　　内生性检验结果

解释变量	第一阶段	第二阶段	第一阶段	第二阶段	第一阶段	第二阶段	OLS	OLS
	(1)	(2)	(3)	(4)	(5)	(6)	(7)	(8)
IV	0.121*** (0.002)		0.002*** (0.000)		−0.075*** (0.001)			
L*notarget* × *Post*		−0.024** (0.012)		−0.039** (0.014)		−0.002** (0.001)	−0.002** (0.001)	−0.002** (0.001)
控制变量	Yes	Yes	Yes	Yes	Yes	Yes	Yes	Yes
IMR								0.001 (0.003)
Constant	0.996*** (0.484)	0.686*** (0.292)	1.044*** (0.335)	0.775*** (0.1545)	1.031*** (0.062)	0.858*** (0.158)	0.566*** (0.003)	0.565*** (0.004)
企业固定效应	Yes	Yes	Yes	Yes	Yes	Yes	Yes	Yes
年份固定效应	Yes	Yes	Yes	Yes	Yes	Yes	Yes	Yes
行业—年份固定效应	Yes	Yes	Yes	Yes	Yes	Yes	Yes	Yes
K－P Wald F 检验	2771.853***		133.078***		4617.281***		—	—
K－P rk LM 检验	2702.517***		129.242***		4514.150***		—	—
观测值	676379	676391	676379	676391	676379	676391	676379	676391
R－squared	—	—	—	—	—	—	0.038	0.038

注：①列（1）和列（2）报告了采用第二层与第一层大气温度差测算的逆温（IV1）作为工具变量的估计结果；列（3）和列（4）报告了采用第三层与第二层大气温度差测算的逆温（IV1）作为工具变量的估计结果；列（5）和列（6）报告了采用空气流通系数（IV3）作为工具变量的估计结果；列（7）报告了剔除2011年前营业收入为500万人民币以下、2011年及之后营业收入为2000万人民币以下的国有企业样本回归结果；列（8）报告了采用Heckman两步法回归后的估计结果。②括号内的标准误在地级市城市层面进行cluster处理，***、**、*分别表示1%、5%、10%水平下显著。

样本区分东部、中部和西部地区，分别设置东部虚拟变量（*East*）、中部地区虚拟变量（*Central*）与加码式减排的交互项，考察不同地区“层层加码”式减排目标考核影响企业出口产品质量的异质性，结果如表5－24中列（1）所示。估计结果显示，西部地区实施“层层加码”式减排目标考核有利于提高企业出口产品质量。相反，中部地区受到“层层加码”式减排目标考核对出口产品质量的负面冲击最大，东部地区次之。这可能是由于东部地区和中部地区企业发展环境更好，经济发展水平相对更高，技术创新和产品升级能力更强，不合理的“加码式”减排目标不利于出口产品质量提升。而西部地区环境质量不高，“层层加码”式减排目标考核能够提高企业环保意识，倒逼企业实现质量升级。

其次，考虑到不同贸易方式下企业出口行为存在差异，将样本划分为一般贸易、加工贸易和混合贸易方式，分别设置一般贸易虚拟变量（*General*）、加工贸易虚拟变量（*Process*）与加码式减排的交互项，考察不同贸易方式下“层层加码”式减排目标考核对企业出口产品质量影响的差异，结果如表5－24中列（2）所示。估计结果显示，“层层加码”式减排目标考核对一般贸易企业出口产品质量影响系数显著为正，对加工贸易和混合贸易企业出口产品质量影响均为负，且加工贸易地区受到的负面冲击最大。这表明“层层加码”式减排目标考核对一般贸易企业的出口产品质量提升呈现显著的促进作用，而对加工贸易和混合贸易企业存在显著抑制影响。这与张明和赵映雪（2023）的研究相似，他们发现环境规制对一般贸易企业出口产品质量提升有更显著的提升作用。

再次，考虑不同所有制企业在融资、管理体系等方面存在较大差异，区分国有、民营和外资企业，分别设置国有企业虚拟变量（*State*）和外资企业虚拟变量（*Foreign*）与加码式减排的交互项，考察不同企业所有制下“层层加码”式减排目标考核对企业出口产品质量影响的差异，结果如表5－24中列（3）所示。估计结果显示，“层层加码”式减排目标考核对国有企业和外资企业出口产品质量提升有显著的正向影响，且国有企业出口产品质量提升效应最为明显。相反，民营企业受到“层层加码”式减排目标考核负面冲击。

最后，考虑不同行业生产活动所投入的生产要素存在差异，区分劳动密集型、资本密集型和技术密集型企业，分别设置资本密集型企业虚拟变量（*Capital*）和技术密集型企业虚拟变量（*Technology*）与加码式减排的交互项，考察不同行业类型下“层层加码”式减排目标考核对企业出口产品质量影响的差异，结果如表5－24中列（4）所示。估计结果显示，劳动密集型企业受到“层层加码”式减排目标考核的负面冲击；而技术密集型企业受到“层层加码”式减排目标考核影响出口产品质量提升效应明显，资本密集型次之。

表 5－24　　　　　　　　异质性检验结果

解释变量	被解释变量：*Quality*			
	(1)	(2)	(3)	(4)
Lnotarget × *Post*	0.007 * (0.004)	－0.002 *** (0.000)	－0.002 *** (0.000)	－0.003 *** (0.001)
Lnotarget × *Post* × *East*	－0.009 ** (0.004)			
Lnotarget × *Post* × *Central*	－0.014 *** (0.005)			
Lnotarget × *Post* × *General*		0.001 *** (0.000)		
Lnotarget × *Post* × *Process*		－0.002 *** (0.000)		
Lnotarget × *Post* × *State*			0.003 * (0.001)	
Lnotarget × *Post* × *Foreign*			0.001 ** (0.000)	
Lnotarget × *Post* × *Capital*				0.002 *** (0.000)
Lnotarget × *Post* × *Technology*				0.004 *** (0.001)
Controls	Yes	Yes	Yes	Yes
Constant	0.566 *** (0.003)	0.566 *** (0.003)	0.565 *** (0.003)	0.567 *** (0.003)
企业固定效应	Yes	Yes	Yes	Yes
年份固定效应	Yes	Yes	Yes	Yes
行业—年份固定效应	Yes	Yes	Yes	Yes
Observations	676391	676391	676391	676391
R－squared	0.038	0.038	0.038	0.038

注：括号内的标准误在地级市城市层面进行 cluster 处理。***、**、* 分别表示 1%、5%、10% 水平下显著。

第六节 本章小结

伴随着我国工业化进程的推进，粗放型经济增长模式导致环境污染问题日趋严重，环境治理已经成为关系国计民生的重要事务。当前，环境规制的目标已经从早期的“降污”单一标准发展为“降污”和“增效”的双赢目标，其中考察环境规制的贸易效应显得极为重要。尽管部分文献考察了环境政策对出口选择行为，较少文献能够将环境政策与有为政府有机结合起来，并从地方政府执行环境规制政策的内在动因即约束性减排目标考核层面解释环境规制对出口的影响。为此，本章借助“十一五”和“十二五规划”报告中政府规定的各个地区减排目标作为识别环境规制的准实验机会，运用 2001～2015 年中国工业企业数据库和海关进出口数据合并匹配后的出口企业作为样本，考察了约束性减排目标考核对我国出口产品质量的影响。研究结果显示，约束性减排政策的实施显著降低了企业的出口产品质量，并且这一结论在一系列稳健性检验后仍然成立。另外，这一政策对我国出口产品质量的影响具有明显的异质性，其中约束性减排政策的实施对出口产品质量的负面影响在西部地区、资本密集型行业、私人企业更为显著。同时，约束性减排目标考核虽然降低了出口目的地集中在非 OECD 国家企业的出口产品质量，但却提高了出口目的地集中在 OECD 国家企业的出口产品质量。

立足于当前自上而下的减排考核，本章进一步手工整理了 2007～2015 年 276 个地级市的政府工作报告，据此考察各个省级政府对主要污染物总量减排目标任务分解后产生的环境目标约束对出口产品质量的影响。研究结果表明，相比中央政府层面的约束性减排目标考核，地级市地方政府官员面临的约束性减排目标考核同样显著降低了出口产品质量，且其影响具有明显的地区、行业、所有制异质性。其中，地级市环境目标约束对西部地区、污染密集型行业和民营企业的出口产品质量的负面影响更为显著。

进一步以各地级市约束性减排目标增长率与省级目标增长率之差作为“层层加码”的替代变量，以省级和市级地方政府在经济社会发展五年计划或节能减排综合方案中的减排目标增长率差异作为准自然实验，基于多期连续型双重差分方法考察压力型体制下“层层加码”式减排考核对出口产品质量的影响。研究发现，“层层加码”式减排目标考核不利于中国企业出口产品质量提升，但不同地区、不同类型企业受到的负面冲击存在显著差异，其中，中部地区、加工贸易企业、私人企业、劳动密集型企业受到的负面冲击更大。

第六章　约束性减排目标考核下控制命令型环境规制对出口产品质量的影响研究

第一节　约束性减排目标考核下主要控制命令型环境规制

政府实施环境规制的主要目的是通过将企业排污的负外部性行为转化为企业内部成本，使排污成本在排污企业间按照等边际原则分配，从而在不造成较大经济损失的情况下，引导企业降低污染排放。为了顺利实现约束性减排目标考核，中央和地方政府出台了一系列控制命令型环境政策。尤其是随着环境保护垂直管理改革的不断深化，为了加强各地主要污染物减排工作的有力落实，中央政府启动重点流域、重点企业监控政策，以推动企业通过变革生产方式来实现减排与经济效益的“双赢”发展。为此，本节以重点流域水污染防治规划政策和万家企业节能低碳行动为代表，深入探讨垂直管理模式下控制命令型环境规制的实施范围及主要特征。

一、重点流域水污染防治规划政策

重点流域水污染防治规划制度首次在1996年修订的《中华人民共和国水污染防治法》中予以明确，其中淮河、海河、辽河（简称“三河”），太湖、巢湖、滇池（简称“三湖”）在《国民经济和社会发展“九五”计划和2010年远景目标纲要》中被确定为国家的重点流域。第十个五年规划执行期间，相关地区和部门积极落实重点流域水污染治理任务，水环境治理取得了积极进展。但由于不少地区对环境保护的重要性认识不足、经济增长方式粗放、环保机制不健全以及环保执法不力等原因，导致水污染形势依然十分严峻。为此，2008年4月环保部下发《重点流域水污染防治规划（2006～2010年）》，规划范围包括淮河、海河、辽河、巢湖、滇池、黄河中上游等 6 个重点流域，涉及 16 个省区市，124 个城市，具体分布情况如表 6－1 所示。

从表 6－1 可以看出，在重点流域水污染防治规划政策实施之前，各个流域的水污染状况较为严重，其中淮河和巢湖属于中度污染，海河、辽河、滇池和黄河中下游属于是重度污染，而且上述流域未完成“十五”规划中的水质改善目标。为此，“十一五”规划期间对其水质和污染控制作出了具体的改善目标规划，其中水质目标必须达到某一等级，地表饮用水达到功能要求；而污染控制目标中规定了具体的 COD 排放量控制范围，并将 COD 排放量的标准具体到某一省区市。为了保证重点流域水污染防治规划顺利完成，中央政府进一步明确要求细化责任并建立问责机制：各省区市人民政府将任务分解至市（县）级人民政府，并将水污染防治实施情况纳入地方经济水平考核以及各地年度发展计划的考核评价内。除此之外，地方政府需要进一步加强排污总量统计、考核体系的建设，加强对水污染治理项目进展、环境管理等相关情况的分析和评估，党政一把手对环境问题负总责任。上述严格的环境监管措施显著提高了重点流域的水污染治理成效。统计数据显示，2009 年淮河、辽河、海河、滇池、巢湖、黄河中下游的水质皆好转，Ⅰ至Ⅲ类水质断面比例占 57.1%，与 2005 年相比提高 16.1 个百分点。与 2005 年相比，2009 年全国主要水污染物排放总量下降了 9.66%，基于与“十一五”规划和《全国环境保护规划》中规定的 10% 减排目标持平。同时，重点流域 156 个水质监测考核断面中，125 个断面水质达标，占总数的 80.1%。

表 6－1　“十一五”时期重点流域水污染防治规划情况

流域	覆盖省级行政区	总体污染程度	水质目标	流域面积（万平方千米）	规划项目	投资金额（亿元）
淮河	河南、安徽、江苏、山东	中度污染	3～4 级	27	656	306.7
海河	北京、天津、河北、河南、山东、山西、内蒙古	重度污染	2～4 级或改善	32	496	407.1
辽河	内蒙古、吉林、辽宁	重度污染	2～5 级	21.96	221	188.4
巢湖	安徽	中度富营养状态（劣Ⅴ类）	3 级	1.35	56	70.75

续表

流域	覆盖省级行政区	总体污染程度	水质目标	流域面积（万平方千米）	规划项目	投资金额（亿元）
滇池	昆明市主城区	重度富营养状态（劣Ⅴ类）	降低 COD 浓度	0.292	26	77.99
黄河中下游	青海、甘肃、宁夏、内蒙古、山西、陕西、河南	重度污染	3～5 级	73.4	528	319.93

资料来源：重点流域水污染防治规划（2006～2010 年）。

尽管“十一五”时期重点流域水环境质量整体有所改善，但同时也存在区域实施进展不平衡、合力治污机制不完善、治污效应明显不足等问题，导致水污染防治形势依然严峻。为此，2012 年 5 月生态环境保护部下发《重点流域水污染防治规划（2011～2015 年）》，并构建了流域统筹的分区防控体系，初步形成流域、控制区、控制单元三级管理体系。从实施范围来看，“十二五”时期重点流域水污染防治规划范围包括松花江、淮河、海河、辽河、黄河中上游、太湖、巢湖、滇池、三峡库区及其上游、丹江口库区及上游等 10 个流域，共涉及 23 个省、自治区、直辖市，254 个市（州、盟），1578 个县（市、区、旗），面积约 308.8 万平方千米，占全国 32.2%。具体分布情况如表 6－2 所示。与“十一五”时期重点流域水污染防治规划相比，“十二五”时期的水污染防治规划强调按照控制区识别水问题产生的根源，并据此明确治污重点。同时，除了对化学需氧量、氨氮等主要污染物加强减排控制外，也进一步确定了总氮、总磷和重金属等指标的减排方案，并将有毒有害污染物纳入流域监管范围。在具体水污染防治过程中，注重联防联控，实现流域水污染防治机制的突破，具体体现在：一是建立了部际联席会议制度，探索流域省际环境保护合作框架，建立定期会商制度和协作应急处置机制，积极推进流域水生态补偿机制，形成治污合力；二是加强与水资源、生态建设、农村环境整治等相关规划的衔接，确保规划能够有效落实。

表 6－2　“十二五”时期重点流域水污染防治规划情况

流域	覆盖省级行政区	控制区（个）	控制单元（个）	化学需氧量排放量削减目标（%）	氨氮排放量削减目标（%）	投资金额（亿元）
松花江	内蒙古、吉林、黑龙江	3	33	9.89	11.48	297.73

续表

流域	覆盖省级行政区	控制区（个）	控制单元（个）	化学需氧量排放量削减目标（%）	氨氮排放量削减目标（%）	投资金额（亿元）
淮河	江苏、安徽、山东、河南	8	57	12.58	15.95	512.33
海河	北京、天津、河北、山西、内蒙古、山东、河南	7	88	10.86	12.26	685.99
辽河	内蒙古、辽宁、吉林	3	22	12.15	14.55	583.05
黄河中上游	山西、内蒙古、河南、陕西、甘肃、青海、宁夏	7	47	9.11	12.26	389.93
太湖	江苏、浙江、上海	—	—	12.33	12.53	—
巢湖	安徽	4	13	8.40	12.91	113.19
滇池	云南	2	7	10.01	10.00	420.14
三峡库区及其上游	湖北、重庆、四川、贵州、云南	3	48	6.46	9.67	458.07
丹江口库区及上游	陕西、河南、湖北	—	—	8.42	11.18	—

资料来源：重点流域水污染防治规划（2011~2015年）。

二、节能低碳政策

2006年国家“十一五”规划首次提出能耗约束性目标，即“十一五”期末单位国内生产总值能源消耗比“十五”期末降低20%左右。为了实现“十一五”期间的节能减排目标，国家发改委针对钢铁、石油石化、电力、化工等九大行业中2004年企业综合能源消费量达18万吨标准煤以上的1008家重点企业展开千家企业节能低碳行动。之后，“十二五”规划提出单位国内生产总值能耗下降16%、单位GDP二氧化碳排放降低17%的节能减排目标。为此，中央政府将“千家企业节能行动”进一步扩展到“万家企业节能低碳行动”。2011年12月，国家发改委等12个部门制定了《万家企业节能低碳行动实施方案》（以下简称“节能低碳政策”）。该政策将2010年综合能源消费量万吨标准煤以上以及指定的年综合能源消费量5000吨标准煤以上的重点用能单位纳入节能低碳政策考核范围，要求各地节能主管部门根据本地区节能量目标（见表6－3）和各企业情况分解确定每个万家企业的“十二五”节能量，并于2011年12月30日前将万家企业名单和“十二五”节能目标报送至发改委。

2012年5月12日，国家发改委确定了“万家企业节能低碳行动”企业名单及节能量目标并进行公示，共涉及16078家企业，名单原则上在“十二五”期间不能进行大的调整。同时，相关主管部门在每年3月底对企业的节能减排行动进行考核并上报给国家发改委。从2012年开始，国家发改委对历年企业节能减排考核完成情况纳入省级人民政府节能目标责任考核范畴，并对考核结果进行奖惩问责。对未完成目标责任的万家企业，由地方主管部门对其强制开展能源审计并责令限期整改，金融机构要对其实施限制性贷款政策。对未完成节能目标的中央和地方国有企业，在经营业绩考核中实行降级降分处理。上述监督和惩罚措施确保了节能低碳政策对企业能源使用决策产生了硬性约束（康志勇等，2018）。

表6－3　　各地区“十二五”万家企业节能量目标

东部	节能量（万吨标准煤）	中部	节能量（万吨标准煤）	西部	节能量（万吨标准煤）
北京	200	山西	1385	内蒙古	1160
天津	486	吉林	437	广西	447
河北	2175	黑龙江	625	重庆	306
辽宁	1400	安徽	840	四川	1009
上海	685	江西	435	贵州	391
江苏	2205	河南	1582	云南	496
浙江	1005	湖北	744	西藏	3
福建	525	湖南	619	陕西	670
山东	2530			甘肃	370
广东	1530			青海	83
海南	37			宁夏	305
				新疆	315
均值	1162	均值	833	均值	463

数据来源：万家企业节能低碳行动实施方案。

第二节　重点流域水污染防治规划对出口产品质量的影响研究

重点流域规划分区管理是国内外流域治理的普遍经验，也是实现流域管理与区域管理有机结合的重要举措。本节以重点流域水污染防治规划为准自然实验，实证分析该类环境规制对出口产品质量的影响。在此基础上，进一步结合地区、行业、所有制异质性特征检验污染防治规划对不同类型企业的影响差异。

一、计量模型构建及指标说明

评估重点流域水污染防治规划对企业出口产品质量的影响，最为直观的是比较重点流域水污染防治规划出台前和出台后企业出口产品质量的差异。为此，本节采用双重差分方法进行评估，相应的基准模型设定如下：

$$Quality_{ict} = \alpha + \beta_1 Treat_c \times Post_t + \beta_2 Control_{it} + \mu_i + \delta_c + \theta_t + \varepsilon_{it} \tag{6-1}$$

其中，下标 i、c 和 t 分别表示企业 i、所在的城市 c 及相应的统计年份 t，*Quality* 为企业出口产品质量指标；*Treat* 是重点流域水污染防治规划的政策冲击变量，用来反映企业是否在规划实施范围内；*Post* 是重点流域水污染防治规划实施时间的虚拟变量；*Control* 为控制变量，包括企业规模、企业存续期、补贴收入和所有制结构，μ_i 为个体控制效应，δ_c 为国家控制效应，θ_t 为年份固定效应，ε_{it} 为误差项。

二、变量选取与数据来源

1. 指标选择及说明

被解释变量为出口产品质量（*Quality*）。参考坎德瓦尔等（Khandelwal et al., 2013）的研究，采用事后推理的思路来测算得到企业—产品—目的国层面的出口产品质量，并基于出口价值进行加权处理，即可得到企业层面的出口产品质量。

核心解释变量为重点流域水污染防治规划（*Treat*）。选取“十一五”和“十二五”期间纳入重点流域水污染防治实施范围内的城市作为处理组，未纳入重点流域水污染防治实施范围内的企业作为对照组。即如果企业所在的城市纳入重点流域水污染防治实施范围，则 *Treat* 变量取值为 1，否则为 0。

另一核心解释变量为重点流域水污染防治政策实施前后的时间虚拟变量（*Post*）。重点流域水污染防治规划实施期间（2008 ~ 2010 年以及 2012 ~ 2015 年）取值为 1，在规划非实施期间取值为 0。

为了尽可能减少遗漏变量导致的回归结果偏误，进一步加入影响企业出口产品质量的其他控制变量（*Control*），具体包括：（1）全要素生产率（Ln*tfp*），采用扩展的奥利和佩克斯（Olley and Pakes，1996）方法进行测算得到；（2）企业年龄（Ln*age*），采用当年年份与企业成立年份之差来衡量并以对数形式引入计量模型；（3）企业规模（Ln*size*），采用企业从业人员数表示并以对数形式引入计量模型；（4）政府补贴（Ln*subsidy*），采用政府补贴收入衡量并以对数形式引入计量模型；（5）所有制结构（*Ownership*），按照实收资本比重来对所有制结构进行分类，实收资本占总资本的比重超过 50% 即为该类型企业，按照此方法将其划分为国有企业（*State*）、集体企业（*Collective*）、法人企业（*Legal*）、独资企业（*Private*）、港澳台企业（*HMT*）和外商企业（*Foreign*）。

2. 数据来源与样本选择

本节选取 2001 ~ 2015 年的中国工业企业数据库和中国海关进出口数据库的合并数据展开计量研究。在数据匹配过程中，首先根据企业名称和年份、企业所在地的邮政编码和电话号码的后七位数字两种方法对上述数据和海关数据库进行合并；其次根据企业所在城市的名称和年份信息对工业企业数据库和重点流域水污染防治规划范围进行合并，据此识别企业所在城市是否被纳入规划范围。

在完成数据合并后，借鉴布兰特等（Brandt et al.，2017）、郝林和庞塞特（Hering and Poncet，2014）的方法，对相关原始数据进行了如下处理：（1）剔除了关键指标（包括企业名称、工业总产值、总资产、固定资产净值、职工人数等）缺失的观测值；（2）剔除了一些异常观测值，包括总资产小于流动资产、总资产小于固定资产净值、累计折旧小于当期折旧的观测值，职工人数少于 8 人的观测值；（3）保留存在 2 年及以上的样本观测值；（4）以 2001 年为基期，对主要变量进行价格指数平减；（5）借鉴克里诺和奥利亚里（Crinò and Ogliari，2017）的方法，对可能出现的异常值做了进一步处理，即对所有连续变量进行了 1% 水平的双边缩尾。在进行数据清洗和整理后，最终得到 387958 个样本。表 6 – 4 报告了相关变量的统计性描述。

表6-4 主要变量的描述性统计

变量	变量定义	均值	标准差	最小值	最大值
Quality	出口产品质量	0.575	0.482	0.163	1
Treat	重点流域水污染防治规划政策	0.538	0.625	0	1
Post	时间虚拟变量，重点流域水污染防治规划政策实施期间取值为1，否则为0	0.409	0.522	0	1
Ln*tfp*	OP法计算的全要素生产率并取对数值	3.158	1.714	-2.316	8.765
Ln*age*	企业年龄的对数值	3.673	1.270	0	5.052
Ln*size*	企业从业人员的对数值	4.521	1.605	2.079	12.324
Ln*subsidy*	政府补贴的对数值	2.356	1.744	2.072	13.920
Collective	集体企业虚拟变量	0.039	0.194	0	1
Legal	法人企业虚拟变量	0.288	0.487	0	1
Private	私人企业虚拟变量	0.236	0.472	0	1
Foreign	外资企业虚拟变量	0.171	0.257	0	1
HMT	港澳台资企业虚拟变量	0.155	0.227	0	1

从表6-4的统计结果可以看出，出口产品质量（*Quality*）的标准差为0.482。全要素生产率（Ln*tfp*）在-2.316到8.765之间，标准差为1.714，说明企业之间全要素生产率差异较大。企业规模（Ln*size*）的标准差为1.605，最小值和最大值分别为2.079和12.324。企业年龄（Ln*age*）在0到5.052之间，标准差为1.270。从补贴收入（Ln*subsidy*）的标准差为1.744，最小值为2.072，最大值为13.920，平均值为2.356，离散程度较高，说明企业补贴收入差异较大。

三、基准回归结果分析

表6-5报告了基准回归结果。从表6-5中列（3）的估计结果可知，在同时控制了企业和年份双重固定固定效应后，在未加入任何控制变量的情况下，核心解释变量 $Treat \times Post$ 的估计系数为负且通过了1%的显著性水平检验，表明重点流域水污染防治规划与出口产品质量之间存在显著的负相关关系。在加入所有的控制变量后，列（4）的回归结果显示，核心解释变量 $Treat \times Post$ 的估计系数仍然在1%的水平上显著为负。因此，重点流域水污染防治规划的出台导致出口产品质量显著降低。可能的解释是，该规划的出台导致企业面临的污染排放监控力度加大，从而无形中增

加了企业的治污成本，并在一定程度上影响到其出口产品质量。

从控制变量的估计结果来看，全要素生产率（Ln*tfp*）的估计系数显著为正，表明企业的全要素生产率越高，出口产品质量越高。全要素生产率是企业管理方式改善、技术水平提高、生产质量等级提升、结构优化等的综合功能，全要素生产率提高意味着企业的进步，显然，出口产品质量也会随着全要素生产率的提高而提高。企业年龄（Ln*age*）的估计系数显著为正，说明较长的存续期有利于其出口产品质量的提升。这主要是由于企业存续期越久，企业的经验积累越为丰富，产品越容易升级。企业规模（Ln*size*）的估计系数同样显著为正，说明规模越大的企业，其出口产品质量越高。一般来说，规模越大的企业，其生产和管理成本越低，企业会有更多的支出投入研发，从而有利于提升出口产品质量。补贴收入（Ln*subsidy*）的估计系数显著为正，表明随着补贴收入的增加，出口产品质量提升。究其原因是，政府补贴在一定程度上降低企业的生产成本，并激励企业进行自主创新，从而导致其出口产品质量提升。从所有制结构的估计结果来看，外资企业的出口产品质量最高，港澳台资企业次之，私人企业的出口产品质量最低。究其原因主要是，私人企业面临的融资约束问题严重抑制了企业出口产品质量的提升。

表 6-5　　基准回归结果

解释变量	被解释变量：*Quality*			
	(1)	(2)	(3)	(4)
Treat × *Post*	-0.150*** (0.048)	-0.186*** (0.058)	-0.132*** (0.027)	-0.104*** (0.028)
Ln*tfp*		0.104*** (0.027)		0.087*** (0.026)
Ln*age*		0.042** (0.018)		0.038*** (0.014)
Ln*size*		0.101*** (0.039)		0.056*** (0.010)
Ln*subsidy*		0.015 (0.037)		0.008 (0.011)
Collective		-0.070 (0.045)		-0.013 (0.031)

续表

解释变量	被解释变量：*Quality*			
	(1)	(2)	(3)	(4)
Legal		0.005 (0.028)		-0.042** (0.020)
Private		-0.111 (0.083)		-0.066** (0.028)
Foreign		0.054*** (0.018)		0.025** (0.012)
HMT		0.031*** (0.011)		0.013* (0.007)
Constant	-0.265*** (0.072)	0.279*** (0.082)	0.387*** (0.025)	0.496*** (0.034)
企业固定效应	Yes	Yes	Yes	Yes
年份固定效应	No	No	Yes	Yes
观测值	387958	387958	387958	387958
R-squared	0.622	0.628	0.833	0.835

注：***、**、*表示变量系数在1%、5%、10%的水平上显著，括号内的标准误在城市层面进行cluster处理。

本节进一步考察了重点流域水污染防治规划对出口产品质量的具体影响机制。从遵循成本效应来看，重点流域水污染防治规划将导致高污染企业的排污费增加，企业的治污成本上升，出口质量下降。根据会计记账规则，反映排污成本的排污费这一指标被归类在“管理费用”科目当中，采用管理费用占工业总产值的对数（Ln*mcost*）来近似衡量企业的治污成本。另外，本节也采用企业脱硫设备投入量作为替代变量并加1取对数处理（Ln*equipment*）。相关数据来自中国企业排污数据库，其中对2015年的脱硫设备投入量采用年均增长率估算得到。遵循成本效应的估计结果见表6-6中列（1）和列（2）。重点流域水污染防治规划对企业治污成本的估计系数显著为正，且均通过了1%的显著性水平检验，表明重点流域水污染防治规划导致企业治污成本增加。

从绿色创新效应来看，重点流域水污染防治规划将导致企业加强绿色创新，从而提升出口产品质量。采用绿色专利申请量衡量企业绿色创新效应，根据世界知识产权组织发布的《绿色专利清单》中的IPC代码识别并核算企业每年绿色发明专利申请数量。在实证过程中，采用绿色专利申请量加 1 并取自然对数来衡量（*Lngreen*）。另外，本节也采用了企业关于实用新型和外观设计类绿色专利申请量加 1 取自然对数（*Lnpatent*）衡量企业绿色创新效应。最后，本节采用绿色专利被引用量（*Lncite*）衡量绿色创新质量。绿色创新效应的估计结果见表 6－6 中列（3）至列（5）。从估计结果可知，重点流域水污染防治规划主要导致实用新型和外观设计申请量增加，对绿色专利质量的影响并不显著，进一步证实了控制命令型环境规制可能会逼迫企业主要从事“利用式绿色创新”而忽视“探索式绿色创新”，绿色创新的质量不高（王杰和李治国，2023）。

从产品转换机制来看，重点流域水污染防治规划政策的实施将导致企业主动调整产品种类，从而通过优化资源配置提升出口产品质量。本节仅保留连续出口两年及以上的企业作为样本，并剔除产品种类不变的样本，根据企业调整产品组合的方式将其分为三种类型：第一，产品新增率（*Add*），由当年企业增加的产品类型数量/上一年企业产品类型数量（%）；第二，产品剔除率（*Drop*），由企业当年减少的产品数量/上一年企业产品类型数量（%）；第三，产品转换率（*Switch*），即为产品新增率与产品剔除率的总和。产品转换机制的估计结果见表 6－6 中列（6）至列（8）。我们发现，重点流域水污染防治规划政策对企业产品新增率影响不显著，对产品剔除率和产品转换率有显著正向影响，依托产品转化能够使受环境规制约束的企业改变出口产品质量。

四、稳健性检验结果分析

为了进一步验证回归结果的稳定性，本节从以下六个方面进行稳健性检验。

1. 平行趋势检验

双重差分模型使用的一个必要前提是在政策冲击前处理组企业和控制组企业的被解释变量呈现平行变化趋势。不同地区发展水平、排污基准存在显著的差异，可能会导致重点流域水污染防治规划出台前处理组和控制组的出口产品质量存在不同的变化趋势。为此，进一步采用事件研究法，将重点流域水污染防治规划政策实施之后的时间虚拟变量（$Post_t$）与重点流域水污染防治规划政策（*Treat*）的交叉项纳入基本模型。相应的双重差分模型平行趋势检验模型如下：

$$Quality_{ict} = \beta_0 + \beta_i \sum_{t=-7}^{8} Treat_c \times Post_t + \gamma_1 Control_{ict} + \mu_i + \eta_t + \theta_{it} + \varepsilon_{ict} \qquad (6-2)$$

表 6－6　影响机制检验结果

解释变量	Lnmcost	Lnequipment	Lngreen	Lnpatent	Lncited	Add	Drop	Switch
	(1)	(2)	(3)	(4)	(5)	(6)	(7)	(8)
Treat × Post	0.017*** (0.003)	0.014*** (0.001)	0.010 (0.013)	0.009*** (0.001)	0.012 (0.009)	0.008 (0.006)	0.010*** (0.002)	0.009*** (0.003)
控制变量	Yes	Yes	Yes	Yes	Yes	Yes	Yes	Yes
Constant	－2.799*** (0.011)	2.168*** (0.103)	0.169*** (0.013)	6.819*** (1.202)	0.543** (0.234)	0.556*** (0.140)	0.290*** (0.013)	0.634*** (0.039)
企业固定效应	Yes	Yes	Yes	Yes	Yes	Yes	Yes	Yes
年份固定效应	Yes	Yes	Yes	Yes	Yes	Yes	Yes	Yes
观测值	363180	376391	387958	387958	387958	403612	329006	403612
R－squared	0.821	0.874	0.199	0.738	0.498	0.268	0.512	0.291

注：括号内的标准误在地级市城市层面进行 cluster 处理，***、**、* 分别表示 1%、5%、10% 水平下显著。

其中，$Treat_c$ 表示企业所在城市 c 是否被纳入重点流域水污染防治规划范围；$Post_t$（t = -7，-6，…，7）表示重点流域水污染防治规划政策实施前/后第 t 年的虚拟变量。图 6-1 平行趋势检验图显示，在重点流域水污染防治规划政策实施之前，处理组的出口产品质量与对照组之间明显不存在显著差异，因此平行趋势检验结果是成立的。在重点流域水污染防治规划实施之后，核心解释变量 $Treat \times Post$ 的回归系数在 1% 的水平下显著为负，这意味着重点流域水污染防治规划政策对出口产品质量确实存在显著的负面效应。

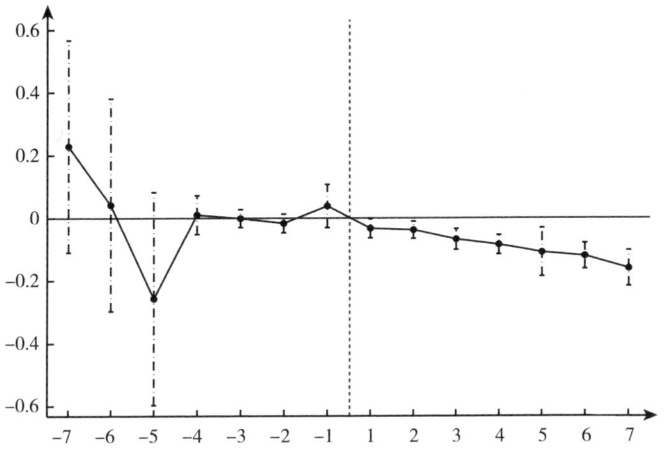

图 6-1　平行趋势检验结果

2. 替换被解释变量的衡量方式

借鉴范等（Fan et al.，2015）的研究，使用 σ 等于 5 和 10 来重新测算出口产品质量并进行标准化处理，回归结果如表 6-7 中列（1）和列（2）所示。另外，本节以企业—产品层面的出口产品质量作为被解释变量重新进行回归，估计结果见表 6-7 中列（3）。估计结果显示，无论采用哪种方式衡量出口产品质量，核心解释变量 $Treat \times Post$ 的估计系数依然显著为正，表明估计结果不受变量衡量方式的影响，因而基准结论“重点流域水污染防治规划政策对企业出口产品质量存在显著的抑制作用”是稳健的。

3. 安慰剂检验

为了明确企业出口产品质量的变化是否是由于重点流域水污染防治规划政策实施所引起的，进一步通过政策实施时间来构建反事实模型验证回归结果的可靠性。如果这一做法导致出口产品质量的变化消失，则说明该效应并不是由其他未控制的因素造成的。表 6-7 中列（4）至列（6）汇报了反事实检验的回归结果，可以发现，当重点流域水污染防治规划政策实施时间分别提前 1 年、2 年和 3 年后，变量 $Pre\_Treat \times Post1$、$Pre\_Treat \times Post2$ 和 $Treat \times Post3$ 的估计均不显著。因此，在排除了模型中其他非随机因素干扰以后，基准回归部分的结论依然成立。

4. 政策外生性的其他检验

采用双重差分模型需要满足政策冲击外生性的要求，尤其是政策冲击要与被解释变量表现无关。为此，参考陈等（Chen et al.，2020）的做法，采取重点流域水污染防治规划政策出台前的出口产品质量对处理组变量 *Treat* 进行 Logit 回归。表 6－7 中列（7）的估计结果显示，出口产品质量的回归系数并未通过 10% 的显著性水平检验，说明重点流域水污染防治规划政策满足外生性要求。

表 6－7　　　　　　　　　　　　稳健性检验结果

解释变量	*Quality*	*Quality*	*Quality*	*Quality*	*Quality*	*Quality*	Treat
	（1）	（2）	（3）	（4）	（5）	（6）	（7）
$Treat \times Post$	−0.137*** （0.042）	−0.098*** （0.028）	−0.259** （0.107）				
$Pre\_Treat \times Post1$				−0.008 （0.015）			
$Pre\_Treat \times Post2$					−0.003 （0.014）		
$Pre\_Treat \times Post3$						−0.006 （0.054）	
Quality							−0.142 （0.251）
Constant	0.533*** （0.170）	0.419*** （0.142）	1.357*** （0.404）	0.669*** （0.075）	1.060*** （0.313）	0.478*** （0.0372）	0.829** （0.155）
控制变量	Yes	Yes	Yes	Yes	Yes	Yes	Yes
企业固定效应	Yes	Yes	Yes	Yes	Yes	Yes	Yes
年份固定效应	Yes	Yes	Yes	Yes	Yes	Yes	Yes
观测值	387958	387958	387958	387958	387958	387958	143875
$R-squared$	0.826	0.624	0.172	0.360	0.283	0.442	—

注：①列（1）和列（2）的出口产品质量基于替代弹性 σ 取值为 5 和 10 重新进行测算；列（3）采用企业—产品层面的数据进行回归；列（4）至列（6）报告了重点流域水污染防治规划政策实施时间分别提前 1 年、2 年和 3 年后的估计结果；列（7）报告了政策外生性检验的估计结果。②***、**、* 分别表示 1%、5%、10% 显著性水平，括号内的标准误在城市层面进行 cluster 处理。

5. 排他性检验

政府同期实施的其他一系列政策也可能会影响企业出口产品质量，若不剔除同期其他潜在政策的干扰，估计结果会因未被观察因素的干扰而产生误差。基于此，本节控制了同期环保政策，具体包括：

①SO_2 排污权交易试点政策。2007 年，江苏、天津、河北、山西等 11 个省区市被纳入 SO_2 排污权交易试点，开创了排污权二级市场交易先例。为此，本节进一步控制 SO_2 排污权交易试点政策对企业出口产品质量的影响。当企业所在省区市位于 SO_2 排污权交易试点地区，则 $Pilot\_SO_2$ 变量在 2007 年及之后取值为 1，否则为 0。估计结果见表 6－8 中列（1）。

②节能低碳行动。国家发改委于 2006 年 4 月发布了《关于印发千家企业节能行动实施方案的通知》，针对钢铁、石油石化、电力、化工等九大行业中 1008 家重点企业展开千家企业节能低碳行动。2011 年 12 月，国家发改委等 12 个部门联合发布“万家企业节能低碳行动”实施方案，对重点用能单位进行重点监测来实现节能减碳。为此，进一步控制该政策对企业出口产品质量的影响。如果企业在“十一五”或者“十二五”时期被纳入该节能减排行动方案名单（*Energy*）时，则同期该变量取值为 1，否则为 0。估计结果见表 6－8 中列（2）。

③生态文明建设先行示范区建设。生态文明建设先行示范区有效助力企业绿色低碳高质量发展。为此，本节控制了生态文明先行示范区政策的影响。若企业所在地区位于生态文明建设先行示范区，政策虚拟变量 *Clean* 取值为 1，否则为 0；生态文明建设先行示范区建设当年及之后，时间虚拟变量 *policy* 取值为 1，否则为 0。本节构建交互项 $Clean \times policy$ 纳入计量模型，估计结果见表 6－8 中列（3）。

另外，样本期间实施的其他宏观经济政策同样也有可能影响出口产品质量。为此，本节进一步控制了可能影响出口产品质量的宏观政策冲击，具体包括：

①外资准入政策。2002 年以来实施的《外商投资产业指导目录》通过鼓励、限制和禁止等方式，指导外资流入符合国家战略和安全需求的产业领域，从而有助于进出口结构的优化与升级。本节引入虚拟变量（*FI*）来控制外资准入政策的影响。具体而言，如果产品所属行业在目录中被限制或禁止，则取值为 0；若为受鼓励产业，则取值为 1，估计结果见表 6－8 中列（4）。

②出口退税政策。出口退税政策是政府调节企业出口行为的重要工具，中国从 1985 年开始实行出口退税，2003 年后又积极推进了出口退税

机制改革，出口货物退税率经历了频繁调整。高退税率一方面直接减少出口成本、提高成本加成；另一方面可能加剧竞争、降低成本加成，从而显著影响出口产品质量。为此，在计量模型中加入企业获得的平均出口退税率 *TaxRebate* 来控制出口退税率变化。相关数据基于《出口退税率文库2023A 版》计算 HS8 位编码产品的年平均退税率并与海关出口数据匹配，计算得到企业—年份层面的平均出口退税率。其中，缺少的 2001 ~ 2003 年退税率则使用全国出口退税总额占海关一般贸易出口总额的份额作为替代变量。

③人民币汇率改革。自 2005 年人民币汇率改革以来，人民币汇率变动经历了从缓慢到快速升值的过程。依市定价理论认为出口企业会调整成本加成以应对汇率的变动，而本币升值可能抑制成本加成进而影响出口优势。为此，在基准模型中纳入行业层面增加值有效汇率（*Exchange*）与汇率改革变量（$Post_{2005}$）的交互项，其中，行业层面增加值人民币有效汇率数据来源于世界经济与政治研究所异质性有效汇率数据库（IWEP - HEER）；“汇改”变量 $Post_{2005}$ 在 2005 年之前赋值为 0，2005 年及之后为 1。估计结果见表 6 - 8 中列（6）。

表 6 - 8 中列（1）至列（6）的估计结果显示，*Treat* × *Post* 的估计系数依然为负且通过了 5% 的显著性水平检验，表明在控制上述外部政策冲击的影响后，重点流域水污染防治规划政策对出口产品质量的影响依然显著为负。

表 6 - 8　　排他性检验结果

解释变量	被解释变量：*Quality*					
	（1）	（2）	（3）	（4）	（5）	（6）
Treat × *Post*	-0.107*** （0.025）	-0.102*** （0.023）	-0.095*** （0.026）	-0.097*** （0.029）	-0.104*** （0.028）	-0.088*** （0.030）
$Pilot\_SO_2$	0.0267*** （0.006）					
Energy		-0.0245*** （0.003）				
Clean × *policy*			0.0190** （0.008）			
FI				0.0147*** （0.004）		

续表

解释变量	被解释变量：*Quality*					
	(1)	(2)	(3)	(4)	(5)	(6)
TaxRebate					0.030 *** (0.003)	
$Exchange \times Post_{2005}$						-0.006 ** (0.003)
Constant	0.457 *** (0.081)	1.305 *** (0.280)	3.697 *** (0.752)	0.054 (0.826)	0.667 *** (0.258)	1.792 ** (0.730)
控制变量	Yes	Yes	Yes	Yes	Yes	Yes
企业固定效应	Yes	Yes	Yes	Yes	Yes	Yes
年份固定效应	Yes	Yes	Yes	Yes	Yes	Yes
观测值	387958	387958	387958	387958	387958	387958
$R-squared$	0.836	0.836	0.836	0.839	0.837	0.837

注：①列（1）报告了控制排污权交易试点政策后的估计结果；列（2）报告了控制节能低碳行动试点政策后的估计结果；列（3）报告了控制生态文明建设先行示范区建设政策后的估计结果；列（4）报告了控制外资准入政策后的估计结果；列（5）报告了控制出口退税政策后的估计结果；列（6）报告了控制人民币汇率改革政策后的估计结果。②***、**、*分别表示1%、5%、10%显著性水平，括号内的标准误在城市层面进行cluster处理。

6. 内生性问题

本节的内生性问题可能源于以下两点：一是未观察到的因素可能导致误差项与重点流域水污染防治规划变量间存在较强的相关性。二是反向因果，出口产品质量高的企业可能存在较高的环境议价能力，进而影响到水污染防治规划的实施。为此，分别采用2001~2006年城市所在地降水量均值（Ln*rain*）和海拔（Ln*elevation*）作为重点流域水污染防治规划政策的工具变量。地区降水量、坡度与当地的水质存在显著的正向相关关系，且降水量、海拔仅受自然环境的影响，明显外生于出口产品质量。降水量数据来自中国气象局中国地面国际交换站气候资料年值数据集；海拔数据来自美国国家航空航天局（NASA）的航天飞机雷达地形任务90米数字高程地图。表6-9中列（1）至列（4）第一阶段的估计结果显示，工具变量在1%的显著性水平上显著为负，意味着降水量越高、坡度越高的地区被纳入重点流域水污染防治规范的概率越低。第二阶段的估计结果显示，经过工具变量调整处理后的 $Treat \times Post$ 估计系数显著为负，表明在考虑内生问题后，重点流域水污染防治规划政策对出口产品质量的负面影响依然显著。为验证工具变量的有效性，分别对工具变量分别进行识别不足和弱工具变量检验，相关检验均通过1%的显著性水平检验。因而在考虑了模型的内生性并采用工具变量进行处理后，主要结论仍然成立。

为了缓解样本选择偏差产生的内生性问题，尽可能减少处理组和控制组之间的初始差异，进一步使用PSM－DID进行回归来缓解由选择性偏差和遗漏变量而产生的内生性问题。具体来说，首先利用样本中被纳入重点流域水污染防治规划的城市作为匹配对象，选取城市人均GDP、人口密度、贸易开放度、工业废水排放量作为匹配变量，并采用最近邻匹配方法进行1∶1匹配。基于倾向得分匹配结果进一步进行双重差分回归，表6－9中列（5）的回归结果显示，*Treat*×*Post* 的估计系数仍然显著为负，说明估计结果是稳健可靠的。另外，考虑到样本中只包括出口企业，而忽略了重点流域水污染防治规划政策对非出口企业的影响，从而可能会产生样本选择性偏差问题。为此，采用Heckman两步法进行稳健性检验。在Heckman第一阶段回归中，以重点流域水污染防治规划政策作为被解释变量并采用Probit模型进行回归，并基于第一阶段的回归结果计算出逆米尔斯比（*IMR*）。然后，将得到的逆米尔斯比（*IMR*）加入Heckman第二阶段模型中进行拟合，回归结果如表6－9中列（6）所示。与基准回归结果的估计系数方向一致，重点流域水污染防治规划政策的实施依然对出口产品质量存在显著的负面影响，说明研究结论具有稳健性。

表6－9　　　　内生性检验结果

解释变量	被解释变量：*Quality*					
	2SLS				PSM－DID	Heckman
	（1）	（2）	（3）	（4）	（5）	（6）
IV	0.035*** （0.005）		0.055*** （0.012）			－0.102*** （0.024）
Treat×*Post*		－0.823*** （0.088）		－1.741*** （0.195）	－0.092*** （0.023）	
IMR						0.094 （0.392）
Constant	0.533*** （0.170）	1.641*** （0.325）	1.211*** （0.207）	0.457*** （0.081）	－3.7243*** （0.728）	0.521*** （0.059）
控制变量	Yes	Yes	Yes	Yes	Yes	Yes
企业固定效应	Yes	Yes	Yes	Yes	Yes	Yes
年份固定效应	Yes	Yes	Yes	Yes	Yes	Yes

续表

解释变量	被解释变量：*Quality*					
	2SLS				PSM - DID	Heckman
	(1)	(2)	(3)	(4)	(5)	(6)
K - P Wald F 检验	255.02 ***		428.12 ***		—	—
K - P rk LM 检验	49.40 ***		148.03 ***		—	—
观测值	386432	386432	387125	387125	387958	387958
R - squared	—	—	—	—	0.843	0.832

注：①列（1）和列（2）报告了采用城市所在地降水量作为工具变量的回归结果；列（3）和列（4）报告了采用城市所在地海拔作为工具变量的回归结果；列（5）报告了采用 PSM - DID 进行回归的结果；列（6）报告了采用 Heckman 两步法进行回归的估计结果。② ***、**、* 分别表示 1%、5%、10% 显著性水平，括号内的标准误在城市层面进行 cluster 处理。

五、异质性检验结果分析

鉴于重点流域水污染防治规划政策对不同地区、不同行业、不同所有制结构的企业影响存在显著的差异，本节进一步结合企业异质性特征展开分析。首先，基于企业所在的城市将其划分为沿海城市和内陆城市，并以内陆城市作为基准，在计量回归模型中纳入 *Treat* × *Post* 与沿海城市虚拟变量（*Coastal*）的交互项。表 6 - 10 中列（1）的估计结果显示，重点流域水污染防治规划政策与沿海城市的交互项系数为 0.011 且通过了 1% 的显著性水平检验，表明重点流域水污染防治规划政策导致沿海地区的企业出口产品质量比内陆地区高 0.011%。这可能是由于沿海地区的经济发展水平明显高于内陆地区，在重点流域水污染防治规划政策实施后，沿海地区的企业积极进行清洁技术生产，从而对其出口产品质量的负面影响相对较小。

表 6 - 10　　　　异质性检验结果

解释变量	被解释变量：*Quality*		
	(1)	(2)	(3)
Treat × *Post*	-0.095 *** (0.029)	-0.099 *** (0.027)	-0.089 *** (0.028)
Treat × *Post* × *Coastal*	0.011 *** (0.003)		
Treat × *Post* × *Technology*		0.025 *** (0.008)	

续表

解释变量	被解释变量：*Quality*		
	(1)	(2)	(3)
Treat × *Post* × *Labor*		0.011 * (0.006)	
Treat × *Post* × *Collective*			0.065 (0.108)
Trea × *Post* × *Legal*			−0.017 ** (0.009)
Treat × *Post* × *Private*			−0.030 ** (0.013)
Treat × *Post* × *Foreign*			0.039 ** (0.018)
Treat × *Post* × *HMT*			0.028 *** (0.010)
Constant	0.325 *** (0.043)	0.109 *** (0.036)	0.066 * (0.039)
控制变量	Yes	Yes	Yes
企业固定效应	Yes	Yes	Yes
年份固定效应	Yes	Yes	Yes
观测值	387958	387958	387958
R − *squared*	0.836	0.835	0.837

注：***、**、* 表示变量系数在 1%、5%、10% 的水平上显著。括号内的标准误在城市层面进行 cluster 处理。

考虑到不同行业的要素密集度存在显著差异，因而重点流域水污染防治规划政策的实施对企业出口产品质量的影响也不同。为此，进一步根据要素密集度划分为资本密集型行业、技术密集型行业和劳动密集型行业三种类型。在具体分析过程中，选取资本密集型行业为基准，在计量模型中分别纳入重点流域水污染防治规划政策与技术密集型行业（*Technology*）、劳动密集型行业（*Labor*）的虚拟变量交互项，回归结果如表 6 − 10 中列（2）所示。结果表明，重点流域水污染防治规划政策导致资本密集型行业的出口产品质量下降了 0.099%。与之相比，在重点流域水污染防治规划政策的影响下，技术密集型行业的出口产品质量比资本密集型行业高 0.025%，劳动密集型行业的出口产品质量比资本密集型行业高 0.011%。

由此可知，重点流域水污染防治规划政策的实施对资本密集行业的出口产品质量负面影响最大，劳动密集型行业次之，对技术密集型行业的负面影响最小。可能的解释是，资本密集型行业中化工、重工业、石化等都是重度污染行业，在严格的环境规制下需要投入更多的资金去降低排污排放量，从而在一定程度上挤占了企业的研发投入进而导致出口产品质量下降。与之相比，虽然劳动密集型行业主要以轻工业和服务型企业为主，但其技术升级改造的空间有限，导致重点流域水污染规划政策对企业的减排技术激励作用有限，因而企业的出口产品质量略有提升。最后，重点流域水污染规划政策有效激励了技术密集型企业进行绿色技术创新，在降低污染排放的同时也通过创新补偿效应提升了其出口产品质量。

为了考察重点流域水污染防治规划政策对不同所有制类型的企业出口产品质量的影响差异，本节在计量模型中纳入集体企业（*Collective*）、私人企业（*Private*）、法人企业（*Legal*）、外资企业（*Foreign*），港澳台资企业（*HMT*）的虚拟变量与 $Treated \times Post$ 的交互项。表 6 - 10 中列（3）的估计结果显示，在重点流域水污染防治规划的作用下，国有企业与集体企业的出口产品质量不存在显著的差异；同时，私人企业和法人企业的出口产品质量分别比国有企业低 0.030%、0.017%，而外资企业和港澳台资企业的出口产品质量分别比国有企业高 0.039%、0.028%。因此，重点流域水污染防治规划对私人企业出口产品质量的负面影响最大，对外资企业的负面影响最小。这主要是外资企业本身具备较强的清洁生产技术能力，而且容易从母公司获取先进的治污设备，因而重点流域水污染防治规划政策导致其出口产品质量下降相对较小。

第三节　节能低碳政策对企业绿色创新的影响研究

利用行政手段进行环境规制是进行环境保护最为直接和切实有效的手段，降污增效的环境治理目标迫切需要有力的政策引导。而绿色技术创新不仅是完成节能减排目标的关键，更是实现绿色发展的重要驱动力。为此，本节借助 2011 年颁布的《万家企业节能低碳行动实施方案》作为准自然实验，运用 2006 ~ 2015 年国泰安数据库和中国专利数据库合并匹配后的企业作为样本，考察节能低碳政策对企业绿色创新的影响，据此为绿色创新驱动的可持续发展战略提供有力的政策支撑。

一、节能低碳政策影响绿色创新的研究进展

节能低碳政策属于环境规制的研究范畴。关于环境规制对自主创新的影响主要围绕"波特假说"展开研究。吉塞蒂和庞托尼（Ghisetti and Pontoni，2015）曾指出，企业为了达到环境标准必须购买相应的治污设备或从末端进行污染治理，从而导致其生产成本大幅上升，用于研发的投入也相应被缩减。近年来，石和许（Shi and Xu，2018）考察了碳交易试点这一环境规制政策对企业自主创新的影响，并发现环境规制政策的实施显著降低了企业进行自主创新的动力和创新投入。然而，查克拉博蒂和查特吉（Chakraborty and Chatterjee，2017）、布罗德斯托克等（Broadstock et al.，2020）的研究则显示适度的环境规制可以倒逼企业引进绿色生产技术，据此提升企业的自主创新能力。布等（Bu et al.，2020）以 ISO 14000 环境认证作为环境规制的工具变量，并发现企业自愿进行 ISO 14000 环境认证有利于提高其创新产出。卡莱尔和佐藤（Calel and Dechezlepretre，2016）、任胜钢等（2019）也得出了类似的结论。此外，部分学者的研究也表明，环境规制与自主创新之间呈现出倒"U"形曲线关系（蒋伏心等，2013；董直庆和王辉，2019）。

绿色创新能力是"创新补偿"效应的直接体现（郭进，2019）。现有研究主要将绿色全要素生产率作为绿色创新能力的替代指标，并据此考察环境规制的绿色创新效应。例如，王等（Wang et al.，2019）基于 OECD 国家的相关数据检验结果显示，环境规制的结构效应大于创新补偿效应，从而导致环境规制的总效应为负。谢等（Xie et al.，2017）考察了命令型、控制型和市场型环境规制政策对绿色生产率的影响，发现中国省域绿色生产率的提升主要依赖于环境规制政策的执行力度；景维民和张璐（2014）基于制造业细分行业的研究结果显示，严格的环境规制将显著提高绿色全要素生产率。除此之外，仅有少数学者采用专利数据衡量了绿色创新水平。例如，郭进（2019）考察了环境行政处罚、地方性法规、排污费、环保财政支出 4 种不同的环境规制对省域绿色技术授权专利数据和绿色技术奖励的影响，发现排污费和环保支出对绿色创新能力的影响更为显著。齐绍洲等（2018）比较分析了排污权交易试点政策实施前后企业绿色创新能力差异，并发现该环境政策明显提高了试点地区高污染行业的绿色创新能力。

综上所述，尽管诸多学者围绕环境规制的创新效应进行了大量的研究，但未能将绿色创新能力从传统意义上的技术创新能力进行分离，因而

也就无法对“波特效应”进行直接的验证。目前研究中少数学者将绿色创新与技术创新进行了区分，但关于环境规制与绿色创新能力的研究仍存在以下不足：一是关于环境规制度量中，大多采用污染治理费用、污染物排放标准进行衡量（Wang et al.，2019；范庆泉和郭文，2024），忽略了环境规制的内生性问题；二是受制于绿色创新数据的可得性，大部分文献从国家、地区或行业层面评估环境规制对绿色全要素生产率的影响，缺乏微观企业绿色创新能力的经验证据，因而也就无法深入研究企业异质性对其规制效应的影响差异，更无法厘清具体的影响机制（Kesidou and Wu，2020）。

有鉴于此，本节采用2006~2015年国泰安（CSMAR）数据库和中国专利数据库的匹配数据考察了环境规制政策对企业绿色创新的作用。相比已有文献，本节的贡献在于以下三个方面：第一，将节能低碳政策作为准自然实验，采用双重差分方法评估了控制命令型环境规制政策对企业绿色创新能力的影响。一方面可以有效避免环境规制指标可能存在的测量误差问题；另一方面也可以有效地排除既影响环境政策实施又影响绿色创新能力导致的内生性问题。第二，基于CSMAR数据库、中国专利数据库和国际专利分类IPC代码甄别绿色专利信息，据此准确评估企业的绿色创新能力。这一方法比传统的绿色全要素生产率测算法或发明专利方法更能准确地反映出企业在环保方面的创新能力，也为后续的绿色创新能力研究提供了新思路。第三，为环境规制与自主创新之间的“抑制论”还是“促进论”的争议提供了来自中国的微观证据，并充分诠释了如何通过环境政策激励企业提升绿色创新能力，从而有效拓展了“波特假说”的理论内涵。

二、计量模型构建及指标说明

本节采用双重差分模型来对比节能低碳环境规制政策变动前后实验组和对照组的绿色创新差异。相关的计量模型设定如下：

$$\text{Ln}patent_{it} = \alpha_0 + \alpha_1 Wanjia_i \times Post_t + \gamma X_{it} + \delta_i + \mu_t + \varepsilon_{it} \qquad (6-3)$$

其中，下标 i 和 t 分别表示企业和年份，$patent$ 表示绿色创新能力，$Wanjia$ 为万家企业节能低碳行动政策虚拟变量，$Post$ 为时间虚拟变量，X_{it} 表示一组控制变量，δ_i 和 μ_t 分别表示企业固定效应和年份固定效应，ε_{it} 表示随机扰动项。

本节的样本统计区间为2006~2015年。其中，企业绿色创新能力中的专利数据来自中国专利数据库；节能低排企业名单来自《万家企业节能低碳行动企业名单及节能量目标》文件；企业的相关统计信息来自 CSMAR 数据库，具体包括股权结构、雇佣人数、资本投入、总产出、企业信息以及相关会计报表信息。

在计量回归前，本节对上述相关数据进行了如下处理：（1）剔除当年交易状态为特别处理或面临终止上市风险的公司以及金融类上市公司；（2）删除固定资产净值、总资产中任一项为负或者为零的企业；（3）删除固定资产净值大于总资产的企业；（4）删除样本观测值仅有一年的企业；（5）删除列于“千家企业节能行动”名单上的企业；（6）对所有涉及价值形态的数据均按 2001 年的同比价格进行换算，并采用相应的价格指数进行平减。经过上述数据清洗和筛选，最终得到 18889 条观测值。相关变量的选取说明如下：

被解释变量是绿色创新（*patent*）。选用绿色发明专利申请数量来衡量企业的绿色创新能力，究其原因主要是，第一，绿色发明专利不仅需要对产品本身的性能进行改进，而且要求对其内在的技术和方法进行创新，因而绿色发明专利更能反映高层次的绿色创新能力（Amore and Bennedsen，2016；Wurloda and Noailly，2018；王康等，2019）。第二，相对于专利授权量来说，专利申请数据更稳定、可靠和及时（齐绍洲等，2018）。借鉴乌拉达和诺阿伊（Wurloda and Noailly，2018）的研究方法，本节根据世界知识产权组织发布的《绿色专利清单》中的 IPC 代码识别并核算了企业每年的绿色发明专利申请数量。在实证过程中，采用绿色专利申请量加 1 的自然对数作为被解释变量。

核心解释变量为节能低碳政策变量（*Wanjia*）。根据《万家企业节能低碳行动企业名单及节能量目标》名单上列出的企业名称与 CSMAR 数据库的企业名称匹配，确定“万家组”与“非万家组”企业。如果企业被纳入该节能减排行动方案名单，则 *Wanjia* 变量取值为 1，否则为 0。

另一核心解释变量为政策实施前后的时间虚拟变量（*Post*）。《万家企业节能低碳行动实施方案》实施期间（2012 年及之后）取值为 1，在方案非实施期间（2012 年之前）取值为 0。

借鉴贾和田（Jia and Tian，2018）的企业自主创新行为分析框架，本节进一步加入控制变量（*Control*），具体包括：（1）全要素生产率（Ln*tfp*），采用 LP 方法进行测算，并以自然对数形式引入计量模型；（2）企业规模（Ln*size*），采用年末从业人数的自然对数衡量企业规模；（3）企业年龄（Ln*age*），采用当年年份与企业成立年份之差来衡量企业存续期并以对数形式引入计量模型；（4）企业的所有制类型（*Owner*），根据实际控股人性质将所有制结构分为国有企业和非国有企业，即如果实际控股人性质为国有，则所有制变量赋值为1，否则为0。

为了控制异常值的影响，本节对所有连续变量进行了1%水平的双边缩尾处理。表6－11报告了主要变量的描述性统计。从表中可以看出，样本期间企业平均绿色创新能力为0.177，标准误为0.532。企业全要素生产率介于2.127～7.553，均值为4.605。企业规模的均值为7.474，其中最大值为11.017，是最小值的2.76倍。从企业所有制结构来看，国有企业占到44.90%，非国有企业占到55.10%。

表6－11　　　　主要变量的描述性统计

变量	变量定义	均值	标准误	最小值	最大值
Ln*patent*	绿色创新	0.177	0.532	0	5.472
Wanjia	节能低碳政策变量	0.191	0.393	0	1
Post	政策实施前后的时间虚拟变量	0.507	0.500	0	1
Ln*tfp*	全要素生产率	4.605	1.044	2.127	7.553
Ln*size*	企业规模	7.474	1.302	3.989	11.017
Ln*age*	存续时间	2.666	0.350	1.609	3.332
Owner	国有企业	0.449	0.497	0	1

三、基准回归结果分析

参考袁和温（Yuan and Wen，2018）、王雯岚和许荣（2020）的方法，本节基于普通最小二乘法来考察节能低碳政策对绿色创新能力的影响。表6－12给出了基本模型回归结果。表6－12中列（1）和列（2）仅仅纳入了企业固定效应，估计结果显示交叉项 *Wanjia*×*Post* 的估计系数显著为正。在考虑企业—年份双固定效应并纳入企业层面的控制变量后，列（4）的估计结果显示，交叉项 *Wanjia*×*Post* 的估计系数依然显著为正，表明节能低碳政策的实施显著提高了企业的绿色创新能力。

表6－12中相关控制变量的估计结果显示，全要素生产率（Ln*tfp*）的估计系数为正且通过了5%的显著性水平检验，且列（4）的估计结果显示，企业全要素生产率每提高1%，其绿色专利申请量将提高0.018%。另外，企业规模（Ln*size*）对其绿色创新能力的影响为正且通过1%的显著性水平检验。这一结论表明企业规模的扩大有利于提高其绿色创新能

力。企业年龄（Ln*age*）的增加同样显著提高了其绿色创新能力，列（4）的估计结果显示，企业年龄每增加1%，企业的绿色专利申请量将增加0.378%。所有制结构（*Owner*）的估计系数虽然为负但不显著，表明国有企业与非国有企业的绿色专利申请数量并不存在显著的差异。

表6-12　基准回归结果

解释变量	被解释变量：Ln*patent*			
	（1）	（2）	（3）	（4）
Wanjia × *Post*	0.153*** （0.022）	0.060*** （0.022）	0.060** （0.024）	0.066*** （0.024）
Ln*tfp*		0.014* （0.008）		0.018** （0.008）
Ln*size*		0.041*** （0.007）		0.040*** （0.007）
Ln*age*		0.239*** （0.024）		0.378*** （0.077）
Owner		-0.022 （0.027）		-0.025 （0.027）
Constant	0.163*** （0.002）	-0.822*** （0.085）	0.090*** （0.009）	-1.120*** （0.185）
企业固定效应	Yes	Yes	Yes	Yes
时间固定效应	No	No	Yes	Yes
观测值	18889	18889	18889	18889
R-squared	0.010	0.039	0.033	0.041

注：***、**、*分别表示1%、5%、10%水平下显著，括号内为稳健标准误。

四、稳健性检验结果分析

为了保证检验结果的稳健可靠，本节主要从以下进行稳健性检验：

1. 平行趋势检验

借鉴郝林和庞塞特（Hering and Poncet，2014）的研究方法，选取研究始初年份2006年作为基期，通过将节能低碳政策变量与年度虚拟变量*Year_dummy*的交互项纳入基本模型，据此考察企业的绿色创新能力在节能低碳政策实施之前以及实施之后是否已经存在显著差异。从平行趋势的估计结果来看，$Wanjia \times year_t$（t=2007，…，2011）的估计系数均未通过

10%的显著性水平检验，说明节能低碳政策实施前处理组和控制组的绿色创新行为并没有发生显著变化。另外，Wanjia × $Year_t$（t = 2012，…，2015）的估计系数为正且通过了10%的显著性水平检验。在节能低碳政策实施当年，企业绿色专利申请量比2006年提高了0.067%。之后几年，企业绿色专利申请量均明显高于节能低碳政策实施之前的申请量。这表明节能低碳政策对企业绿色创新的促进作用不存在时滞效应。同时，从估计结果可知，在节能低碳政策实施1年、2年、3年后，企业绿色专利申请量比2006年分别提高了0.075%、0.141%和0.148%。由此可知，在节能低碳政策的作用下，2013年的绿色专利申请量比2012年低了0.009%，而2014年和2015年的绿色专利申请量则比2012年分别高了0.016%和0.010%。可能的解释是，在“节能低碳”政策实施当年，企业将积极研发新的环境治理技术，以确保生产过程达到节能减排的目标要求，因而其绿色专利申请规模明显上升。然而，绿色创新具有明显的时滞性，且在经历一段时间的绿色创新风潮后，绿色创新活动进入休眠阶段。之后，企业在经历休眠阶段的知识积累后，逐步提高绿色创新水平来形成市场壁垒和企业先动优势，其绿色专利申请量也随之上升（见图6－2）。

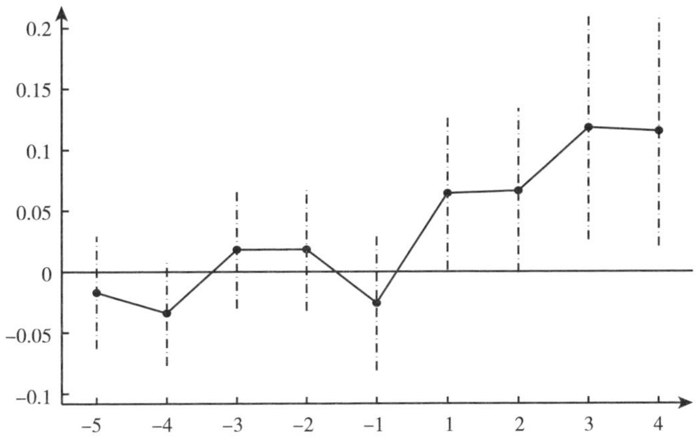

图6－2　平行趋势检验结果

2. 改变计量回归方法

首先，鉴于绿色专利申请量是一种离散的非负整数，因此分别采用泊松分布和负二项分布模型进行回归分析，估计结果见表6－13中列（1）和列（2）。其次，考虑到样本期内大部分企业绿色发明专利数据为0值，可能导致泊松或负二项分布回归结果存在严重的偏差（Wooldridge，2015）。为此，进一步采用零膨胀泊松和零膨胀负二项回归方法展开计量检验，估计结果见表6-13中列（3）和列（4）。再次，由于86.36%的企业绿色专利申请数为0值，采用面板Tobit模型进行回归，估计结果见列（5）。最后，本节将绿色创新指标改为0~1变量，并采用Probit和Logit模型进行回归分析。在此模型中，如果企业在某一年绿色专利申请量大于0，则该年patent变量取值为1，否则为0。具体估计结果见列（6）和列（7）。表6-13中列（1）至列（7）的估计结果显示，改变估计方法后，*Wanjia*×*Post*的估计系数依然显著为正，因而基本回归的结论依然成立。

表6-13　改变计量回归方法后的稳健性检验结果

解释变量	被解释变量：Ln*patent*						
	泊松	负二项	零膨胀泊松	零膨胀负二项	Tobit	Probit	Logit
	(1)	(2)	(3)	(4)	(5)	(6)	(7)
Wanjia×*Post*	0.276* (0.147)	0.209** (0.105)	0.477*** (0.130)	0.226** (0.094)	0.863*** (0.128)	0.154* (0.083)	0.312* (0.169)
Constant	-5.822*** (1.903)	-3.010*** (0.572)	-3.142*** (0.472)	-3.463*** (0.386)	-3.259*** (0.987)	-2.842*** (0.353)	-9.826*** (2.291)
控制变量	Yes	Yes	Yes	Yes	Yes	Yes	Yes
企业固定效应	Yes	Yes	—	—	—	—	Yes
省份固定效应	—	—	Yes	Yes	Yes	Yes	—
行业固定效应	—	—	Yes	Yes	Yes	Yes	—
时间固定效应	Yes	Yes	Yes	Yes	Yes	Yes	Yes
观测值	6972	6972	18889	18889	18889	18889	6462

注：表头上方汇报了各个模型的估计方法；列（1）、列（2）、列（5）括号内为标准误；其他列括号内为稳健标准误。

3. 安慰剂检验

本节从政策时点选择进行安慰剂检验。具体来说，将政策时间节点分别提前1年、2年和3年，并引入虚拟变量*Wanjia*与$Post_{-n}$的交互项，进一步通过政策实施时间来构建反事实模型验证回归结果的可靠性。其中，n取值范围为［1，3］，分别表示政策实施时间分别提前1年、2年和3年。由于外生冲击只发生在政策规定的时间处，那么在政策时间前几年处必然不存在因果效应。如果估计系数显著，则表明不能把出口产品质量变化归因于节能低碳政策，也有可能是来自其他未观测到的变量影响到了这一结果。表6－14中列（1）至列（3）的估计结果显示，变量 $Wanjia \times Post_{-1}$、$Wanjia \times Post_{-2}$和 $Wanjia \times Post_{-3}$的估计均不显著，说明不存在节能低碳政策提前反应，符合安慰剂的预期。

4. 政策外生性的其他检验

采用双重差分模型需要满足政策冲击外生性的要求，尤其是政策冲击要与被解释变量表现无关。为此，参考陈等（Chen et al.，2020）的做法，采取节能低碳政策实施前的绿色创新变量对处理组变量 *Wanjia* 进行 Logit 回归。表6－14中列（4）的估计结果显示，出口产品质量的回归系数并未通过10%的显著性水平检验，说明节能低碳政策满足外生性要求。

5. 考虑绿色创新产出的延迟性

参考王雯岚和许荣（2020）的研究，被解释变量均选用 t＋1 期的绿色专利申请量。表6－14中列（5）的估计结果显示，$Wanjia \times Post$ 的估计系数为0.074且通过了1%的显著性水平检验，说明节能低碳政策的实施显著提高了下一期绿色专利申请量。

6. 改变样本处理方式

为了消除异常样本对回归结果的影响，本节对初始样本进行了如下处理：为了保证节能低碳政策实施前后处理组至少各有2年的观察期，将样本严格限制为节能低碳政策发生前后均存在的企业。表6－14中列（6）的估计结果显示，$Wanjia \times Post$ 的估计系数依然显著为正。

7. 内生性检验

为了避免遗漏变量和反向因果关系可能导致的内生性问题，参考郝林和庞塞特（Hering and Poncet，2014）的思路，使用2006～2011年企业所在城市的空气流通系数均值作为节能低碳政策的工具变量，据此基于工具变量法来调整由此可能带来的估计偏误。表6－14中列（7）和列（8）报告了两阶段最小二乘法的估计结果，可以发现 $Wanjia\_IV \times Post$ 的估计系数仍然显著为正，表明节能低碳政策有利于企业的绿色创新。为验证工具变量的有效性，分别对工具变量分别进行识别不足和弱工具变量检验，相关的检验均通过5%的显著性水平检验。因而在考虑了模型的内生性并采用工具变量进行处理后，本节主要结论仍然成立。另外，为了缓解样本选择偏差产生的内生性问题，尽可能减少处理组和控制组之间的初始差异，进一步采用倾向得分匹配的双重差分模型（PSM－DID）进行回归来缓解由选择性偏差和遗漏变量而产生的内生性问题。首先采用倾向得分匹配将节能低碳政策实施前的控制组和实施组进行匹配，然后与政策实施后年份数据进行纵向匹配。具体做法是用所有控制变量进行最近邻匹配，并选用 Logit 模型估算倾向分值函数。匹配后所有变量的标准化偏差均小于 10%，且似然比检验显示，匹配后处理组和对照组不存在明显差异。在此基础上，进一步使用倾向得分匹配样本进行双重差分回归，表 6－14 中列（9）的估计结果显示，对样本进行倾向得分匹配筛选后，*Wanjia* × *Post* 的估计系数为正且通过了 5% 的显著性水平检验，进一步证实了相关结论的稳健性。

8. 排他性检验

部分未考虑到的因素可能对本节基准回归得到的基本结论造成干扰。从前面的政策背景可知，国家发改委于 2006 年 4 月发布了《关于印发千家企业节能行动实施方案的通知》，据此展开了千家企业节能行动。为此，本部分在样本中保留列于“千家企业节能行动”名单上的企业，但通过纳入千家企业节能行动政策虚拟变量（*Qianjia*）与时间虚拟变量（*Qpost*）的交互项来控制千家企业节能政策影响。表 6－15 中列（1）的估计结果显示，在控制了千家企业节能行动政策影响后，*Wanjia* × *Post* 的估计系数和显著性水平与基本回归结果的估计结果相一致。

同时，自 2007 年开始，环境保护办公厅根据“筛选重点污染企业实行季报”制度，每年 3 月左右对外发布当年国家重点监控企业名单，据此加强对重点污染源的动态监控和管理。环保总局对国家重点监控企业名单每年进行一次调整，并在环保部网站公布。为此，本节在计量模型中纳入重点监控企业（*Priority*）政策与政策执行时间虚拟变量（*Time*）的交互项。如果企业在当年被纳入国家重点监控企业名单，则 *Priority* 变量取值为 1，否则为 0。企业在被纳入国家重点监控企业名单的当年及之后，*Time* 变量取值为 1，否则为 0。为此，本节进一步控制了该政策对企业绿色创新的影响，并发现 *Wanjia* × *Post* 的估计系数依然显著为正，具体的估计结果见表 6－15 中列（2）。

此外，2013 年 12 月，国家发改委联合其他六部门下发了《关于印发国家生态文明先行示范区建设方案（试行）的通知》，截至 2015 年 12 月，共发布了 100 个生态文明先行示范区。为此，本节也控制了生态文明先行示范区政策的影响。具体来说，*Treated* 为处理组虚拟变量，代表企业所在城市是否被列入生态文明示范区。如果该城市被列入生态文明示范区，则 *Treated* 变量取值为 1，否则为 0。*Period* 是试验区虚拟变量，即生态文明示范区实施当年及之后的年份设定为 1，其余为 0。表 6－15 中列（3）的估计结果显示，在考虑生态文明先行示范区政策的影响后，*Wanjia* × *Post* 的估计系数显示，节能低碳政策对绿色创新的影响依然显著为正。

表 6－14　　其他稳健性检验及内生性检验结果

解释变量	Lnpatent	Lnpatent	Lnpatent	Wanjia	Lnpatent	Lnpatent	Lnpatent	Lnpatent	Lnpatent
	(1)	(2)	(3)	(4)	(5)	(6)	(7)	(8)	(9)
$Wanjia \times Post_{-1}$	0. 111 (0. 145)								
$Wanjia \times Post_{-2}$		0. 099 (0. 145)							
$Wanjia \times Post_{-3}$			0. 109 (0. 449)						
Lnpatent				0. 232 (0. 185)					
$Wanjia \times Post$					0. 074 *** (0. 025)	0. 066 *** (0. 024)			0. 050 ** (0. 025)
IV							−0. 024 *** (0. 005)		
$Wanjia\_IV \times Post$								1. 009 *** (0. 375)	
Constant	−1. 813 *** (0. 511)	−2. 111 ** (0. 164)	−2. 108 *** (0. 634)	−0. 206 *** (0. 062)	−1. 168 *** (0. 220)	−1. 154 *** (0. 187)	0. 173 (0. 144)	−1. 259 *** (0. 196)	−1. 316 *** (0. 247)

续表

解释变量	Lnpatent	Lnpatent	Lnpatent	*Wanjia*	Lnpatent	Lnpatent	Lnpatent	Lnpatent	Lnpatent
	(1)	(2)	(3)	(4)	(5)	(6)	(7)	(8)	(9)
控制变量	Yes	Yes	Yes	Yes	Yes	Yes	Yes	Yes	Yes
企业固定效应	Yes	Yes	Yes	Yes	Yes	Yes	Yes	Yes	Yes
时间固定效应	Yes	Yes	Yes	Yes	Yes	Yes	Yes	Yes	Yes
K - P Wald F 检验							145.72***		
K - P rk LM 检验							84.34***		
观测值	18889	18889	18889	763	16126	17750	18889	18889	11331
R - squared	0.037	0.040	0.034	—	0.037	0.043	—	—	0.055

注：①列（1）至列（3）报告了节能低碳政策实施时间分别提前1年、2年和3年后的估计结果；列（4）报告了政策外生性检验的估计结果；列（5）报告了考虑绿色创新产出延迟性后的估计结果；列（6）报告了仅保留“节能低碳”政策发生前后均存在的样本估计结果；列（7）为2SLS的第一阶段回归结果；列（8）报告了2SLS的第二阶段回归结果；列（9）为PSM - DID的估计结果。②***、**、*分别表示1%、5%、10%水平下显著，括号内为稳健标准误。

最后，2011 年 11 月 29 日，国家发改委正式批准北京、天津、上海、重庆、广东、湖北和深圳 7 个省市开展碳排放权交易试点。为此，本节进一步控制了碳排放交易试点政策对企业绿色创新的影响。具体来说，设置碳排放交易试点政策虚拟变量，当企业所在的地区为碳排放权交易试点地区且年份为 2012 年及之后，$Pilot\_CO_2$ 取值为 1，否则为 0。表 6－15 中列（4）的估计结果显示，$Wanjia \times Post$ 的估计系数为 0.063 并通过了 1% 的显著性水平检验，表明在控制碳排放交易试点政策的影响后，节能低碳政策依然显著促进了企业的绿色创新能力。

表 6－15　　排他性检验结果

解释变量	被解释变量：Ln*patent*			
	（1）	（2）	（3）	（4）
$Wanjia \times Post$	0.062*** （0.023）	0.062*** （0.024）	0.065*** （0.024）	0.063*** （0.024）
$Qianjia \times Qpost$	0.077 （0.051）			
$Priority \times Time$		0.035* （0.021）		
$Treated \times Period$			0.027** （0.012）	
$Pilot\_CO_2$				0.03 9** （0.018）
控制变量	Yes	Yes	Yes	Yes
Constant	－1.247*** （0.186）	－1.117*** （0.185）	－1.120*** （0.185）	－1.099*** （0.186）
企业固定效应	Yes	Yes	Yes	Yes
时间固定效应	Yes	Yes	Yes	Yes
观测值	19886	18889	18889	18889
$R-squared$	0.045	0.041	0.041	0.041

注：①列（1）考虑了千家企业节能行动政策对企业绿色创新的影响；列（2）报告了控制国家重点监控企业政策后的估计结果；列（3）报告了控制生态文明先行示范区政策后的估计结果；列（4）报告了控制碳排放交易试点政策后的估计结果。②＊＊＊、＊＊、＊分别表示 1%、5%、10% 水平下显著，括号内为稳健标准误。

五、异质性检验结果分析

为了考察节能低碳政策对不同类型企业影响的异质性，本节进一步从企业所在地区、行业、企业规模、所有制类型和所处生命周期5个方面进行异质性检验，具体估计结果见表6－16中列（1）至列（6）。

鉴于东部地区与中部、西部地区的经济发展水平、环境保护水平等存在显著差异，导致减排政策对区域绿色创新的影响可能存在显著的差异。为此，以东部地区作为基准，分别纳入中部地区虚拟变量（*Central*）、西部地区虚拟变量（*West*）与 $Wanjia \times Post$ 的交互项。从表6－16中列（1）的估计结果可知，节能低碳政策引致的绿色创新效应在东部和中部地区不存在显著的差异，而这一绿色创新效应在西部地区最弱。可能的解释是，西部的环境规制水平明显低于东部和中部地区，且长期面临技术层次低、融资能力差、创新能力弱三大突出问题（Wang et al.，2022）。因此，环境规制政策的实施导致西部地区企业的生产成本大幅提升，在一定程度上降低了绿色创新的产出。

不同行业内节能低碳政策对企业绿色创新行为的影响也存在显著差异。表6－16中列（2）的估计结果显示，技术密集型行业的绿色创新能力最强，资本密集型行业次之，劳动密集型行业的绿色创新能力最低。具体来说，在节能低碳政策的影响下，资本密集型行业的绿色专利申请量比技术密集型的绿色专利申请量低0.190%，而劳动密集型行业的绿色专利申请量比技术密集型的绿色专利申请量低0.224%。究其原因主要是，技术密集型行业的技术转型和技术升级的弹性空间相对较大，环境管制水平的提高将使得企业主动选择绿色创新来实现环境约束下的生产最大化或成本最小化。而资本密集度较高的行业容易受到重置成本的约束，其技术改进成本较大。因而环境规制成本的上升将对企业研发产生一定的挤出效应，从而导致绿色创新能力低于技术密集型行业。对于标准化、模式化生产为主的劳动密集型行业而言，行业间技术能力趋于同质化和低端化，企业技术升级的弹性空间相对较小，同时薄弱的创新能力和吸收能力也使得企业很难在短时间内进行绿色创新，导致环境规制带来的创新补偿效应不足以抵消遵循成本效应。

根据企业规模的中位数，本节将中位数以上的上市公司界定为大型企业，将中位数以下的上市公司定义为中小型企业两种类型。表6－16中列（3）的估计结果显示，节能低碳政策与小型企业（*Small*）的交叉项估计系数为－0.118且通过了10%的显著性水平检验，表明节能低碳政策引致的绿色创新效应在中小型企业相对较弱。这主要是由于受制于人才、技术、资金等因素制约，中小型企业面对环境政策实施带来的成本上升，往往更倾向于减少其他开支来增强末端治污，从而降低了企业绿色创新产出。

除此之外，表6－16中列（4）的估计结果表明，在节能低碳政策的影响下，国有企业与非国有企业的绿色专利申请量之间并不存在显著差异。可能的解释是，虽然国有企业可以凭借政治身份更容易获得政府的资源及政策来支持创新活动，但同时也导致国有企业排污方面具有较高的讨价还价能力，绿色创新激励不足，从而导致国有企业与非国有企业之间绿色创新效应差异不大（唐跃军和左晶晶，2014）。

本节进一步以生命周期理论为依据，考察企业在节能低碳政策下的绿色创新选择行为。鉴于我国的A股上市公司在上市前至少需要三年的合规审查，因此可以认为上市公司在上市前已经历了初始期，而根据企业年龄按三分位将其划分为成长期 *Growth*（4～10年）、成熟期 *Mature*（11～15年）和衰退期 *Recession*（16～58年）三个阶段（董晓芳和袁燕，2014；杨威等，2019）。从表6－16中列（5）的估计结果可知，处于衰退期的企业在节能低碳政策实施前后绿色专利申请量并未发生显著的变化，而处于成长期、成熟期的企业在节能低碳政策实施后其绿色创新能力比衰退期企业分别高出0.068%和0.117%。因而在环境规制的影响下，成熟期企业的绿色创新能力最高，成长期企业次之，衰退期企业的绿色创新能力最低。究其原因主要是，成长初期面临大量的资金需求和严重的融资约束问题（黄宏斌等，2016），导致企业不会在绿色创新技术上投入较多资金，而更注重环保设备更新，以实现节能减排目标。而处于成熟期的企业组织结构相对完善，并拥有充足的资金来加大环境友好型产品研发，据此提高产品的绿色技术附加值，因而成熟期的企业绿色创新能力明显较高。与之相比，处于衰退期的企业经济效益相对较低，企业将重点放在原有市场的巩固，在环保技术研发方面的投入相对较少，且固有的生产方式导致其无法在短期内通过技术创新来补偿环境生产成本，因此通常更倾向于采取消极态度应对地区环境规制。

表6－16　　　　异质性检验结果

解释变量	被解释变量：Ln*patent*				
	（1）	（2）	（3）	（4）	（5）
Wanjia × *Post*	0.095*** （0.030）	0.218*** （0.063）	0.093*** （0.028）	0.046 （0.031）	－0.016 （0.019）
Wanjia × *Post* × *Central*	－0.036 （0.062）				

续表

解释变量	被解释变量：Ln*patent*				
	(1)	(2)	(3)	(4)	(5)
Wanjia × *Post* × *West*	-0.108*** (0.039)				
Wanjia × *Post* × *Capital*		-0.190*** (0.068)			
Wanjia × *Post* × *Labor*		-0.224*** (0.066)			
Wanjia × *Post* × *Small*			-0.118*** (0.030)		
Wanjia × *Post* × *Owner*				0.035 (0.043)	
Wanjia × *Post* × *Growth*					0.068* (0.035)
Wanjia × *Post* × *Mature*					0.117*** (0.041)
控制变量	Yes	Yes	Yes	Yes	Yes
常数项	-1.118*** (0.184)	-1.126*** (0.184)	-1.106*** (0.184)	-1.127*** (0.186)	-1.111*** (0.185)
企业固定效应	Yes	Yes	Yes	Yes	Yes
时间固定效应	Yes	Yes	Yes	Yes	Yes
观测值	18889	18889	18889	18889	18889
R-*squared*	0.042	0.045	0.042	0.041	0.041

注：***、**、*分别表示1%、5%、10%水平下显著，括号内为稳健标准误。

第四节　节能低碳政策、企业绿色创新与出口产品质量研究

随着环保观念的深入人心和环保产品需求的日益增加，绿色创新成为出口企业应对国内环境规制和国际环境壁垒双重压力，进而提升出口竞争力的关键路径。本节以万家企业节能低碳行动为准自然实验，基于2006～

2015 年国泰安数据库和中国专利数据库的匹配数据作为样本，据此考察企业如何通过绿色创新来弱化环境规制对出口产品质量的负面影响，据此为引导企业进行清洁技术研发来弱化合规成本提供经验依据。

一、计量模型设定及指标说明

本节基于倾向得分匹配的双重差分模型，对比分析节能低碳政策实施前后企业如何通过绿色创新来实现出口产品质量升级。相关的计量模型设定如下：

$$Quality_{it} = \beta_0 + \beta_1 Wanjia_i \times Post_t + \beta_2 \text{Ln}patent_{it} + \beta_3 Wanjia_i \times Post_t \times \text{Ln}patent_{it} + \gamma X_{it} + \delta_i + \mu_t + \varepsilon_{it} \quad (6-4)$$

其中，下标 i 和 t 分别表示企业和年份，*Quality* 表示出口产品质量，*patent* 表示绿色创新能力。*Wanjia* 为万家企业节能低碳行动政策虚拟变量，企业被划入该节能减排行动方案名单时，*Wanjia* 变量取值为 1，否则为 0。*Post* 为时间虚拟变量，该变量在 2012 年及之后取值为 1，否则为 0。

本节的样本统计区间为 2006 ~ 2015 年。其中，企业绿色创新能力中的专利数据来自中国专利数据库；节能低碳企业名单来自《万家企业节能低碳行动企业名单及节能量目标》文件；企业的相关统计信息来自 CSMAR 数据库，具体包括股权结构、雇佣人数、资本投入、总产出、企业信息以及相关会计报表信息；出口产品质量信息来自中国海关进出口数据库。在计量回归前，本节对上述相关数据进行了如下处理：（1）剔除当年交易状态为特别处理或面临终止上市风险的公司以及金融类上市公司；（2）删除固定资产净值、总资产中任一项为负或者为零的企业；（3）删除固定资产净值大于总资产的企业；（4）删除样本观测值仅有一年的企业；（5）删除列于“千家企业节能行动”名单上的企业；（6）对所有涉及价值形态的数据均按 2001 年的同比价格进行换算，并采用相应的价格指数进行平减。经过上述数据清洗和处理，最终得到 5932 条观测值。相关变量的选取说明如下：

被解释变量是出口产品质量（*Quality*），借鉴坎德瓦尔等（Khandelwal et al.，2013）等文献的做法，采用需求信息回归推断法（简称“KSW”方法）进行测算得到企业—产品—目的国层面的出口产品质量。进一步参考许家云等（2017）和苏丹妮等（2018）的做法，将出口产品质量加权后，得到企业层面的出口质量。

节能低碳政策（*Wanjia*）和政策实施年份前后（*Post*）两者的交互项

（*Wanjia*×*Post*）。根据《万家企业节能低碳行动企业名单及节能量目标》名单上列出的企业名称与 CSMAR 数据库的企业名称匹配，确定“万家组”与“非万家组”企业。如果企业被纳入该节能减排行动方案名单，则 *Wanjia* 变量取值为 1，否则为 0；《万家企业节能低碳行动实施方案》实施期间（2012 年及之后），*Post* 取值为 1，在方案非实施期间（2012 年之前）取值为 0。

另一核心解释变量为绿色创新（*patent*），采用绿色发明专利申请数量来衡量企业的绿色创新。借鉴乌拉达和诺阿伊（Wurloda and Noailly, 2018）的研究方法，根据世界知识产权组织发布的《绿色专利清单》中的 IPC 代码识别并核算了企业每年的绿色发明专利申请数量。在实证过程中，采用绿色专利申请量加 1 的自然对数衡量。

本节加入的控制变量如下：（1）全要素生产率（Ln*tfp*），反映除了人力、资本投入以外的技术等因素对出口产品质量的贡献，采用 LP 方法进行测算，并以自然对数形式引入计量模型；（2）资产负债率（*dar*），采用企业总负债占总资产的比例衡量资产负债率，反映企业的负债水平；（3）企业规模（Ln*size*），采用年末从业人数的自然对数衡量；（4）企业的所有制类型（*Owner*），根据实际控股人性质将所有制结构分为国有企业和非国有企业，即如果实际控股人性质为国有，则所有制变量赋值为 1，否则为 0。相关变量的描述性统计见如表 6－17 所示。

表 6－17　　　　主要变量的描述性统计

变量	变量定义	均值	标准误	最小值	最大值
Qulaity	出口产品质量	0.598	0.325	0.163	1
Wanjia	节能减碳政策变量	0.232	0.499	0	1
Post	政策实施前后时间虚拟变量	0.519	0.494	0	1
Ln*patent*	绿色创新	0.194	0.538	0	5.472
Ln*tfp*	全要素生产率	5.139	1.229	2.127	7.553
dar	资产负债率	0.628	0.324	0.010	1.707
Ln*size*	企业规模	8.156	1.069	3.989	11.017
State	集体企业	0.393	0.494	0	1

二、基准回归结果分析

为了有效纠正仅仅选择“万家企业”导致的样本自我选择偏差，本节基于倾向得分—双重差分模型来识别出变量间的因果关系。表6-18报告了倾向得分匹配结果，从表中可知，Logit 回归模型表明，企业层面控制变量对企业是否纳入节能低碳政策具有显著影响，所有变量通过了联合显著性检验；匹配后两组变量均值差异 t 检验的 P 值较大，匹配前后标准化偏差小于10%，相应的 t 检验显示匹配后处理组和控制组之间不存在系统性差异。

倾向得分匹配法虽然较好地校正了样本选择偏差，但是在估算倾向得分时只能够依赖于观测到的变量，忽略了一些观测不到的因素如其他环境规制措施等共同冲击、地理环境等个体特定因素对“万家企业”选取的影响，据此估计出的平均处理效应仍可能是有偏的。为此，进一步将双重差分和倾向得分匹配进行结合，据此通过消除共同冲击和不随时间变化的特定因素以识别出真实的因果效应。

表6-18　　倾向得分匹配结果

变量	Logit 倾向得分	样本	均值差异检验		标准化差异检验	
			处理组均值	控制组均值	标准化偏差	降幅（%）
Ln*patent*	-0.026 (0.029)	匹配前 匹配后	0.021 0.021	0.005 0.021	14.8 0.5	96.9
Ln*tfp*	0.778 *** (0.004)	匹配前 匹配后	11.209 11.209	9.529 11.203	137.9 0.4	99.7
dar	0.491 *** (0.011)	匹配前 匹配后	0.629 0.629	0.575 0.635	16.9 -1.9	88.6
Ln*size*	0.632 *** (0.004)	匹配前 匹配后	6.214 6.214	4.866 6.216	127.3 -0.2	99.8
State	-0.433 *** (0.023)	匹配前 匹配后	0.039 0.039	0.050 0.039	-5.5 -0.1	98.7
Constant	-15.015 *** (0.040)	R-squared	0.233	LR 统计量（P 值）		0.000

注：***、**、* 分别表示1%、5%、10%水平下显著，括号内为标准误。

表6-19中列（1）至列（5）报告了基于倾向得分—双重差分模型的估计结果。列（1）报告了随机效应模型的回归结果，可以发现 *Wanjia* × *Post* 的估计结果显著为负，表明节能低碳政策的实施导致企业出口产品质量下降。同时，*Wanjia* × *Post* × Ln*patent* 估计系数为正且通过了1%的显著性水平检验。考虑企业和时间双重固定效应，并进一步纳入企业层面的控

制变量后，列（5）的估计结果显示，*Wanjia* × *Post* 的估计结果显著为 -0.186，说明实施节能低碳政策后，被纳入节能低碳政策的企业出口产品质量要明显低于未被纳入该政策的企业，即节能低碳政策的实施对企业出口产生了显著的负面效应。同时，绿色创新 Ln*patent* 变量的估计系数显著为正，说明绿色专利的申请能够有效提升企业出口产品质量。另外，列（5）中交互项 *Wanjia* × *Post* × Ln*patent* 的估计系数为 0.640 且通过了 1% 的显著性水平检验，表明节能低碳政策引致的绿色创新能够显著提升企业出口产品质量。结合 *Wanjia* × *Post* 和 *Wanjia* × *Post* × Ln*patent* 的估计系数大小和显著性水平可知，虽然节能低碳政策对出口产品质量的直接影响显著为负，但其可以通过绿色创新效应提升出口产品质量。

从控制变量的估计结果看，表 6-19 中列（5）的估计结果显示，全要素生产率（Ln*tfp*）的估计系数显著为正，表明了全要素生产率与企业出口质量之间存在显著的正向关系。资产负债率（*dar*）的估计系数为负且通过了 1% 的显著性水平检验，随着资产负债率的提高，其出口产品质量将随之下降。企业规模（Ln*size*）对出口质量的影响为正且均通过了 1% 的显著性水平检验，这一结论暗含着规模越大的企业出口产品质量越高。另外，从企业所有制结构的回归系数来看，国有企业的出口产品质量与其他企业之间并不存在显著的差异。

表 6-19　　基准回归结果

解释变量	被解释变量：*Quality*				
	（1）	（2）	（3）	（4）	（5）
Wanjia × *Post*	-0.201*** （0.029）	-0.244*** （0.023）	-0.162*** （0.032）	-0.248*** （0.068）	-0.186*** （0.063）
Ln*patent*	0.402*** （0.102）	0.437*** （0.088）	0.344*** （0.083）	0.426*** （0.080）	0.466*** （0.084）
Wanjia × *Post* × Ln*patent*	1.062*** （0.159）	0.637*** （0.158）	0.709*** （0.157）	0.711*** （0.156）	0.640*** （0.155）
Ln*tfp*			0.294*** （0.021）		0.110*** （0.024）
dar			-0.492*** （0.043）		-0.260*** （0.054）
Ln*size*			0.267*** （0.032）		0.217*** （0.028）

续表

解释变量	被解释变量：*Quality*				
	(1)	(2)	(3)	(4)	(5)
State			-0.188^{*} (0.102)		-0.093 (0.095)
Constant	2.893^{***} (0.018)	2.903^{***} (0.006)	-1.688^{***} (0.248)	-1.864^{***} (0.278)	0.452 (0.332)
企业固定效应	No	Yes	Yes	Yes	Yes
时间固定效应	No	No	No	Yes	Yes
观测值	5932	5932	5932	5932	5932
$R-squared$	0.254	0.216	0.245	0.281	0.323

注：***、**、*分别表示1%、5%、10%水平下显著，括号内均为稳健标准误。

三、稳健性检验结果分析

为了保证检验结果的稳健可靠，本节从以下八个方面进行稳健性检验。

1. 替换被解释变量的衡量方式

为了防止因变量测度导致的回归偏差，借鉴樊海潮和郭光远（2015）的方法，分别使用 σ 等于 5 和 10 重新测算出口产品质量并进行标准化处理，估计结果如表 6-20 中列（1）和列（2）所示；另外，使用单位价值量（即出口总价值量/出口数量）作为产品质量的代理变量进行回归，估计结果见列（3）。从回归结果来看，替换被解释变量的衡量方法后，核心解释变量的回归系数仍然与基准回归一致，验证了前面结果的稳健性。

2. 安慰剂检验

利用反事实方法假定节能低碳政策提前 1～3 年发生，并引入虚拟变量 $Wanjia$ 与 $Post_{-n}$ 的交互项，进一步通过政策实施时间来构建反事实模型验证回归结果的可靠性。其中，n 取值范围为［1，3］，分别表示政策实施时间分别提前 1 年、2 年和 3 年。表 6-20 中列（4）至列（6）汇报了反事实检验的回归结果，可以发现，变量 $Wanjia \times Post_{-1}$、$Wanjia \times Post_{-2}$ 和 $Wanjia \times Post_{-3}$ 的估计均不显著，说明不存在节能低碳政策提前反应，符合安慰剂的预期。

3. 政策外生性的其他检验

采用双重差分模型需要满足政策冲击外生性的要求，尤其是政策冲击要与被解释变量表现无关。为此，参考陈等（Chen et al.，2020）的做法，采取节能低碳政策实施前的出口产品质量对处理组变量 *Wanjia* 进行 Logit 回归。表 6－20 中列（7）的估计结果显示，出口产品质量的回归系数并未通过 10% 的显著性水平检验，说明节能低碳政策满足外生性要求。

4. 改变匹配方法

考虑节能低碳企业选择不是随机的，为了缓解样本选择偏差产生的内生性问题，尽可能减少处理组和控制组之间的初始差异，本节分别使用 PSM－DID 和 EBM－DID 进行回归。其中，PSM 替换为核匹配和半径匹配，并在此基础上重新进行双重差分模型估计；熵平衡匹配（EBM）主要用来消除处理组企业与控制组企业在各个协变量上的差异。该匹配是根据约束条件下最优化解为基础，通过为控制组的每个观测值赋予一个连续性的权重，从而实现处理组与控制组在各个协变量上分布矩的相近。本节选择企业 2006～2010 年历史能源消耗量、所在行业三位码和一系列控制变量（包括企业年龄、全要素生产率、资产负债率、企业规模、所有制结构）作为协变量进行匹配。表 6－20 中列（8）至列（10）汇报了运用不同方法匹配后的回归结果，可以发现，节能减碳政策同样对出口产品质量产生负向影响，但其可以通过绿色创新效应提升出口产品质量。上述结论与基准回归结论一致。

5. 排除同期其他政策影响

为了更为精准地排除同期其他政策冲击的影响，本节进一步控制了同期实施的一系列环保政策和贸易促进政策，具体包括：

①“千家企业节能行动”。2006 年 4 月，国家发展改革委、国家能源办等部门联合发布《关于印发千家企业节能行动实施方案的通知》，对钢铁等 9 个重点耗能行业中 2004 年综合能源消费量达到 18 万吨标准煤以上的规模以上独立核算企业等开展节能行动。为此，本节在样本中保留列于“千家企业节能行动”名单上的企业，但通过纳入千家企业节能行动政策虚拟变量（*Qianjia*）与时间虚拟变量（$Post_{2006}$）的交互项来控制千家企业节能政策影响，估计结果如表 6－21 中列（1）所示。

②SO_2 排污权交易试点政策。2007 年，江苏、天津、河北、山西等 11 个省区市被纳入 SO_2 排污权交易试点，开创了排污权二级市场交易先例。为此，本节进一步控制 SO_2 排污权交易试点政策对企业出口产品质量的影响。当企业所在省区市位于 SO_2 排污权交易试点地区，则 $Pilot\_SO_2$ 取值为 1，否则为 0。同时，时间虚拟变量 $Post_{2007}$ 在 2007 年及之后取值为 1，否则为 0。估计结果见表 6－21 中列（2）。

表 6－20　　稳健性检验结果

解释变量	*Quality*	*Quality*	*Quality*	*Quality*	*Quality*	*Quality*	*Wanjia*	*Quality*	*Quality*	*Quality*
	(1)	(2)	(3)	(4)	(5)	(6)	(7)	(8)	(9)	(10)
Wanjia × *Post*	−0. 172 *** (0. 072)	−0. 169 * (0. 088)	−0. 154 *** (0. 063)					−0. 195 *** (0. 068)	−0. 230 *** (0. 089)	−0. 177 *** (0. 085)
$Wanjia \times Post_{-1}$				−0. 030 (0. 140)						
$Wanjia \times Post_{-2}$					−0. 079 (0. 088)					
$Wanjia \times Post_{-3}$						−0. 076 (0. 063)				
Ln*patent*	0. 357 *** (0. 069)	0. 344 *** (0. 072)	0. 088 (0. 065)	0. 258 *** (0. 082)	0. 148 * (0. 082)	0. 216 *** (0. 073)	0. 1134 (0. 144)	0. 321 ** (0. 135)	0. 205 *** (0. 078)	0. 153 ** (0. 062)
Wanjia × *Post* × Ln*patent*	0. 379 *** (0. 127)	0. 336 *** (0. 115)	0. 390 *** (0. 132)					0. 494 ** (0. 206)	0. 496 ** (0. 198)	0. 668 ** (0. 272)
$Wanjia \times Post_{-1} \times$ Ln*patent*				0. 179 (0. 186)						
$Wanjia \times Post_{-2} \times$ Ln*patent*					0. 215 (0. 156)					

续表

解释变量	*Quality*	*Quality*	*Quality*	*Quality*	*Quality*	*Quality*	*Wanjia*	*Quality*	*Quality*	*Quality*
	(1)	(2)	(3)	(4)	(5)	(6)	(7)	(8)	(9)	(10)
$Wanjia \times Post_{-3} \times Lnpatent$						0.277 (0.167)				
控制变量	Yes	Yes	Yes	Yes	Yes	Yes		Yes	Yes	Yes
Constant	0.749*** (0.016)	−2.759*** (0.750)	−0.018 (0.116)	−1.305*** (0.281)	3.697*** (0.752)	−1.054 (0.826)	0.260** (0.122)	−3.669*** (0.725)	0.136*** (0.036)	−3.635*** (0.727)
企业固定效应	Yes	Yes	Yes	Yes	Yes	Yes	Yes	Yes	Yes	Yes
时间固定效应	Yes	Yes	Yes	Yes	Yes	Yes	Yes	Yes	Yes	Yes
观测值	5932	5932	5932	5932	5932	5932	2698	5932	5932	5932
$R-squared$	0.254	0.479	0.6028	0.275	0.279	0.274	—	0.379	0.317	0.321

注：①列（1）和列（2）的出口产品质量基于替代弹性 σ 取值为 5 和 10 重新进行测算；列（3）的出口产品质量采用单位价值量衡量；列（4）至列（6）报告了节能低碳行动实施时间分别提前 1 年、2 年和 3 年后的估计结果；列（7）报告了节能低碳政策外生性检验的估计结果；列（8）至列（10）分别报告了基于核匹配、半径匹配、熵平衡匹配后进行双重差分的估计。②***、**、*分别表示 1%、5%、10% 显著性水平，括号内的标准误在城市层面进行 cluster 处理。

③排污权收费标准改革试点政策。2010 年，安徽、广西、云南、广东、辽宁、天津等六省区市开展 SO_2 排污权收费标准改革，其单位 SO_2 排污权收费标准同比平均提高一倍。为此，本节进一步控制 SO_2 排污权收费标准改革的影响。当姊妹企业所在省区市位于 SO_2 排污权收费标准改革地区，则政策虚拟变量 *Charge* 取值为1，否则为0；当统计年份在2010 年及之后，则时间虚拟变量 $Post_{2010}$取值为 1，否则为 0。本节构建交互项 $Charge \times Post_{2010}$纳入计量模型，估计结果见表6－21 中列（3）。

④碳排放交易试点政策。2011 年 11 月 29 日，国家发改委正式批准北京、天津、上海、重庆、广东、湖北和深圳 7 个省市开展碳排放权交易试点。为此，本节进一步控制了碳排放交易试点政策对企业绿色创新的影响。具体来说，设置碳排放交易试点政策虚拟变量，当企业所在的地区为碳排放权交易试点地区，$Pilot\_CO_2$ 取值为 1，否则为 0。当统计年份在2012 年及之后，则时间虚拟变量 $Post_{2012}$取值为 1，否则为 0。估计结果见表6－21 中列（4）。

⑤贸易自由化。鉴于 2001 年 12 月 11 日中国加入世界贸易组织（*WTO*），大幅提高了贸易自由化水平。既有研究表明，贸易自由化可以显著提升高质量中间投入品进口，从而提高本国出口产品质量（Khandelwal et al.，2013；Fan et al.，2015）。为此，引入 CIC－4 位码行业的最终品进口关税（*Output_tarrif*）和中间品进口关税（*Input_tarrif*）的对数值衡量贸易自由化政策，结果如表6－21 中列（5）所示。

⑥外资准入政策。2002 年开始实行的《外商投资产业指导目录》通过鼓励、限制、禁止外商等措施，引导外商投资流入符合国家战略、利益和安全需要的领域，从而有利于出口结构的转型升级。为此，通过引入虚拟变量（*FI*）来控制外资准入政策的影响。具体来说，若产品所在行业为目录中限制或禁止行业，则 *FI* 取值为0，鼓励产业则取值为1，相应的估计结果如表6－21 中列（6）所示。

⑦国企改制。国企改制作为一项系统性政策，对国家经济结构和产业竞争力都产生了深远影响。一方面，国企改制通过优化企业管理、提高生产效率、引入外部投资和技术等方式提高产品竞争力，促进企业出口产品质量提升；另一方面，国企改革也可能促进产能结构优化和升级，提高企业市场占有率和竞争力，进而推动出口高质量发展。为此，参考毛其淋和方森辉（2020）的做法，采用 CIC－4 位码行业国有企业数量占比与年份交互项（*Reform*）来控制国企改制的影响。

⑧国家级开发区战略。国家级开发区享受来自国家和地方政府的优惠

政策，此类政策可帮助企业降低运营成本、提高生产效率，进而扩展企业区域价值链长度。本节通过判断企业所在地是否在国家级经济技术开发区（*DZ*）来衡量此政策的影响，若企业落户在国家级经济技术开发区，则 *DZ* 变量在该年份及以后年份取值为 1，否则为 0。表 6－21 中列（1）至列（8）的估计结果显示，在排除上述同期政策干扰后，核心解释变量的回归系数仍然与基准回归一致。

6. 增加宏观控制变量

考虑到经济发展水平、市场化水平等宏观因素都会对企业的出行为产生显著影响。为消除上述因素对实证结果的干扰，本节将上述宏观变量纳入模型进行分析。其中，经济发展水平采用人均国内生产总值的对数（ln*pgdp*）来表示；地区市场化水平则采用市场化指标（*Market*）进行刻画。表 6－22 中列（1）的估计结果表明，在引入宏观控制变量后，基准回归结论仍然是稳健的。

7. 多维固定效应

本节进一步控制了行业—年份固定效应以控制行业层面逐年变化的不可观测因素对估计结果的冲击。另外，为了捕捉未被观测到的政策，在基准回归的基础上控制了省份与时间趋势的交互项，以控制各省区市出台的未被观测到的政策。表 6－22 中列（2）和列（3）的估计结果显示，在控制多维固定效应后，节能低碳政策与绿色创新的交互项对出口产品质量的影响仍然显著为正，回归结果与基准回归保持一致。

8. 内生性问题

进一步采用工具变量法，以消除双向因果、遗漏变量偏误可能造成的内生性问题。借鉴郝林和庞塞特（Hering and Poncet，2014）的思路，利用空气流通系数作为节能低碳政策的工具变量。其背后的逻辑是通风系数决定了空气污染的扩散能力，与环境规制密切相关；同时通风系数是由气象系统和地理条件决定的，与企业出口产品质量之间不存在显著的因果关系（任胜钢等，2019）。另外，参考余泳泽等（2020）的研究，采用各省区市河流密度作为节能低碳政策的工具变量，这主要是基于以下考虑：一方面，河流密度越高的地方，交通运输成本越低，从而越容易吸引高耗能企业入驻。为了顺利实现节能减碳目标，中央政府可能对该地区的企业实行更加严格的环境规制（余泳泽等，2020）。从外生性看，河流密度取决于自然条件，与当地经济活动无关，满足工具变量的外生性假设。河流密度用各省区市河流、渠道总长度与行政区面积的比值衡量。表 6－22 中列（4）至列（7）的回归结果显示，经过工具变量处理后的 $Wanjia \times Post$

表 6 – 21　　排他性检验结果

Variables	被解释变量：*Quality*							
	(1)	(2)	(3)	(4)	(5)	(6)	(7)	(8)
Wanjia × *Post*	–0.177*** (0.067)	–0.178*** (0.063)	–0.183*** (0.066)	–0.186*** (0.063)	–0.170*** (0.064)	–0.178*** (0.069)	–0.186*** (0.065)	–0.192*** (0.063)
Ln*patent*	0.429*** (0.086)	0.429*** (0.083)	0.413*** (0.087)	0.462*** (0.082)	0.471*** (0.090)	0.461*** (0.089)	0.469*** (0.083)	0.475*** (0.084)
Wanjia × *Post* × Ln*patent*	0.627*** (0.136)	0.640*** (0.156)	0.614*** (0.157)	0.625** (0.159)	0.635** (0.155)	0.646*** (0.157)	0.640*** (0.155)	0.641*** (0.145)
$Qianjia \times Post_{2006}$	–0.024** (0.012)							
$Pilot\_SO_2 \times Post_{2007}$		0.009** (0.004)						
$Charge \times Post_{2010}$			–0.029** (0.012)					
$Pilot\_CO_2 \times Post_{2011}$				0.008** (0.004)				
Ln*Output_tariff*					0.026** (0.012)			

续表

Variables	被解释变量：*Quality*							
	(1)	(2)	(3)	(4)	(5)	(6)	(7)	(8)
Ln*Input_tariff*					0.014** (0.006)			
FI						0.007*** (0.002)		
Reform							0.003 (0.118)	
DZ								0.0310*** (0.012)
控制变量	Yes	Yes	Yes	Yes	Yes	Yes	Yes	Yes
Constant	-0.465 (0.366)	-3.653*** (0.724)	-0.004 (0.036)	-3.655*** (0.724)	-0.273*** (0.031)	1.533** (0.689)	0.780 (1.483)	-2.711*** (0.717)
企业固定效应	Yes	Yes	Yes	Yes	Yes	Yes	Yes	Yes
年份固定效应	Yes	Yes	Yes	Yes	Yes	Yes	Yes	Yes
观测值	6483	5932	5932	5932	5932	5932	5932	5932
R-squared	0.323	0.324	0.328	0.332	0.323	0.325	0.323	0.324

注：列（1）报告了控制“千家企业节能行动”政策后的估计结果；列（2）报告了控制 SO_2 排污权交易试点政策后的估计结果；列（3）报告了控制排污权收费标准改革试点政策后的估计结果；列（4）报告了控制碳排放交易试点政策后的估计结果；列（5）报告了控制贸易自由化后的估计结果；列（6）报告了控制外资准入政策后的估计结果；列（7）报告了控制国企改制政策后的估计结果；列（8）报告了控制国家级开发区政策后的估计结果。

回归系数依然显著为负，*Wanjia* × *Post* × Lnpatent 的回归系数显著为正。工具变量有效性的相关统计结果显示，LM 检验在 1% 的显著性水平上拒绝了“工具变量识别不足”的原假设，而 Wald rk F 统计量也都在 10% 水平上拒绝了“工具变量是弱识别”的原假设，说明工具变量的选择是合理的。因而在考虑了模型潜在的内生性后，相关主要结论仍然成立。

表 6 – 22　　　　其他稳健性检验及内生性检验结果

Variables	(1)	(2)	(3)	(4)	(5)	(6)	(7)
Wanjia × *Post*	−0.179*** (0.063)	−0.183*** (0.063)	−0.186*** (0.064)	−0.015*** (0.004)	−0.307*** (0.092)	−0.042*** (0.009)	−1.584** (0.683)
Ln*patent*	0.467*** (0.083)	0.460*** (0.084)	0.466*** (0.082)		0.698*** (0.038)		0.998** (0.459)
Wanjia × *Post* × Ln*patent*	0.640*** (0.155)	0.629*** (0.163)	0.639*** (0.157)	−0.007** (0.003)	1.878** (0.344)	−0.009** (0.004)	1.741*** (0.195)
控制变量	Yes	Yes	Yes	Yes	Yes	Yes	Yes
Constant	0.919*** (0.174)	1.715*** (0.032)	3.680*** (0.727)	2.767*** (0.738)	−0.120 (0.351)	1.3987*** (0.078)	3.5731*** (1.205)
企业固定效应	Yes	Yes	Yes	Yes	Yes	Yes	Yes
时间固定效应	Yes	No	No	Yes	Yes	Yes	Yes
行业—年份固定效应	No	Yes	No	No	No	No	No
省份—年份固定效应	No	No	Yes	No	No	No	No
K – P Wald F 检验	—	—	—	145.72***		251.34***	
K – P rk LM 检验	—	—	—	84.34***		48.49***	
观测值	5932	5932	6117	5932	5932	5932	5932
R – squared	0.323	0.319	0.322	—	—	—	—

注：①列（1）报告了添加其他宏观控制变量后的回归结果；列（2）报告了进一步控制行业—年份固定效应后的回归结果；列（3）报告了进一步控制省份—年份固定效应后的回归结果；列（4）和列（5）报告了基于空气流通系数作为工具变量的两阶段最小二乘法估计结果；列（6）和列（7）报告了基于河流密度作为工具变量的两阶段最小二乘法估计结果。②***、**、*分别表示 1%、5%、10% 水平下显著，括号内为稳健标准误。

四、异质性检验结果分析

鉴于不同类型企业的绿色创新能力和排污强度存在显著差异，可能导致其产品质量同样存在显著差异。为此，本部分将结合企业异质性特征分析不同类型企业如何应对节能低碳政策。

表6－23中列（1）和列（2）根据企业规模的中位数，将中位数以上的上市公司界定为大型企业，将中位数以下的上市公司定义为中小型企业两种类型。估计结果显示，节能低碳政策分别导致大型企业和中小型企业的出口产品质量下降了0.126、0.349，表明节能低碳政策对中小型企业的出口产品质量的负面影响更为显著。这可能是由于规模经济效应的存在，导致大企业在面对环境规制时更具有优势，能够更好地应对治污成本的增加。同时，交互项 *Wanjia* × *Post* × Ln*patent* 的估计系数在大企业样本和中小企业样本中均显著为正，且前者的估计系数明显大于后者，表明节能低碳政策引致的绿色创新效应在大企业中更为明显。这主要是由于大企业的融资能力和技术创新能力明显高于中小企业，在研发资金投入、研发能力提升和绿色生产工艺方面受到的约束相对较少，从而导致节能低碳政策引致的创新补偿效应明显大于中小企业。

表6－23中列（3）和列（4）对比分析了节能低碳政策引致的绿色创新效应在国有企业和非国有企业之间的差异。估计结果显示，节能低碳政策对国有企业出口产品质量的直接影响并不显著，对非国有企业出口产品质量的直接影响显著为负。同时，交互项 *Wanjia* × *Post* × Ln*patent* 的估计系数在国有企业和非国有企业两个样本中均显著为正，但节能低碳政策引致的绿色创新效应导致国有企业与非国有企业的出口产品质量分别提升了0.449和0.714，因此，节能低碳政策引致的绿色创新效应在非国有企业更为明显。究其原因可能是，相对于国有企业，非国有企业在市场中面临更大的竞争压力，因此其本身绿色创新意愿和创新效率相对较高，从而导致其出口产品质量得到较大改善。

最后，不同行业内节能低碳政策引致的绿色创新效应同样存在显著差异。参考生态环境部提出的《上市公司环境信息披露指南》，根据重污染行业的划分标准将样本划分为污染行业和清洁行业两大类。表6－23中列（5）和列（6）的估计结果显示，节能低碳政策对清洁行业的出口产品质量并不存在显著的影响，但与污染行业的出口产品质量存在显著的负相关关系。这主要是由于污染行业相较于清洁行业承受更大的环境规制压力，导致其治污成本显著提升。同时，交互项 *Wanjia* × *Post* × Ln*patent* 的估计系数在污染行业和清洁行业两个样本中均显著为正，但节能低碳政策引致的绿色创新效应导致污染行业与清洁行业的出口产品质量分别提升了0.624和0.118，因此，节能低碳政策引致的绿色创新效应在污染行业更为明显。这主要是由于严格的环境规制约束机制加大了对污染行业的监督处罚力度，导致污染行业对环境保护的敏感度显著提升，推动其出口产品质量向绿色方向转型发展，从而促进了其产品质量提升。

表 6－23　　异质性检验结果

解释变量	被解释变量：*Quality*					
	大企业	中小企业	国有企业	非国有企业	污染行业	清洁行业
	（1）	（2）	（3）	（4）	（5）	（6）
Wanjia × *Post*	－0.126*** （0.031）	－0.349** （0.143）	－0.118 （0.085）	－0.351*** （0.056）	－0.378** （0.087）	0.184 （0.153）
Ln*patent*	0.516*** （0.076）	0.416*** （0.102）	0.288** （0.127）	0.506*** （0.067）	0.462*** （0.035）	0.158* （0.092）
Wanjia × *Post* × Ln*patent*	0.731*** （0.085）	0.127*** （0.027）	0.449*** （0.050）	0.714*** （0.182）	0.624*** （0.117）	0.118*** （0.039）
Constant	1.235*** （0.132）	2.848*** （0.292）	4.702*** （0.387）	1.046*** （0.152）	1.341*** （0.205）	0.127* （0.069）
控制变量	Yes	Yes	Yes	Yes	Yes	Yes
企业固定效应	Yes	Yes	Yes	Yes	Yes	Yes
时间固定效应	Yes	Yes	Yes	Yes	Yes	Yes
观测值	2813	3054	2146	3862	2077	3792
R－squared	0.422	0.344	0.293	0.354	0.402	0.361

注：***、**、*分别表示1%、5%、10%水平下显著，括号内均为稳健标准误。

第五节　本章小结

由于微观企业是环境污染问题产生的主要源头，因此控制命令型环境规制通过强制性规制手段控制企业减排，从而在短期内加剧了企业的治污成本，并对企业的生产行为产生直接的冲击。本章以重点流域水污染防治规划和万家企业节能低碳行动作为控制命令型环境政策的典型代表，深入分析了以政府的直接干预为特征的控制命令性环境规制是如何影响出口产品质量的。

“九五”计划以来，我国相继实施了五期重点流域水污染防治规划，确定了各流域生态环境治理的方向和黄河、长江流域水资源的保护重点，覆盖了国内所有的水域重点保护区域。“十一五”以来，中央政府进一步明确了重点流域水污染防治的规划、任务、目标、项目、责任“五到省”

要求，从而形成了中国特色的水环境保护目标责任制。这一规划的实施通过强制性行政手段约束企业减排行为，但也容易导致资源错配或资源扭曲，从而对企业的出口行为产生负面影响。为此，本章选取2001～2015年的中国工业企业数据库和中国海关进出口数据库的匹配数据，使用双重差分方法检验了重点流域水污染防治规划出台前后企业出口产品质量的变化。研究结果显示，重点流域水污染防治规划实施后，企业出口产品质量明显下降，且这一结论在替换核心解释变量的衡量方式、控制其他重大外部事件冲击、考虑样本选择偏差问题和内生性问题后仍然成立。异质性分析检验结果显示，从区域异质性来看，内陆地区相对于沿海地区受到了更为严重的冲击；从行业异质性来看，重点流域水污染防治规划政策的实施对资本密集行业的出口产品质量负面影响最大，劳动密集型行业次之，对技术密集型行业的负面影响最小；从所有制异质性来看，重点流域水污染防治规划政策对私人企业出口产品质量的负面影响最大，对外资企业的负面影响最小。

为了贯彻落实“十二五”规划期间单位国内生产总值能耗下降16%、主要污染物排放总量下降8%～10%的总体目标，国家发改委等12个部门制定了《万家企业节能低碳行动实施方案》，旨在通过重点企业减排激励来实现绿色生产和治污达标。为此，本章进一步借助2011年年底颁布的《万家企业节能低碳行动实施方案》作为准自然实验，运用2006～2015年国泰安数据库和中国专利数据库合并匹配后的企业作为样本，考察了环境规制对企业绿色创新的影响。研究结果显示，节能低碳政策显著提高了企业的绿色创新能力，这一结论在进行多项稳健性检验和排他性检验后仍然成立。同时，本章还特别关注了企业异质性特征对节能低碳的绿色创新效应的影响差异，并发现节能低碳政策引致的绿色创新效应在东部和中部地区、技术密集型行业、大型企业和成熟期企业中更突出，且不存在所有制歧视。另外，虽然节能低碳政策对出口产品质量的直接影响显著为负，但可以通过绿色创新效应提升出口产品质量，且这一效应在大企业、非国有企业、污染行业更为显著。

第七章　约束性减排目标考核下市场激励型环境规制对出口产品质量的影响研究

第一节　约束性减排目标考核下主要市场激励型环境规制

鉴于传统的行政命令式节能减排治理在很大程度上会干扰市场的正常运行秩序，寻求非规制力量推动节能减排是实现绿色高质量发展的重要突破口。与控制命令型规制手段相比，市场激励型环境规制以市场调节为主导，政府通过合理的制度安排实现污染企业的排污行为市场化，积极引导企业利用市场手段实现减排。为此，本节以排污权交易试点政策和碳交易试点政策为典型代表，深入探讨市场激励型环境规制的适用范围和主要特征。

一、排污交易权试点政策

我国排污交易权制度的开展源于1988年试点推行的排污交易许可证制度。1988年，生态环境部（原国家环保局）下发了《污染物排放许可证管理暂行办法》，要求各单位在实现污染物排放浓度控制基础上进行排污总量申报，并分期分批对重点污染源和重点污染物实施排放许可证制度。之后，生态环境部在23个重点城市推行大气污染物许可证制度试点工作。排污许可证制度为强化企业环境监管、规范企业排污行为提供了重要的法律支撑。但是，由于排污许可证制度是根据企业排污量申报下发的许可，当企业由于技术改进或减产而存在排污指标剩余时，如何有效地将剩余的排污权转让来优化资源配置成为另一难题。为此，1999年，生态环境部与美国环保局率先在江苏南通和辽宁本溪建立试点基地，合作开展“运用市场机制减少二氧化硫排放的研究”项目，由此开启了借助市场机制解决环境污染问题的治理思路。2002 年，生态环境部在山东、山西、江苏、河南、上海、天津、柳州 7 个省市和中国华能集团开展二氧化硫排污权交易制度的试点工作。2007 年后，生态环境部先后将试点区域扩展至江苏、天津、浙江、湖北、重庆、湖南、内蒙古、河北、陕西、河南、山西 11 个省区市，据此形成了相对完善的排污权交易体系。与 2002 年的排污权交易试点相比，2007 年新增的 11 个试点地区全部建立了排污权有偿使用和交易的基本制度，排污权交易活跃程度明显增加，交易规模和交易范围大幅扩大。为此，2007 年的排污权交易试点政策被看作一个更加有效的准自然试验（齐绍洲等，2018）。2014 年，国务院办公厅发布了《关于进一步推进排污权有偿使用和交易试点工作的指导意见》，提出"在 2017 年基本建立排污权交易制度并完成试点工作，全面推行排污权交易制度"。至此，该试点工作宣告结束。

排污权交易试点政策是在中央顶层设计、地方政府监督、市场机制主导三方力量有机协同下实施的（任胜钢等，2019），存在以下显著特征：一是试点范围由生态环境部统一制定。被制定的 11 个省区市均匀分布在东部、中部和西部三个地区，其中东部地区的天津、河北、江苏、浙江 4 个试点地区经济发展水平较高；中部的山西、河南、湖北、湖南 4 个试点地区经济发展水平中等；西部地区内蒙古、重庆、陕西 3 个试点地区经济发展水平相对落后。在全国 31 个省区市中，试点地区生产总值占全国 GDP 的 42.8%，二氧化硫排放量占全国总排放量的 50.2%。二是由国家统一规定排放总量，并根据每个地区的基期实际排放量进行分配，最后由省级政府分配至各个企业，发放的配额总数等于总的排放上限。三是排污权市场交易体系在市场主导下有效运行。各级政府为二氧化硫排污权交易设定了初始的参考价值，而实际成交价格则根据市场供求关系不断调整。企业可以根据实际排放需要，在所属区域的排污交易中心进行配额购买或出售；对于尚未建立交易中心的地方，排污企业可以通过政府环境管理部门、排污企业之间等其他渠道进行交易。四是地方政府对排污权交易过程进行严格的监督管理。各级政府和环境主管部门依照排污权交易的管理办法和规定，制定并实施了规范的排污权交易流程和监督处罚制度，并依托互联网自动监控装置对排污权交易进行实时监控。

排污权交易试点的实施也取得了明显成效。截至 2012 年，所有试点地区完成建立省级或市级排放交易中心，同时各试点地区纷纷出台了排污权交易管理办法。截至 2013 年底，试点地区排污权交易金额累计已达 40 多亿元，试点地区二氧化硫排放量大幅削减。

二、碳交易试点政策

自2007年以来，我国成为全球最大的碳排放国，面临经济增长与节能减排的双重压力。为加快发展方式绿色转型、协同推进减污降碳，中央政府致力于探索实施碳排放总量和强度双重目标控制机制。除了传统的控制命令型环境规制外，近年来，政府尝试使用各种市场工具来激发企业内生减排动力。欧盟国家实施的碳交易机制为全球范围内推动碳交易提供了有效的范例，美国、新西兰、澳大利亚等国纷纷建立和推广碳交易市场，以期实现碳减排和降低能耗强度的目标。为了应对气候变化工作的总体部署、落实“十二五”规划关于逐步建立国内碳排放交易市场的要求，推动运用市场机制实现2020年中国控制温室气体排放行动目标，2011年10月，国家发展改革委印发《关于开展碳排放交易试点工作的通知》，批准北京、上海、天津、重庆、湖北、广东和深圳7省市开展碳交易试点工作，试点地区的能源消耗量约占全国总量的70%。试点地区均采取设立绝对排放总量上限的方式确定碳排放总量控制目标，在综合考虑其能源消费总量、GDP增速以及二氧化碳排放强度等目标的情况下，结合企业以往的排放量确定排放上限。为了保证碳交易试点政策落实到位，需要对纳入碳交易试点的企业进行温室气体排放的监测和报告，并对重点排放单位的第三方核查报告进行抽查，确保排放报告和核查报告数据的准确性和真实性。对于没有履行报告、核查和上缴配额的企业，将按照地方法规和政府规章予以处罚。2021年，全国统一碳市场上线交易，作为我国碳排放大户的电力行业成为首批纳入全国碳市场的监管行业，自此中国碳市场成为全球碳排放覆盖规模最大的碳市场。

在碳交易运行机制方面，明确实行二氧化碳排放总量控制下的配额交易机制。交易产品只针对二氧化碳一种温室气体，主要交易标的为二氧化碳排放配额。为保证碳交易市场的有效运行，试点地区设定专项资金来培育和建设交易平台。表7-1报告了碳交易试点的覆盖范围和配额分配方式。从表7-1中可以看出，碳交易试点主要覆盖制造业和建筑业，其中电力、钢铁、石化、化工、水泥等高排放行业被作为重点试点对象。从配额分配方法来看，深圳是唯一一个全面采用基准线法的试点碳市场，其他试点碳市场均采用历史排放法和基准线法相结合的方法进行配额划分。除广东碳市场选取2011~2013年作为历史排放法的参照时期外，其他试点碳市场均选取2009~2012年作为参照时期。目前，北京、上海、天津、湖北和重庆采取对企业完全免费的方式发放配额，深圳规定免费发放配额不低于配额总量的90%，广东规定企业必须先通过竞拍获得配额总量的3%后才可以获得97%的免费配额。虽然我国各试点碳交易平台的配额分配方法具有一些相同特征，但各试点市场的配额分配方法又各有特点。

区别于西方发达国家，中国的碳排放交易体系试点存在三个显著特点：第一，碳市场是地方性的，只有位于七个试点地区的企业才受到碳市场交易体系监管，且各个试点地区覆盖的行业、企业纳入标准和年度配额存在差异。第二，各试点地区在碳市场核算方法和分配方法上存在明显差异。在核算方法上，不同试点地区根据其行业特征自行选择历史法和基准法；在分配方法上，上海、湖北、重庆碳市场为免费发放，广东、深圳、北京和天津碳市场虽然实施了有偿拍卖，但相对于配额总量的比率还比较低。第三，碳排放权交易试点包括公告阶段（2011年）和交易阶段（2013年起）。在公告阶段初期，碳交易机制设计尚未完全确定。2013年起，各地陆续公布了地方性排放权交易试点管理办法，制定了适用于本地的详细的市场机制设计。同时，2014年底国家发改委公布《碳排放权交易管理暂行条例》，从整体上规范各地碳排放权交易市场的建设和运行。从各试点地区机制设计来看，控排企业碳排放配额的分配、清缴、交易以及碳排放监测、报告、核查、审定等相关管理活动在管理办法中被明确规定，但是对控排企业的监管管理仅涉及碳排放监测、报告以及配额清缴等活动，忽视了关联企业的生产经营活动。因此，碳市场试点的地区、行业和企业之间覆盖差异是构成碳泄漏的主要原因。

表7-1　碳交易试点的覆盖范围和配额分配原则

试点地区	公告时间	交易时间	年度配额（Mt）	配额方式	覆盖行业	纳入标准	排放量覆盖
北京	2011	2013	54	免费分配为主，预留不超过5%用于拍卖	电力、供热、水泥、石化等行业，大型公共建筑（医院、学校、政府等）	>10kt	40%
上海	2011	2013	510（3年）	免费分配	电力、钢铁、石油化工、冶金、建材、造纸、纺织、航空、机场和港口、公共和办公大楼、火车站	工业>20kt；非工业>10kt	57%
天津	2011	2013	100	免费分配为主，预留不超过5%用于拍卖	电力、供热、钢铁、化工、石化、石油、天然气勘探	>20kt	60%

续表

试点地区	公告时间	交易时间	年度配额（Mt）	配额方式	覆盖行业	纳入标准	排放量覆盖
深圳	2011	2013	30	97%免费分配，3%拍卖	电力、建筑、制造业、供水	工业>5kt；公共建筑>20kt；办公建筑>10kt	40%
广东	2011	2013	388	97%免费分配，3%拍卖	电力、水泥、钢铁、石化工业，包括酒店、餐馆和商业在内的公共服务	工业>10kt；非工业>5kt	58%
湖北	2011	2014	324	免费分配	电力、供热、冶金、钢铁、汽车及装备、化工石化、水泥、医药、食品饮料、造纸等行业	能耗> 60k tce	33%
重庆	2011	2014	131	免费分配	电力、冶金、化工、水泥、钢铁	>20kt	39.50%

注：年度配额数、纳入标准和排放量覆盖为首个履约期内的相关数据。

2013~2014年，7个试点地区的碳交易市场相继开始。截至2015年12月底，我国7个碳交易试点累计完成配额交易量6758万吨，累计成交金额超过23.25亿元人民币。试点地区共纳入排放企业和单位2000多家，年发放配额总量约12亿吨二氧化碳。由于各试点市场的政策设计不同，交易的活跃程度也不同，其中广东、湖北2个试点碳市场累计成交量最大，分别为2351万吨和2495万吨，占全国总交易量的34.79%和36.92%；重庆市场成交量最小，累计成交配额28万吨，仅占全国总交易量的0.41%。2021年7月，全国碳市场正式启动上线交易，中国碳交易市场迈入了全国统一大市场的进程。截至2022年底，全国碳排放权交易市场碳排放配额累计成交量为2.230亿吨，累计成交额突破100亿元。

第二节 排污权交易试点政策对出口产品质量的影响研究

充分调动市场的积极性、灵活发挥市场机制在治污减排中的杠杆调节作用是现阶段污染治理的重点。本节以2007年开始试点的二氧化硫排污权交易试点政策为准自然实验，采用微观企业数据实证研究排污权交易机制对企业出口产品质量的影响，据此为加快实现污染减排和出口转型提供政策启示。

一、计量模型设定及指标说明

本节采用双重差分模型来考察排污权交易试点政策对出口产品质量的影响。通过对比排污权交易试点政策实施前后，试点地区和非试点地区出口产品质量的变化差异，从而准确评估排污权交易试点政策的实施是否有效。具体的计量模型设定如下：

$$\mathrm{Ln}quality_{fhct} = \beta_0 + \beta_1 Pilot_p \times Post_t + \beta_2 Control_{ft} + \mu_{fhc} + \eta_t + \varepsilon_{fhct} \quad (7-1)$$

其中，*quality* 为出口产品质量；*h* 为 HS－6 位码产品，*c* 为出口目的国，*t* 为年份；$Pilot_p$ 为企业 *f* 所在城市 *p* 是否被纳入排污权交易试点地区，当企业位于试点地区时取值为 1，否则为 0；*Post* 为排污权交易试点政策颁布前后的虚拟变量，排污权交易试点期间（2007 年及以后）取值为 1，非试点期间（2007 年以前）取值为 0；*Control* 是一系列控制变量；η_t 为时间固定效应，μ_{fhc} 为企业—产品—目的国固定效应。

被解释变量为出口产品质量（Ln*quality*）。借鉴坎德瓦尔等（Khandelwal et al.，2013）等文献的做法，采用需求信息回归推断法（简称“KSW”方法）进行测算得到企业—产品—目的国层面的出口产品质量。

核心解释变量为排污权交易试点政策（*Pilot*）。如果企业所在地区被纳入排污权交易试点地区时，*Pilot* 变量取值为 1，否则为 0。另一核心解释变量为政策实施前后的时间虚拟变量（*Post*）。排污权交易试点实施期间取值为 1，在方案非实施期间取值为 0。

进一步加入影响企业出口产品质量的其他控制变量（*Control*），具体包括：（1）企业年龄（Ln*age*），采用当年年份与企业成立年份之差来衡量并以对数形式引入计量模型；（2）企业规模（Ln*size*），采用全部从业人员年平均人数的自然对数衡量；（3）企业全要素生产率（Ln*tfp*），采用扩展的奥利和佩克斯（Olley and Pakes，1996）方法进行测算；（4）政府补贴（Ln*subsidy*），采用政府补贴的对数值衡量；（5）所有制结构（*State*），如果企业实收资本中，国有资本占比超过 50%，则该企业为国有企业且 *State* 取值为 1，否则 *State* 取值为 0。

本节选取 2001～2015 年的中国工业企业数据库和中国海关进出口数据库的合并数据展开计量研究。在数据匹配过程中，首先，根据企业名称和年份、企业所在地的邮政编码和电话号码的后七位数字两种方法对上述数据和海关数据库进行合并；其次，根据企业所在地区的名称和年份信息识别企业所在城市是否被纳入排污权交易试点范围。

在完成数据合并后，借鉴布兰特等（Brandt et al.，2017）、郝林和庞塞特（Hering and Poncet，2014）的方法，对相关原始数据进行了如下处理：（1）剔除了关键指标（包括企业名称、工业总产值、总资产、固定资产净值、职工人数等）缺失的观测值；（2）剔除了一些异常观测值，包括总资产小于流动资产，总资产小于固定资产净值，累计折旧小于当期折旧的观测值，职工人数少于8人的观测值；（3）保留存在2年及以上的样本观测值；（4）以2001年为基期，对主要变量进行价格指数平减；（5）借鉴克里诺和奥利亚里（Crinò and Ogliari，2017）的方法，对所有连续变量进行了1%水平的双边缩尾。在进行数据清洗和整理后，最终得到3253336个样本。表7－2报告了相关变量的统计性描述。

表7－2　　　　主要变量的描述性统计

变量	变量定义	均值	标准误	最小值	最大值
Ln*quality*	出口产品质量	1.256	7.323	－49.999	49.999
Pilot	排污权交易试点政策，如果企业所在的城市位于试点地区，则该变量取值为1，否则为0	0.475	0.499	0	1.000
Post	时间虚拟变量，2007年前取值为0，否则为1	0.601	0.490	0	1.000
Ln*age*	企业年龄的对数值	2.356	0.632	0	5.052
Ln*size*	企业从业人员的对数值	5.773	1.205	2.079	12.324
Ln*tfp*	OP法计算的全要素生产率并取对数值	3.906	2.235	－2.316	8.765
Ln*subsidy*	政府补贴的对数值	5.236	2.318	2.072	13.920
State	国有企业虚拟变量，如果实收资本中国有资本占比超过50%，则该变量取值为1，否则为0	0.047	0.165	0	1

二、基准回归结果分析

表7－3报告了基准回归结果，其中列（1）仅控制了企业—产品—目的国固定效应，估计结果显示，排污权交易制度的实施显著提高了出口产品质量。进一步添加了控制变量，列（2）的回归结果显著性水平保持不变。列（4）进一步控制了时间固定效应，估计结果显示，核心解释变量 $Pilot \times Post$ 的估计系数依然显著为正，且排污权交易试点政策的实施导致企业的平均出口产品质量提升了0.012%，因而排污权交易试点政策与出口产品质量之间存在显著的正相关关系。由此可见，与传统的控制命令型环境

规制手段相比，排污权交易试点政策通过市场引导强化了企业的绿色创新能力和绿色生产动力，从而为实现经济—环境双重红利提供了重要参考。

从企业个体控制变量的估计结果来看，企业规模的扩大也将显著降低其排污强度。这主要是因为生产规模的扩大可以有效提高企业的生产效率和管理水平，进而提高出口产品质量。全要素生产率（Ln*tfp*）的估计系数为正且通过了1%的显著性水平检验，表明企业全要素生产率的提高有利于提高出口产品质量。究其原因主要是随着全要素生产率的提高，企业会使用新的技能技术实现出口提质增效。补贴收入（Ln*subsidy*）的估计系数显著为正，表明随着补贴收入的增加，出口产品质量提升。所有制结构（*State*）的估计系数为正且通过1%的显著性水平检验，表明国有企业的出口产品质量明显高于非国有企业。

表7－3　　　　　　　　　　基准回归结果

解释变量	被解释变量：Ln*quality*			
	(1)	(2)	(3)	(4)
Pilot × *Post*	0.022*** (0.004)	0.020*** (0.004)	0.010*** (0.003)	0.012*** (0.003)
Ln*age*		0.035*** (0.005)		0.051 (0.008)
Ln*size*		0.053*** (0.005)		0.018** (0.009)
Ln*tfp*		0.132** (0.004)		0.110*** (0.003)
Ln*subsidy*		0.027*** (0.011)		0.018*** (0.005)
State		0.013*** (0.004)		0.012*** (0.003)
Constant	-0.110*** (0.041)	-0.132*** (0.028)	-0.068*** (0.013)	-0.055*** (0.014)
企业—产品—目的国固定效应	Yes	Yes	Yes	Yes
时间固定效应	No	No	Yes	Yes
观测值	3253336	3253336	3253336	3253336
R-*squared*	0.343	0.349	0.659	0.664

注：***、**、*分别表示1%、5%、10%显著性水平，括号内的标准误在城市层面进行cluster处理。

从企业污染排放过程来看，理论上污染物的最终排放不仅取决于污染物产生过程还取决于污染物处理情况，其中生产环节的技艺改进与技术进步、清洁能源的使用将可能影响企业污染物的产生，而通过利用污染物处理设施进行末端处理则能够直接影响污染物的处理量。基于上述基本逻辑，从根本上消除污染物离不开绿色生产技术、清洁能源的使用与治理设备投资的增加。因此，排污权交易试点政策引致的遵循成本主要体现在治污设备投入的增加上。排污权交易制度增加了高污染企业的治污成本，企业需要为其额外的排污权支付高额的费用，为此，企业需要通过更新生产设备来实现减排。本节采用脱硫设备投入量作为替代变量并加1取对数（Ln*equipment*）、企业 SO_2 去除率（*Removal*）作为治污成本的替代变量，相关数据来源于中国工业企业污染排放数据库。另外，鉴于反映排污成本的排污费这一指标被归类在“管理费用”科目当中，可采用管理费用占工业总产值的对数（Ln*mcost*）来近似衡量企业的治污成本。表7-4列（1）至列（3）的估计结果显示，排污权交易试点政策的实施导致企业治污设备投入增加，并显著提高了企业的 SO_2 去除率，证实了遵循成本的存在。

表7-4　　　　遵循成本和创新补偿机制检验结果

Variables	Ln*equipment*	*Removal*	Ln*mcost*	Ln*green*	Ln*patent*	Ln*cited*
	(1)	(2)	(3)	(4)	(5)	(6)
Pilot × *Post*	0.014*** (0.004)	0.016** (0.008)	0.009 (0.046)	0.012*** (0.003)	0.017** (0.008)	0.135*** (0.040)
控制变量	Yes	Yes	Yes	Yes	Yes	Yes
Constant	2.217*** (0.478)	-0.342*** (0.047)	0.598*** (0.325)	4.489*** (0.028)	-0.933*** (0.372)	-0.398*** (0.108)
企业—产品—目的国固定效应	Yes	Yes	Yes	Yes	Yes	Yes
时间固定效应	Yes	Yes	Yes	Yes	Yes	Yes
观测值	363180	376391	387958	387958	387958	363180
R-squared	0.879	0.643	0.781	0.623	0.6795	0.438

注：***、**、*分别表示1%、5%、10%显著性水平，括号内的标准误在城市层面进行cluster处理。

排污权交易试点政策有助于提高绿色创新的预期收益，进而激励企业进行绿色创新。在减排压力下，企业不仅会主动将低效率的生产环节外包给其他企业，而且会主动追赶同一价值链分工体系中其他企业的绿色生产管理经验，对产品生产技术和污染治理技术进行改进，实现对环境污染问题的源头控制。为此，采用绿色专利申请量加 1 并取自然对数（Ln*green*）衡量企业绿色创新效应，具体根据世界知识产权组织发布的《绿色专利清单》中的 IPC 代码识别并核算企业每年绿色发明专利申请数量。本节也采用了企业关于实用新型和外观设计类绿色专利申请量加 1 取自然对数（Ln*patent*）衡量企业绿色创新效应。最后，采用绿色专利被引用量（Ln*cite*）衡量绿色创新质量。绿色创新效应的估计结果见表 7－4 中列（4）至列（6）。从估计结果可知，排污权交易试点政策不仅导致绿色发明专利、实用新型和外观设计申请量增加，而且显著提高了绿色专利被引用量，从而证实了市场激励型环境规制能显著提高企业绿色创新能力。另外。列（4）和列（5）的估计结果显示，排污权交易试点政策的实施对实用新型和外观设计类绿色创新的促进作用略高于发明类专利。

最后，仅保留连续出口两年及以上的企业作为样本，并剔除产品种类不变的样本，计算产品新增率（*Add*）、产品剔除率（*Drop*）和产品转换率（*Switch*）。产品转换机制的估计结果见表 7－5 中列（1）至列（3）。我们发现，排污权交易试点政策对企业产品新增率影响不显著，对产品剔除率和产品转换率有显著正向影响，依托产品转化能够使受环境规制约束的企业改变出口产品质量。另外，考虑到在减排压力下企业有可能通过减少高污染产品、增加低污染产品生产来实现产品组合，究其原因主要是，制造业企业生产过程中会大量依赖于能源投入。尤其是化石燃料的消耗在提升企业产出的同时也带来了严重的污染问题。而清洁化生产在改变制造业价值创造模式的同时提高了能源的使用效率，有效优化了能耗结构并控制能耗总量。为此，本节亦从企业清洁能源使用情况提供更为直观的证据。具体来说，采用单位产出的煤炭消耗量（Ln*coal*）来反映能源消耗结构，相关数据来源于中国工业企业污染排放数据库。另外，本节根据国家发改委等部门发布的《工业重点领域能效标杆水平和基准水平（2023 年版)》，根据企业所在行业将其划分为高污染行业和清洁行业两类，并在模型中纳入清洁行业虚拟变量 *Clean* 和 *Pilot*×*Post* 构造三重交互项。表 7－5 列（5）汇报了估计结果。结果表明，试点地区清洁行业的企业出口产品质量明显高于污染行业，间接证实了排污权交易试点政策导致出口产品向清洁产品倾斜。

表 7-5　　产品转换机制检验结果

Variables	*Add*	*Drop*	*Switch*	Lncoal	Lnquality
	(1)	(2)	(3)	(4)	(5)
Pilot × Post	0.044 (0.039)	0.090*** (0.028)	0.0502** (0.020)	-0.032** (0.013)	0.088** (0.042)
Pilot × Post × Clean					0.161*** (0.025)
控制变量	Yes	Yes	Yes	Yes	Yes
Constant	0.050*** (0.014)	-2.872*** (0.047)	0.179*** (0.029)	0.498*** (0.122)	1.322*** (0.058)
企业—产品—目的国固定效应	Yes	Yes	Yes	Yes	Yes
时间固定效应	Yes	Yes	Yes	Yes	Yes
观测值	403612	329006	403612	384876	3253336
R-squared	0.418	0.499	0.438	0.617	0.665

注：***、**、*分别表示1%、5%、10%显著性水平，括号内的标准误在城市层面进行cluster处理。

三、稳健性检验结果分析

为了保证估计结果的稳健可靠，本节从以下几个方面展开稳健性检验。

1. 平行趋势检验

双重差分估计结果一致性的前提是处理组和控制组满足平行趋势假设，即在没有政策干预的情况下，处理组和控制组的出口产品质量变化趋势是一致的。为此，借鉴贝克等（Beck et al.，2010）的事件研究法，通过加入排污权交易试点政策虚拟变量与年份变量的交互项进行计量检验。平行趋势的检验结果显示，在实施排污权交易试点政策之前，实验组和对照组符合平行趋势检验，出口产品质量的变化趋势并无显著差异。而当实施排污权交易试点政策后，交互项的回归系数显著为正，且排污权交易试点政策对出口产品质量的影响效应不断变大，表明该政策的实施对出口产品质量的提升效应持续增强。综上所述，排污权交易试点政策影响出口产品质量的估计结果通过了平行趋势检验。

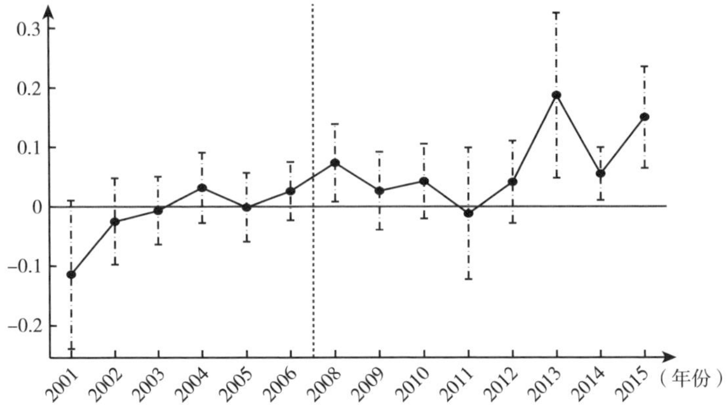

图 7－1　平行趋势检验结果

2. 安慰剂检验

为进一步排除其他未知因素对试点地区选择的影响，使用安慰剂检验对排污权交易试点政策效果的偶然性加以识别，并分别重复随机抽 5000 次、1000 次以基准回归模型加以估算。检验结果显示，真实估计系数明显偏离安慰剂检验的分布区域，基本可排除未知因素对基准回归结果的影响。图 7－2 和图 7－3 分别展示了 5000 次、1000 次随机抽样后出口产品质量的系数和 p－value 统计量核密度分布图，结果表明，回归系数服从正态分布且基本分布在 0 值附近，但回归结果基本不显著，表明基准回归结果并不是由未观测到的因素引发的。

另外，将排污权交易试点政策时间节点分别提前 1 年和 2 年，设定虚假时间虚拟变量，并构建交互项 $Pilot \times Post_{\_n}$（$n=1$，2）纳入基准回归模

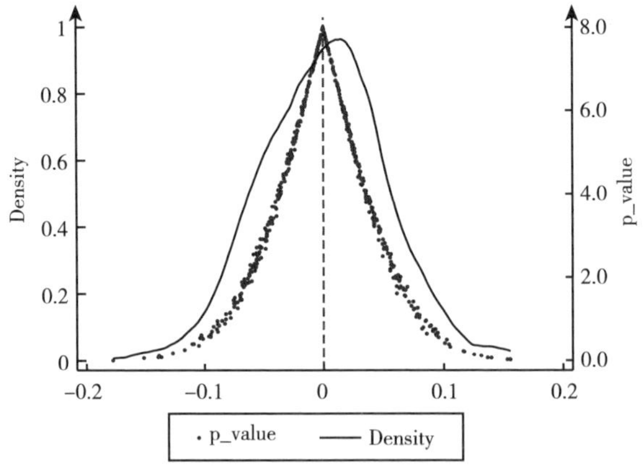

图 7－2　安慰剂检验

型。由于外生冲击只发生在政策规定的时间处，那么在政策时间前 1 年或 2 年处必然不存在因果效应。如果估计系数显著，则表明不能把出口产品质量变化归因于排污权交易试点政策，也有可能是来自其他未观测到的变量影响到了这一结果。表 7 – 6 列（1）和列（2）的估计结果显示，核心解释变量的估计系数不再显著。

3. 改变被解释变量的衡量方法

为了防止因变量测度导致的回归偏差，借鉴樊海潮和郭光远（2015）的方法，分别使用 σ 等于 5 和 10 重新测算出口产品质量并进行标准化处理，估计结果如表 7 – 6 中列（3）和列（4）所示；另外，使用单位价值量（即出口总价值量/出口数量）作为产品质量的代理变量进行回归，估计结果见列（5）。可以发现，在改变被解释变量的衡量方法后，排污权交易试点政策与出口产品质量之间仍然存在显著的正相关关系。

4. 确保政策的外生性

进一步在计量模型中控制可能会影响到排污权交易试点选择的因素，具体包括政策实施前一年行业二氧化硫排放量、行业产出规模、行业污染去除率，并在基准回归中控制该前定变量与时间变量的交互项。表 7 – 6 中列（6）的估计结果显示，在控制可能影响排污权交易试点选择的因素后，核心解释变量 $Pilot \times Post$ 的估计结果依然显著为正。另外，参考陈等（Chen et al.，2020）的做法，采取排污权交易政策实施前的出口产品质量对处理组变量 *Pilot* 进行 Logit 回归。表 7 – 6 中列（7）的估计结果显示，出口产品质量的回归系数并未通过 10% 的显著性水平检验，说明排污权交易试点政策满足外生性要求。

5. 多维固定效应

本节进一步控制了城市—年份固定效应和产品—年份固定效应以控制城市或行业层面逐年变化的不可观测因素对出口产品质量的影响。同时，本节也进一步添加了城市—产品—年份固定效应以控制同一城市的行业内随时间变化因素，以增强相关结论的可信度。表 7 – 6 中列（8）至列（10）的结果显示，在控制多维固定效应后，回归结果依然显著且与基准回归保持一致。

6. 排他性检验

一是考虑排污权交易试点政策实施时期影响企业排污决策的其他政策影响，具体包括北京奥运会、节能低碳行动、碳交易试点政策及生态文明建设先行示范区建设的影响。具体来说：

①北京奥运会。为确保奥运会期间的空气质量，北京市及其周边省区

表 7－6　稳健性检验结果

解释变量	Lnquality	Lnquality	Lnquality	Lnquality	Lnquality	Lnquality	*Pilot*	Lnquality	Lnquality	Lnquality
	(1)	(2)	(3)	(4)	(5)	(6)	(7)	(8)	(9)	(10)
$Pilot \times Post_{\_1}$	0.005 (0.013)									
$Pilot \times Post_{\_2}$		0.016 (0.022)								
$Pilot \times Post$			0.019*** (0.004)	0.011* (0.006)	0.024** (0.012)	0.010*** (0.003)		0.012*** (0.003)	0.011*** (0.004)	0.009*** (0.003)
Lnquality							-0.122 (0.157)			
控制变量	Yes	Yes	Yes	Yes	Yes	Yes	Yes	Yes	Yes	Yes
Constant	-0.875*** (0.042)	-0.179*** (0.009)	-1.892*** (0.077)	1.315*** (0.045)	-0.282*** (0.022)	6.801*** (0.046)	1.289*** (0.132)	-0.178*** (0.018)	-0.189*** (0.061)	7.066*** (0.185)
企业—产品—目的国固定效应	Yes	Yes	Yes	Yes	Yes	Yes	No	No	No	No
企业—目的国固定效应	No	No	No	No	No	No	No	Yes	Yes	Yes
时间固定效应	Yes	Yes	Yes	Yes	Yes	Yes	Yes	No	No	No
城市—时间固定效应	No	No	No	No	No	No	Yes	Yes	No	No
产品—时间固定效应	No	No	No	No	No	No	Yes	No	Yes	No

续表

解释变量	*Lnquality*	*Lnquality*	*Lnquality*	*Lnquality*	*Lnquality*	*Lnquality*	*Pilot*	*Lnquality*	*Lnquality*	*Lnquality*
	(1)	(2)	(3)	(4)	(5)	(6)	(7)	(8)	(9)	(10)
城市—产品—时间固定效应	No	No	No	No	No	No	No	No	No	Yes
观测值	3253336	3253336	3253336	2776566	3231755	3253336	1098436	3253336	3253336	3253336
R - squared	0. 417	0. 400	0. 672	0. 6185	0. 599	0. 664	—	0. 663	0. 663	0. 664

注：①列（1）和列（2）报告了排污权交易试点政策实施时间分别提前1年、2年后的估计结果；列（3）和列（4）的出口产品质量基于替代弹性 σ 取值为5和10重新进行测算；列（5）的出口产品质量采用单位价值量衡量；列（6）报告了前定变量影响后的估计结果；列（7）报告了排污权交易试点政策外生性检验的估计结果；列（8）至列（10）报告了控制多维固定效应后的回归结果。②***、**、*分别表示1%、5%、10%显著性水平，括号内的标准误在城市层面进行 cluster 处理。

市实施了一系列空气污染控制措施，环境质量显著改善。为此，剔除涉及奥运会赛事的省区市（北京、天津、河北、辽宁、山西、内蒙古）样本，据此排除奥运会举办的影响。估计结果如表 7－7 中列（1）所示。

②万家企业节能低碳行动政策。2011 年 12 月，国家发改委等 12 个部门联合发布“万家企业节能低碳行动”实施方案，对重点用能单位进行重点监控来实现节能减碳。为此，进一步控制该政策对姊妹企业二氧化碳排放的影响。如若姊妹企业被纳入万家企业节能低碳行动企业名单，则政策虚拟变量 *Program* 取值为 1，否则为 0；当统计年份在 2012 年及之后，则时间虚拟变量 $Policy_{2012}$ 取值为 1，否则为 0。本节构建交互项 $Program \times Policy_{2012}$ 纳入计量模型，估计结果见表 7－7 中列（2）。

③碳交易试点政策。国家发改委于 2011 年 10 月印发了《关于开展碳排放权交易试点工作的通知》，明确在北京、上海、天津、重庆、深圳、广东和湖北等七省市开展碳排放权交易试点。为此，本节进一步控制了碳排放交易试点政策对企业绿色创新的影响。具体来说，设置碳排放交易试点政策虚拟变量，当企业所在的地区为碳排放权交易试点地区，$Pilot\_CO_2$ 取值为 1，否则为 0。当统计年份在 2012 年及之后，则时间虚拟变量 $Post_{2012}$ 取值为 1，否则为 0。估计结果见表 7－7 中列（3）。

④生态文明建设先行示范区建设。2013 年 12 月，国家发改委联合其他六部门下发了《关于印发国家生态文明先行示范区建设方案（试行）的通知》，截至 2015 年 12 月，共发布了 100 个生态文明先行示范区。为此，本节也控制了生态文明先行示范区政策的影响。具体来说，*Treated* 为处理组虚拟变量，代表企业所在城市是否被列入生态文明示范区。如果该城市被列入生态文明示范区，则 *Treated* 变量取值为 1，否则为 0。*Period* 是试验区虚拟变量，即生态文明示范区实施当年及之后的年份设定为 1，其余为 0。估计结果见表 7－7 中列（4）。

二是排除同期外部冲击及其他出口政策的干扰。由于同时期外部市场环境变化及其他出口政策可能也会影响到企业的出口行为，从而对本节的估计结果造成干扰。为此，进一步控制了类似的政策冲击，具体包括金融危机、宽带中国战略、外资准入政策、出口退税政策。

①金融危机。突发事件等因素也会对企业链长产生重大影响，2007 年底爆发的全球金融危机阻碍了国际贸易的发展。为应对金融危机的负面冲击，中央实施“四万亿”财政刺激计划来推动经济增长。为此，本节剔除了 2008～2009 年的样本来排除金融危机的影响。估计结果见表 7－7 中列（5）。

②宽带中国战略。宽带中国战略通过影响企业数字化发展进程、延伸和派生新业务等渠道影响出口行为。2014 年 10 月，工业和信息化部与国家发改委联合发布了第一批“宽带中国”示范城市（城市群）名单。为此，根据企业所在城市入选“宽带中国”试点战略的批次构建虚拟变量（*Internet*）。如果样本期间内企业所在城市被评选为“宽带中国”试点城市，则该地区企业样本在 2015 年取值为 1，否则为 0。估计结果见表 7 - 7 中列（6）。

③外资准入政策。2002 年以来实施的《外商投资产业指导目录》通过鼓励、限制和禁止等方式，指导外资流入符合国家战略和安全需求的产业领域，从而有助于进出口结构的优化与升级。参考 Sheng 和 Yang（2016）的研究思路，本节引入虚拟变量（*FI*）来控制外资准入政策的影响。具体而言，如果产品所属行业在目录中被限制或禁止，则取值为 0；如果为受鼓励产业，则取值为 1。估计结果见表 7 - 7 中列（7）。

④出口退税政策。近年来，中国的出口退税政策经历了持续的改革与完善，对改善产品结构和提高外贸效益、延伸企业链长起到了至关重要的作用。参考许和连、王海成（2018）的处理方法，将出口退税政策设置为虚拟变量（*TR*）。当企业所在城市被选为出口退（免）税审批权下放的试点城市时，*TR* 变量在当年及其后续年份的赋值为 1，否则为 0。估计结果见表 7 - 7 中列（8）。

表 7 - 7 中列（1）至列（8）的回归结果显示，在排除上述同期政策干扰后，$Pilot \times Post$ 的估计系数依然为正且通过了 1% 的显著性水平检验，表明在控制上述环境政策冲击的影响后，排污权交易试点政策对出口产品质量的影响依然显著为正，证实了基本结论是稳健的。

7. 内生性问题

排污权交易试点政策的选择可能受到无法观测的潜在因素干扰，从而导致误差项与排污权交易政策变量间存在较强的相关性。另外，排污权交易试点政策与出口产品质量之间可能存在反向因果关系，即排污权交易能够影响企业出口产品质量，但出口表现较好的地区也可能会影响排污权试点的选择及排污全年交易政策的制定。为此，将企业所在城市的空气流通系数（*Ventilation*）作为工具变量，并采用最小二乘法进行回归。城市的空气流通系数是由风速和混合高度所决定的，数据来源为欧洲中期天气预报中心的数据库（ERA - interim）。另外，进一步采用 2001 ~ 2006 年城市所在地平均风速和海拔作为排污权试点政策的工具变量。风速越高、海拔越高的地区二氧化硫浓度越低，被纳入排污权交易试点的可能性越小；同

表 7－7　排他性检验结果

解释变量	被解释变量：Lnquality							
	(1)	(2)	(3)	(4)	(5)	(6)	(7)	(8)
$Pilot \times Post$	0.014*** (0.005)	0.012*** (0.003)	0.010*** (0.004)	0.013*** (0.003)	0.015*** (0.004)	0.011*** (0.003)	0.010*** (0.003)	0.012*** (0.003)
$Program \times Policy_{2012}$		Yes						
$Pilot\_CO_2 \times Post_{2012}$			Yes					
$Treated \times Period$				Yes				
$Internet$						Yes		
FI							Yes	
TR								Yes
控制变量	Yes	Yes	Yes	Yes	Yes	Yes	Yes	Yes
$Constant$	-19.934*** (0.567)	0.565*** (0.061)	-0.341*** (0.071)	1.820*** (0.020)	3.634*** (0.723)	1.734*** (0.325)	-0.668** (0.254)	0.740** (0.25)
企业—产品—目的国固定效应	Yes	Yes	Yes	Yes	Yes	Yes	Yes	Yes
时间固定效应	Yes	Yes	Yes	Yes	Yes	Yes	Yes	Yes
观测值	3231755	3253336	3253336	3253336	2776566	3253336	3253336	3253336
$R-squared$	0.648	0.665	0.665	0.667	0.575	0.664	0.665	0.664

注：①列（1）报告了控制奥运会影响后的估计结果；列（2）报告了控制“千家企业节能行动”政策后的估计结果；列（3）报告了控制碳交易试点政策后的估计结果；列（4）报告了控制生态文明建设先行示范区建设政策后的估计结果；列（5）报告了控制金融危机影响后的估计结果；列（6）报告了控制“宽带中国”战略后的估计结果；列（7）报告了控制外资准入政策后的估计结果；列（8）报告了控制出口退税政策后的估计结果。②***、**、*分别表示1%、5%、10%显著性水平，括号内的标准误在城市层面进行cluster处理。

时，风速、海拔仅受自然环境的影响，明显外生于出口产品质量。风速数据来自欧洲中期天气预报中心（ECMWF）发布的历年栅格气象数据；海拔数据来自美国国家航空航天局（NASA）的航天飞机雷达地形任务 90 米数字高程地图。表 7 - 8 中列（1）至列（6）第一阶段的估计结果显示，工具变量在 1% 的显著性水平上显著为负，意味着空气流通系数越高、风速越高、坡度越高的地区被纳入排污权交易试点地区的概率越低。第二阶段的估计结果显示，经过工具变量调整处理后 $Pilot \times Post$ 的估计系数依然显著为正，这说明在考虑内生性后，排污权交易试点政策的实施同样显著提高了企业的出口产品质量。为验证工具变量的有效性，分别对工具变量分别进行识别不足和弱工具变量检验，相关的检验均通过 1% 的显著性水平检验。

为了缓解样本选择偏差产生的内生性问题，尽可能减少处理组和控制组之间的初始差异，进一步使用 PSM - DID 进行回归来缓解由选择性偏差和遗漏变量而产生的内生性问题。具体来说，首先利用样本中被纳入排污权交易试点的城市作为匹配对象，选取城市人均 GDP、人口密度、贸易开放度、工业二氧化硫排放量作为匹配变量，并采用最近邻匹配方法进行 1∶1 匹配。基于倾向得分匹配结果进一步进行双重差分回归，表 7 - 8 中列（7）的回归结果显示，$Pilot \times Post$ 的估计系数仍然显著为正，说明估计结果是稳健可靠的。另外，考虑到样本中只包括出口企业，而忽略了排污权交易试点政策对非出口企业的影响，从而可能会产生样本选择性偏差问题。为此，采用 Heckman 两步法进行稳健性检验。在 Heckman 第一阶段回归中，以排污权交易试点政策作为被解释变量并采用 Probit 模型进行回归，并基于第一阶段的回归结果计算出逆米尔斯比（*IMR*）。然后，将得到的逆米尔斯比（*IMR*）加入 Heckman 第二阶段模型中进行拟合，回归结果如表 7 - 8 中列（8）所示。与基准回归结果的估计系数方向一致，排污权交易试点政策的实施仍然显著促进了出口产品质量提升。

四、异质性检验结果分析

尽管前面已经论证了排污权交易试点政策对出口产品质量具有显著的提升作用，但由于不同地区市场化水平、环境监管水平等存在显著差异，导致不同企业对政策冲击的响应也存在显著的差异。为此，本节进一步从企业内部特征和外部特征两个层面探讨排污权交易试点政策对企业出口产品质量的异质性影响。具体而言，从企业所有制结构、企业规模两个层面分析企业内部特征差异如何影响排污权交易试点政策的出口效应，从市场

表 7 - 8　　内生性检验结果

解释变量	第一阶段	第二阶段	第一阶段	第二阶段	第一阶段	第二阶段	OLS	Heckman
	(1)	(2)	(3)	(4)	(5)	(6)	(7)	(8)
IV	-0.075 ** (0.033)		-0.051 *** (0.016)		-0.091 *** (0.017)			
Pilot × *Post*		0.025 *** (0.006)		0.044 *** (0.008)		0.093 *** (0.020)	0.014 *** (0.004)	0.015 *** (0.006)
控制变量	Yes	Yes	Yes	Yes	Yes	Yes	Yes	Yes
IMR								-0.035 (0.009)
Constant	-0.245 ** (0.117)	-8.628 *** (0.087)	-1.213 *** (0.273)	3.196 *** (1.197)	0.494 *** (0.030)	0.056 (0.061)	-1.297 *** (0.262)	0.322 *** (0.045)
企业—产品—目的国固定效应	Yes	Yes	Yes	Yes	Yes	Yes	Yes	Yes
年份固定效应	Yes	Yes	Yes	Yes	Yes	Yes	Yes	Yes
K - P Wald F 检验	49.3030 ***		32.6500 **		223.8320 ***		—	—
K - P rk LM 检验	43.1220 ***		21.7640 ***		147.2100 ***		—	—
观测值	3253336	3253336	3253336	3253336	3253336	3253336	3253336	3253336
R - squared	—	—	—	—	—	—	0.779	0.681

注：①列（1）和列（2）报告了采用城市所在地空气流通系数作为工具变量的回归结果；列（3）和列（4）报告了采用城市所在地风速作为工具变量的回归结果；列（5）和列（6）报告了采用城市所在地海拔作为工具变量的回归结果；列（7）报告了采用 PSM - DID 进行回归的结果；列（8）报告了采用 Heckman 两步法进行回归的估计结果。② ***、**、* 分别表示 1%、5%、10% 显著性水平，括号内的标准误在城市层面进行 cluster 处理。

化水平和环境执法力度两个层面分析外部特征如何影响排污权交易试点政策的出口效应。

表7-9中列（1）报告了排污权交易试点政策对国有企业和非国有企业出口产品质量的影响差异，从回归结果来看，排污权交易试点政策*Pilot*×*Post*与国有企业虚拟变量*State*的交互项估计系数为-0.004且通过了1%的显著性水平检验，表明在排污权交易试点政策的影响下，国有企业的出口产品质量比非国有企业的出口产品质量低0.004%。结合列（1）中*Pilot*×*Post*的估计系数可知，排污权交易试点政策导致非国有企业、国有企业的出口产品质量分别提高了0.013%、0.009%。因此，排污权交易试点对非国有企业的出口产品质量的促进作用更为明显。这可能是由于国有企业因与政府之间存在密切的联系，导致其在排污权配额上具有较大的优势，因此对排污权交易带来的经济激励不太敏感。与之相比，非国有企业在应对环境规制带来的合规压力时更倾向于改进生产工艺或加大绿色创新，因此排污权交易带来的资源配置效率提升将刺激其进行技术创新并提升全要素生产率，从而对出口产品质量的提升作用更明显（任胜钢等，2019）。

基于企业规模的异质性检验结果如表7-9中列（2）所示。从估计结果可知，当选择中小企业为基期时，排污权交易试点政策导致大企业的出口产品质量提升了0.015%。排污权交易试点政策*Pilot*×*Post*与中小企业虚拟变量*Small*的交互项估计系数为-0.006且通过了1%的显著性水平检验，表明排污权交易试点对中小企业出口产品质量的提升作用比大企业小0.006%。因此，排污权交易试点政策对大企业出口产品质量的提升作用更为明显。究其原因主要是，一方面，由于规模经济的存在，大企业通过排污权交易更容易分摊治污成本，从而降低其生产成本并提升处理竞争力；另一方面，排污权交易标准相对比较苛刻，只有一些拥有先进治污技术的大企业才能参与排污权交易，通过市场化手段达到降污增效目标。

表7-9中列（3）进一步讨论了不同市场化程度的地区排污权交易政策的出口效应差异。基于2001~2015年各省区市的市场化指数中位数将企业所在的地区划分为高市场化地区和低市场化地区。如果企业所在的地区当年市场化水平高于中位数，则*Market*变量取值为1，否则为0。从列（3）的估计结果可知，排污权交易导致市场化程度较低地区的企业出口产品质量提升了0.009%，这一估计结果比市场化程度较高地区低了0.003%。因此，排污权交易试点政策对市场化程度更高地区的企业出口产品质量的提升作用更为明显。这可能是由于市场化程度较高地区的排污权交易机制相对更加完善，企业通过排污权交易来优化资源配置的动机更

明显，从而有利于其提高出口产品质量。

为了检验不同环境执法力度下排污权交易试点政策对企业出口产品质量的影响差异，本部分进一步使用各省区市环境行政处罚案件的数量来衡量当地的环境执法，并根据环境行政处罚案件数中位数进行样本划分。如果企业所在的省区市环境执法力度水平高于中位数，则 *Law* 变量取值为1，否则为0。基于环境执法力度的异质性检验结果如表 7-9 中列（4）所示。从列（4）的估计结果可知，在环境执法力度较高的地区，排污权交易试点政策对出口产品质量的促进作用更大。具体来说，在环境执法力度较低的地区，排污权交易试点政策导致企业出口产品质量提高了0.011%，这一估计结果比环境执法力度较高地区低了0.007%。究其原因主要是排污权交易机制的有效运行受环境监管水平的影响，较高的环境规制导致企业面临较大的环保压力。环境执法力度越大，企业违规排污的成本越高，遵循排污权交易规制的可能性越高。

表 7-9　　　　异质性检验结果

解释变量	被解释变量：Ln*quality*			
	(1)	(2)	(3)	(4)
Pilot × Post	0.013*** (0.004)	0.015*** (0.003)	0.009*** (0.004)	0.011** (0.003)
Pilot × Post × State	-0.004*** (0.001)			
Pilot × Post × Small		-0.006*** (0.002)		
Pilot × Post × Market			0.003*** (0.001)	
Pilot × Post × Law				0.007** (0.003)
控制变量	Yes	Yes	Yes	Yes
Constant	-3.852*** (0.143)	0.021*** (0.003)	-3.875*** (0.143)	-0.263* (0.136)
企业—产品—目的国固定效应	Yes	Yes	Yes	Yes
时间固定效应	Yes	Yes	Yes	Yes
观测值	3253336	3253336	3253336	3253336
R-squaredd	0.665	0.665	0.667	0.664

注：***、**、*分别表示1%、5%、10%显著性水平，括号内的标准误在城市层面进行cluster处理。

五、排污权交易交易机制与出口企业提质提价

从波特的创新补偿假说可知，适当的排污权规制可以促使企业进行创新，从而抵消遵循成本效应。但创新尤其是绿色创新具有明显的时滞性，且在经历一段时间后，绿色创新活动进入休眠阶段。另外，绿色创新需要大量的研发投入，可能会使当期的投资产生挤出效应，从而可能会对产品定价能力产生负面影响（Falahat et al.，2020）。除此之外，排污权交易引致的遵循成本上升导致企业的生产成本变动。而由于菜单成本效应，企业的成本冲击并非完全传导至产品价格，存在成本—价格的不完全传递（祝树金等，2022），从而进一步削弱了产品的定价能力。与本地企业相比，出口企业面临不同类型的成本与需求条件，收取的成本加成会更高。高成本加成表明出口企业在国际市场上形成“价量齐涨”的良性发展过程（De Loecker and Warzynski，2020）。而产品质量可通过信号传递机制带来价格溢出，尤其是高质量产品的价格溢出效应能够在一定程度上抵消排污权交易对产品定价的负面冲击。为此，本节进一步考察了出口产品质量对产品定价的调节机制。具体的计量模型设定如下：

$$Markup_{fhpt} = \beta_0 + \beta_1 DID_{pt} + \beta_2 qua_{fhpt} + \beta_3 DID_{pt} \cdot qua_{fhpt} + \beta_4 DID_{pt} \cdot qua_{fhpt}^2 + \beta_5 Control_{ft} + \mu_f + \eta_t + \vartheta_{hp} + \varepsilon_{fhpt} \quad (7-2)$$

其中，下标 f 为企业，h 为 HS-6 位码产品，p 为企业所在城市，t 为年份；*Markup* 为成本加成，*qua* 为出口产品质量；DID 为排污权交易试点政策；*Control* 是一系列控制变量；η_t 为时间固定效应，μ_f 为企业固定效应，ϑ_{hp} 为行业—地区固定效应。被解释变量是出口企业成本加成（*Markup*）主要基于生产函数法计算企业的市场势力（De Loecker and Warzynski，2020）。在具体测算中，采用 2002 年、2007 年、2012 年的中国投入产出表计算动态权重构建成本加成指标。

从表 7-10 的估计结果可知，DID 的估计系数显著为负，表明排污权交易政策的实施显著恶化了企业的成本加成能力。表 7-10 中列（2）的估计结果显示，虽然出口产品质量的一次项回归系数显著为正，但出口产品质量与 DID 的交互项估计系数并不显著。进一步加入出口产品质量的二次项后，列（3）的估计结果显示，*qua* 变量的一次项回归系数为负，二次项回归系数为正，表明出口产品质量与成本加成之间存在显著的“U”形曲线关系，即当出口产品质量超过阈值时，其对成本加成存在显著的正向促进作用。另外，列（3）的估计结果同样显示，$DID \times qua^2$ 的估计系

数显著为正，表明只有当出口产品质量提升到一定程度时，才能缓解排污权交易对成本加成的负面影响。基于列（3）的检验结果，进一步以产品质量的拐点值0.68，并据此构建分组变量 *quahl*。其中，当产品质量高于0.68时，*quahl* 取值为1，否则为0。列（4）的估计结果显示，DID与产品质量虚拟变量的交互项估计结果显著为正，表明排污权交易试点政策对高质量产品的成本加成促进作用更为明显。由此可知，排污权交易试点政策的实施将导致出口企业采取提质提价策略来稳定出口竞争力。

表7-10　　产品质量的调节效应检验结果

Variable	被解释变量：*Markup*			
	(1)	(2)	(3)	(4)
DID	-0.018*** (0.003)	-0.015*** (0.004)	-0.007** (0.003)	-0.008*** (0.003)
qua		0.103** (0.044)	-0.065*** (0.022)	
qua^2			0.054*** (0.018)	
DID × *qua*		0.047 (0.031)	-0.072*** (0.035)	
DID × qua^2			0.053** (0.025)	
DID × *quahl*				0.147*** (0.036)
控制变量	Yes	Yes	Yes	Yes
Constant	0.709*** (0.084)	1.833*** (0.508)	0.114*** (0.031)	1.232*** (0.072)
企业固定效应	Yes	Yes	Yes	Yes
年份固定效应	Yes	Yes	Yes	Yes
行业—地区固定效应	Yes	Yes	Yes	Yes
观测值	676384	676384	676384	676384
R-squared	0.429	0.479	0.528	0.478

注：括号内的标准误在地级市城市层面进行cluster处理，***、**、*分别表示1%、5%、10%水平下显著。

第三节　碳交易试点政策对出口产品质量的影响研究

实现碳达峰碳中和是一场广泛而深刻的经济社会系统性变革。党的二十届三中全会强调要"健全碳市场交易制度、温室气体自愿减排交易制度，积极稳妥推进碳达峰碳中和"。为了加快经济发展方式的低碳转型，"十二五"以来，中央和各地方政府出台实施了一系列相关政策，为"双碳"目标的实现提供了有力的指引与规划。与此同时，中央政策提出"2030 碳达峰，2060 碳中和"目标为出口贸易转型升级提出了新的挑战。碳交易试点政策作为实现"双碳"目标的核心政策工具，其政策效应有待进一步验证。本节以交易试点为政策背景，运用双重差分模型全面考察了碳交易试点政策对出口产品质量的影响。

一、计量模型设定及指标说明

为有效识别碳交易试点政策对出口产品质量的影响效应，本节将碳交易试点的设立作为准自然实验，以 7 个试点地区作为处理组，其他非试点地区作为控制组，并采用双重差分模型实证检验试点前后各地区的出口产品质量变化差异。相应的计量模型设定如下：

$$Quality_{fhpt} = \beta_0 + \beta_1 Carbon_p \times Post_t + \beta_2 Control_{ft} + \mu_f + \eta_t + \vartheta_{ph} + \varepsilon_{fhpt} \qquad (7-3)$$

其中，*Quality* 为出口产品质量；h 为 HS－6 位码产品，即行业信息；p 为企业所在城市，t 为年份；$Carbon_p$ 为企业 f 所在城市 p 是否被纳入碳交易试点地区，当企业位于试点地区时取值为 1，否则为 0；*Post* 为碳交易试点政策颁布前后的虚拟变量，碳交易交易试点期间（2012 年及以后）取值为 1，非试点期间（2012 年以前）取值为 0；*Control* 是一系列控制变量；μ_f 和 η_t 分别为企业、年份固定效应，ϑ_{ph} 为城市—行业固定效应。

被解释变量是出口产品质量（*Quality*），借鉴坎德瓦尔等（Khandelwal et al.，2013）等文献的做法，采用需求信息回归推断法（简称"KSW"方法）进行测算得到企业—产品—目的国层面的出口质量。在此基础上，根据企业所在行业的出口值进行加权处理，即可获得企业—产品层面的出口产品质量。

核心解释变量为碳交易试点政策（*Carbon*）。如果企业所在地被纳入碳交易试点地区时，*Carbon* 变量取值为 1，否则为 0。另一核心解释变量为政策实施前后的时间虚拟变量（*Post*）。碳交易试点实施期间（2012 年及之后）取值为 1，在方案非实施期间（2012 年之前）取值为 0。

主要控制变量（*Control*）包括：（1）企业年龄（Ln*age*），采用当年年份与企业成立年份之差来衡量并以对数形式引入计量模型；（2）企业规模（Ln*size*），采用全部从业人员年平均人数的自然对数衡量；（3）融资约束（*SA*），借鉴哈德洛克和皮尔斯（Hadlock and Pierce，2009）构建的 SA（size－age）指数衡量；（4）资本劳动比（Ln*KL*），采用固定资产投资额与就业人数比值的对数衡量；（5）全要素生产率（Ln*TFP*），采用扩展的 Olley 和 Pakes（1996）方法进行测算；（6）所有制结构（*State*），如果在企业实收资本中国有资本占比超过 50%，则该企业为国有企业且 *State* 取值为 1，否则 *State* 取值为 0。

本节选取 2007～2015 年的中国工业企业数据库和中国海关进出口数据库的合并数据展开计量研究。在数据匹配过程中，根据企业名称和年份、企业所在地的邮政编码和电话号码的后七位数字两种方法对上述数据和海关数据库进行合并；根据企业所在地区的名称和年份信息识别企业所在城市是否被纳入碳交易交易试点范围。在完成数据合并后，借鉴布兰特等（Brandt et al.，2017）、郝林和庞塞特（Hering and Poncet，2014）的方法，对相关原始数据进行了清洗和整理，最终得到 3253336 个样本。表 7－11 报告了相关变量的统计性描述。

表 7－11　　　　主要变量的描述性统计

变量	变量定义	均值	标准误	最小值	最大值
Quality	出口产品质量	0.624	70.325	0.194	1
Carbon	碳交易试点政策，如果企业所在的城市位于试点地区，则该变量取值为 1，否则为 0	0.268	0.431	0	1
Post	时间虚拟变量，2012 年前取值为 0，否则为 1	0.437	0.446	0	1
Ln*age*	企业年龄的对数值	2.373	0.606	0	4.828
Ln*size*	企业从业人员的对数值	6.025	1.287	2.079	11.657
SA	融资约束，SA 指数	2.759	0.718	1.570	4.918
Ln*KL*	资本劳动比，固定资产投资额与就业人数比值的对数	3.625	1.256	0.271	14.212
Ln*TFP*	OP 法计算的全要素生产率并取对数值	3.682	1.303	－3.709	9.558
State	国有企业虚拟变量，如果实收资本中国有资本占比超过 50%，则该变量取值为 1，否则为 0	0.122	0.438	0	1

二、基准回归结果分析

本节对基本公式（7－3）进行计量估计，据此评估碳交易试点政策对企业出口产品质量的影响。为了克服大样本计量分析中的异方差问题，将标准误在城市层面进行 cluster 调整。表 7－12 列出了基本回归结果，列（1）的估计结果显示，在不控制年份固定效应且不考虑企业特征对出口产品质量的影响时，碳交易试点政策地区企业的出口产品质量比非试点地区高 0.071%，这意味着碳交易试点政策显著提高了企业的出口产品质量。之后，在纳入企业层面控制变量后，列（2）的估计结果显示，碳交易试点政策 $Carbon \times Post$ 的估计系数依然显著为正。最后，在考虑企业—产品—目的国固定效应和年份固定效应后，列（4）的估计结果显示，$Carbon \times Post$ 的估计系数为 0.023 且通过了 5% 的显著性水平检验，表明碳交易试点政策导致企业的出口产品质量提高了 0.023%。可能的解释是碳交易试点政策不但增强了国内高污染企业的减排意愿和降碳决心，而且推动企业进行绿色技术创新和低碳转型，从而有利于提升其出口产品质量。

从控制变量的估计结果来看，表 7－12 中列（4）的估计结果显示，企业年龄（Ln*age*）和企业规模（Ln*size*）对出口产品质量的影响为正且通过了 10% 的显著性水平检验，因而随着企业规模和年龄的不断增长，企业的出口产品质量也随之提升。同时，融资约束（*SA*）的估计系数显著为正。SA 指数越大，表明企业面临的融资约束越小，因而越有利于其出口产品质量提升。由于企业在生产过程中需要大量的沉淀成本和固定成本，因此企业需要大量的外部融资来支撑其生产行为。当企业面临的融资约束越小，企业越容易获得更多的资金投入来支撑其提升出口产品质量。企业资本密集度（Ln*KL*）和全要素生产率（Ln*TFP*）的估计系数均在 5% 的显著性水平下为正，因而企业资本密集度和全要素生产率的提升同样有利于提升其出口产品质量。另外，在其他条件不变的情况下，国有企业的出口产品质量高于非国有企业。估计结果显示，所有权性质（*State*）的估计系数为正且通过 1% 的显著性水平检验。可能的解释是国有企业承担了更多的社会责任并面临较小的融资约束，因而其出口产品质量相对较高。

表 7-12　　　　基准回归结果

解释变量	被解释变量：*Quality*			
	(1)	(2)	(3)	(4)
Carbon × *Post*	0.071*** (0.008)	0.071*** (0.009)	0.023** (0.011)	0.023** (0.011)
Ln*age*		0.024*** (0.005)		0.021* (0.012)
Ln*size*		0.018* (0.010)		0.023*** (0.006)
SA		0.040*** (0.010)		0.012** (0.007)
Ln*KL*		0.023*** (0.004)		0.030** (0.009)
Ln*TFP*		0.132*** (0.007)		0.094** (0.015)
State		0.017*** (0.003)		0.013** (0.004)
Constant		-0.660** (0.318)		-0.073* (0.038)
企业固定效应	Yes	Yes	Yes	Yes
城市—行业固定效应	No	No	Yes	Yes
时间固定效应	No	No	Yes	Yes
观测值	463667	463667	463667	463667
R-squared	0.369	0.428	0.655	0.662

注：***、**、*分别表示1%、5%、10%显著性水平，括号内的标准误在城市层面进行cluster处理。

三、稳健性检验结果分析

为了进一步保证基准回归结果的稳健可靠，本节分别通过平行趋势检验、安慰剂检验、替换核心解释变量的衡量方式、排除试点非随机选择问题、改变样本估计量、排除同期其他政策干扰、内生性检验等策略进行稳健性检验。

1. 平行趋势检验

双重差分法进行政策评估的有效性是建立在平行趋势假设的基础上

的，即假设未开展碳交易试点政策前，试点地区与非试点地区的出口产品质量具有共同的变化趋势。为此，借鉴贝克等（Beck et al.，2010）的事件研究法，通过加入碳交易试点政策虚拟变量与年份变量的交互项进行计量检验。平行趋势的检验结果显示，在实施碳交易试点政策之前，试点地区与非试点地区在试点前的出口产品质量并无显著差异，即样本满足平行趋势假设。从碳交易试点政策实施后开始，交互项变量的估计系数均通过了5%的显著性水平检验，表明碳交易试点政策对出口产品质量具有显著的提升效应（见图7－3）。

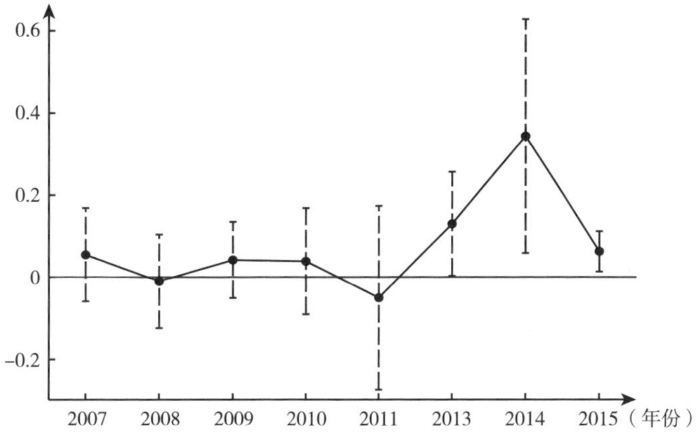

图7－3　平行趋势检验结果

2. 安慰剂检验

为了明确出口产品质量的提升是否是由于碳交易试点政策所引起的，进一步参考阿尔德等（Alder et al.，2016）的处理方法，通过提前碳交易试点政策的实施时间来构建反事实模型验证回归结果的可靠性。如果这一做法导致试点政策引致的出口促进效应消失，则说明该效应并不是由其他未控制的因素造成的。表7－13中列（1）至列（3）汇报了反事实检验的回归结果，可以发现，当碳交易试点时间分别提前1年、2年和3年后，变量 $Pre\_carbon1$、$Pre\_carbon2$ 和 $Pre\_carbon3$ 的估计均不显著。因此，在排除了模型中其他非随机因素干扰以后，基准回归部分的结论依然成立。

3. 改变被解释变量的衡量方法

为了防止因变量测度导致的回归偏差，借鉴樊海潮和郭光远（2015）的方法，分别使用 σ 等于5和10重新测算出口产品质量并进行标准化处理，估计结果如表7－13中列（4）和列（5）所示；另外，使用单位价值量（即出口总价值量/出口数量）作为产品质量的代理变量进行回归，估计结果见列（6）。可以发现，在改变被解释变量的衡量方法后，排污权交易试点政策与出口产品质量之间仍然存在显著的正相关关系。

4. 试点政策的外生性

采用双重差分法评估碳交易试点政策对出口产品质量影响的理想状况是试点地区和非试点地区都是随机选择的。但在现实中，试点地区的选择往往是基于要素禀赋、排污治污能力等标准进行的。为了控制上述因素可能对试点地区选择造成的影响，通过纳入试点地区选择标准与时间趋势的交互项来控制可能影响试点选择的影响因素。具体来说，选取是否为“两控区”城市、人均 GDP、排污强度和排污去除率。表 7 - 13 中列（7）报告了试点地区非随机选择的回归结果。可以发现，在纳入试点地区选择标准变量与时间趋势的交互项后，$Carbon \times Post$ 的估计系数依然显著为正，进一步验证了基准回归结论的可靠性。另外，参考陈等（Chen et al.，2020）的做法，采取碳交易试点政策实施前的出口产品质量对处理组变量 *Carbon* 进行 Logit 回归，据此考察试点冲击是否与被解释变量表现有关。表 7 - 13 中列（8）的估计结果显示，出口产品质量的回归系数并未通过 10% 的显著性水平检验，说明碳交易试点政策满足外生性要求。

5. 改变样本估计量

一是鉴于试点城市中包含北京、上海、天津三个直辖市。直辖市和地级市政府在行政权力、资源获取、减排约束方面存在限制差异，可能造成估计结果偏误。为此，删除企业所在地为上述三个直辖市的样本后重新进行估计，相应的估计结果见表 7 - 13 中列（9）。二是 2008 ~ 2009 年全球金融危机对中国出口贸易造成了巨大冲击，为此剔除 2008 ~ 2009 年的企业样本重新进行估计，估计结果见表 7 - 13 中列（10）。从列（9）和列（10）的估计结果可知，在改变样本估计量后，$Carbon \times Post$ 的估计系数均在 1% 的水平下显著为正，进一步证实了基准回归结果的可靠性。

6. 排除其他政策干扰

政府同期实施的其他一系列政策也可能会影响企业碳排放强度，若不剔除同期其他潜在政策的干扰，估计结果会因未被观察因素的干扰而产生误差。基于此，本节进一步控制了以下同期减排和环保政策。

①排污权收费标准改革试点政策。2010 年，安徽、广西、云南、广东、辽宁、天津等六省区市开展排污权收费标准改革，其单位污染物收费标准同比平均提高一倍。为此，本节进一步控制排污权收费标准改革的影响。当企业所在省份位于排污权收费标准改革地区，则政策虚拟变量 *Charge* 取值为 1，否则为 0；当统计年份在 2010 年及之后，则时间虚拟变

表 7－13 稳健性检验结果

解释变量	*Quality*	*Quality*	*Quality*	*Quality*	*Quality*	*Quality*	*Quality*	*Carbon*	*Quality*	*Quality*
	(1)	(2)	(3)	(4)	(5)	(6)	(7)	(8)	(9)	(10)
Carbon × *Post*	0.020*** (0.005)	0.017* (0.010)	0.029*** (0.006)				0.022** (0.009)		0.028*** (0.010)	0.025*** (0.009)
*Pre_carbon*1				0.048 (0.033)						
*Pre_carbon*2					0.033 (0.020)					
*Pre_carbon*3						0.036 (0.037)				
Quality								−0.073 (0.058)		
控制变量	Yes	Yes	Yes	Yes	Yes	Yes	Yes	Yes	Yes	Yes
Constant	−0.712*** (0.085)	−0.207** (0.102)	−0.040*** (0.010)	−0.175*** (0.057)	−1.310*** (0.280)	−0.978* (0.510)	1.233*** (0.083)	−3.014*** (1.066)	−0.097*** (0.031)	2.676*** (0.119)
企业固定效应	Yes	Yes	Yes	Yes	Yes	Yes	Yes	Yes	Yes	Yes
城市—行业固定效应	Yes	Yes	Yes	Yes	Yes	Yes	Yes	Yes	Yes	Yes
年份固定效应	Yes	Yes	Yes	Yes	Yes	Yes	Yes	Yes	Yes	Yes

续表

解释变量	*Quality*	*Quality*	*Quality*	*Quality*	*Quality*	*Quality*	*Quality*	*Carbon*	*Quality*	*Quality*
	(1)	(2)	(3)	(4)	(5)	(6)	(7)	(8)	(9)	(10)
观测值	463667	463667	463667	463667	463667	463667	463667	222184	431961	376869
R - squared	0. 575	0. 583	0. 671	0. 378	0. 379	0. 344	0. 622	—	0. 578	0. 571

注：①列（1）和列（2）的出口产品质量基于替代弹性 σ 取值为 5 和 10 重新进行测算；列（3）的出口产品质量采用单位价值量衡量；列（4）至列（6）报告了提前碳交易试点政策实施时间后的反事实估计结果；列（7）报告了试点地区非随机选择的回归结果；列（8）报告了碳交易试点政策外生性检验的估计结果；列（9）报告了剔除企业所在地在直辖市的样本估计结果；列（10）报告了排除金融危机影响后的估计结果。②***、**、*分别表示 1%、5%、10% 显著性水平，括号内的标准误在城市层面进行 cluster 处理。

量 $Post_{2010}$ 取值为1，否则为0。本节构建交互项 $Charge \times Post_{2010}$ 纳入计量模型，估计结果见表7－14中列（1）。

②万家企业节能低碳行动政策。2011年12月，国家发改委等12个部门联合发布“万家企业节能低碳行动”实施方案，对重点用能单位进行重点监控来实现节能减碳。为此，进一步控制该政策对企业二氧化碳排放的影响。如果企业被纳入万家企业节能低碳行动企业名单，则政策虚拟变量 *Program* 取值为1，否则为0；当统计年份在2012年及之后，则时间虚拟变量 $Post_{2012}$ 取值为1，否则为0。构建交互项 $Program \times Post_{2012}$ 纳入计量模型，估计结果见表7－14中列（2）。

③京津冀联防联控行动。2013年，环境保护部、国家发改委等6部门联合印发《京津冀及周边地区落实大气污染防治行动计划实施细则》，对京津冀及周边地区空气污染情况进行联防联控。为此，进一步控制京津冀地区环保政策对企业二氧化碳排放的影响。若企业位于京津冀地区，则政策虚拟变量 *BTH* 取值为1，否则为0；当统计年份在2013年及之后，则时间虚拟变量 $Post_{2013}$ 取值为1，否则为0。构建交互项 $BTH \times Post_{2013}$ 纳入计量模型，估计结果见表7－14中列（3）。

④生态文明建设先行示范区建设。生态文明建设先行示范区能够有效助力企业绿色低碳高质量发展。2014年6月，国家发改委等部门发布第一批生态文明先行示范区建设名单。为此，本节也控制了生态文明先行示范区政策的影响。若企业所在区县位于生态文明建设先行示范区，则政策虚拟变量 *Clean* 取值为1，否则为0；生态文明建设先行示范区建设当年及之后，时间虚拟变量 $Post_{2014}$ 取值为1，否则为0。本节构建交互项 $Clean \times Post_{2014}$ 纳入计量模型，估计结果见表7－14中列（4）。

另外，由于同时期外部市场环境变化及其他出口政策可能也会影响到企业的出口行为，从而对基准回归结论造成干扰。为此，进一步控制了类似的政策冲击，具体包括跨境人民币结算试点政策、宽带中国战略、知识产权示范城市试点政策、自由贸易试验区政策。

①跨境贸易人民币结算试点政策。跨境贸易人民币结算政策可能降低企业的汇率风险，进而对出口行为产生正面影响。中国人民银行等分别于2009年、2010年、2011年推出三批跨境人民币结算试点企业名单，为此，本节在基准回归模型基础上纳入 $CBTRS \times CPost$ 变量，其中，当企业被跨境人民币结算试点企业名单时，*CBTRS* 变量取值为1，否则为0；对于第一、第二、第三批试点企业分别自2000年、2010年、2011年起 *CPost* 变量取值为1，其余企业于2012年及之后 *CPost* 取值为1，而试点之前的企

业均取值为0。相应的估计结果见表7－14中列（5）。

②宽带中国战略。宽带中国战略通过影响企业数字化发展进程、延伸和派生新业务等渠道影响出口行为。2014年10月，工业和信息化部与国家发改委联合发布了第一批“宽带中国”示范城市（城市群）名单。为此，根据企业所在城市入选“宽带中国”试点战略的批次构建虚拟变量（*Internet*）。如果样本期间内企业所在城市被评选为“宽带中国”试点城市，则该地区企业样本在2015年取值为1，否则为0。估计结果见表7－14中列（6）。

③知识产权示范城市建设。知识产权保护程度的提高将显著提高企业的出口产品质量。为加速形成知识产权保护的中国经验和方案，自2012年起，国家知识产权局通过加快知识产权示范城市建设来优化制度供给实现市场化的优胜劣汰机制，促进资源要素合理流入高效的创新型企业。为此，本节亦在计量模型中控制国家知识产权示范城市试点政策。具体来说，在城市层面上将工业企业所在城市与国家知识产权示范城市匹配，构造政策虚拟变量与时间虚拟变量的交互项 $IPP \times Post_{2012}$。其中，当企业所在城市被纳入国家知识产权示范城市时，*IPP* 变量取值为1，否则为0；$Post_{2012}$ 在该城市获批国家知识产权示范城市当年及之后取值为1，否则为0。估计结果见表7－14中列（7）。

④自由贸易试验区战略。自由贸易试验区是中国深化对外开放的重要举措。自2013年9月以来，中国先后批准设立了22个自由贸易试验区。为此，采用多期双重差分控制自由贸易区战略的影响。具体来说，如果企业所在区域被纳入自由贸易区范围，则 *Free* 变量在当年及之后取值为1，否则为0。估计结果见表7－14中列（8）。

上述一系列检验表明，在排除同期其他环境政策干扰后，$Carbon \times Post$ 的估计系数大小和显著性未发生明显的变化，表明基本结论稳健可靠。

7. 内生性检验

考虑到试点地区较高的碳排放水平可能会提高该地区被纳入排放权交易试点的可能性，由此产生的双向因果关系导致内生性问题（宋德勇等，2024）。同时，样本选择偏差也会产生内生性问题。本节分别使用工具变量法、倾向得分匹配—双重差分法（PSM－DID）、熵平衡匹配—双重差分法（EBM－DID）和Oster遗漏变量检验等方法尽可能减少基准模型存在的潜在内生性。

①工具变量法。试点地区的污染水平较高，更有可能成为排放权交易

表 7-14 **排他性检验结果**

解释变量	被解释变量：*Quality*							
	(1)	(2)	(3)	(4)	(5)	(6)	(7)	(8)
$Carbon \times Post$	0.020** (0.010)	0.021** (0.011)	0.020** (0.010)	0.020** (0.010)	0.022** (0.010)	0.021** (0.011)	0.020** (0.010)	0.021** (0.011)
$Charge \times Post_{2010}$	Yes							
$Program \times Post_{2012}$		Yes						
$BTH \times Post_{2013}$			Yes					
$Clean \times Post_{2014}$				Yes				
$CBTRS \times CPost$					Yes			
Internet						Yes		
$IPP \times Post_{2012}$							Yes	Yes
Free	Yes	Yes	Yes	Yes	Yes	Yes	Yes	Yes
控制变量	Yes	Yes	Yes	Yes	Yes	Yes	Yes	Yes
Constant	-1.760*** (0.353)	-2.495*** (0.512)	-0.848*** (0.282)	-0.638 (0.844)	3.285*** (0.070)	-0.660** (0.318)	-0.840*** (0.272)	-0.237*** (0.021)
企业固定效应	Yes	Yes	Yes	Yes	Yes	Yes	Yes	Yes
城市—行业固定效应	Yes	Yes	Yes	Yes	Yes	Yes	Yes	Yes
时间固定效应	Yes	Yes	Yes	Yes	Yes	Yes	Yes	Yes

续表

解释变量	被解释变量：*Quality*							
	(1)	(2)	(3)	(4)	(5)	(6)	(7)	(8)
观测值	463667	463667	463667	463667	463667	463667	463667	463667
R - squared	0.663	0.662	0.662	0.662	0.664	0.662	0.663	0.662

注：①列（1）报告了控制排污权收费标准改革试点政策后的估计结果；列（2）报告了控制“万家企业节能行动”政策后的估计结果；列（3）报告了控制京津冀联防联控行动后的估计结果；列（4）报告了控制生态文明建设先行示范区建设政策后的估计结果；列（5）报告了控制跨境贸易人民币结算试点政策后的估计结果；列（6）报告了控制“宽带中国”战略后的估计结果；列（7）报告了控制知识产权示范城市建设后的估计结果；列（8）报告了控制自由贸易试验区战略后的估计结果。②***、**、*分别表示1%、5%、10%显著性水平，括号内的标准误在城市层面进行cluster处理。

试点地区，存在双向因果导致的内生性问题。因此，选取逆温和空气流通系数作为是否纳入碳交易试点地区的工具变量。在正常情况下，上层大气的温度低于表层。空气污染物可以从地面输送到上层，并进一步扩散。若上层温度高于底层温度，从而形成热逆温，空气污染物被困在地面附近，导致空气污染浓度很高。因此逆温现象越严重，空气污染越严重，满足相关性要求。逆温现象的形成一般独立于经济活动，满足外生性。此外，若地区的空气流通系数越小，那么该地区污染物和碳排放的监测浓度越高，地方政府将会采取更严格的管制措施来完成中央政府分配的减排指标，该地区被纳入碳交易试点的概率越大，满足相关性要求。空气流通系数仅受到地区气候因素和地理位置条件的影响，满足外生性。

逆温强度数据来自美国国家航空和航天局（NASA）的 MERRA 卫星数据。本节将海拔 110 ~ 36000 米的高度分成 42 层，如果第二层温度高于第一层判断为逆温现象。如果地面海拔过高，超过第二层，则顺延两层进行对比。每天 4 个时段各形成一次观测值，若有一次出现逆温，就判定该天为逆温天，之后计算全年逆温天数，作为逆温强度的数据。将逆温数据经纬度与经纬度数据进行就近匹配，得到逆温数据；另外，本节亦使用第三层大气温度减去第二层大气温度作为判断是否出现逆温的标准，如果第三层大气温度大于第二层大气温度，则当天出现逆温，赋值为 1，反之，赋值为 0。基于第二层与第一层大气温度差测算的逆温数据作为碳交易试点 *Carbon* 的第一个工具变量；基于第三层与第二层大气温差测算的逆温数据作为碳交易试点 *Carbon* 的第二个工具变量。空气流通系数来源于欧洲中期天气预报中心（ECMWF）的 ERA – Interim 数据库，选取 10 米高度和边界层高度的风速数据，计算出每个网格风速和边界层高度的乘积即对应年份的空气流通系数，将地区经纬度数据与各网格进行匹配得到地区空气流通系数，并作为碳交易试点 *Carbon* 的第三个工具变量。

表 7 – 15 中列（1）至列（6）报告了工具变量的估计结果。其中，列（1）和列（2）为近地一二层逆温工具变量结果，列（3）和列（4）为近地二三层逆温工具变量结果，列（5）和列（6）为空气流通系数工具变量结果。从第一阶段回归结果来看，工具变量均对核心解释变量存在显著的影响，工具变量回归的 K – PWald F 统计量均大于 10% 显著性水平的临界值 16.38，说明不存在弱工具变量问题。从第二阶段的回归结果来看，估计系数的大小和方向与基准回归保持一致。

②样本匹配。考虑到碳排放强度更高的地区更有可能被纳入监管企业名录，控排企业选择不再随机，由此导致碳交易试点地区与干扰项相关。

为了缓解样本选择偏差产生的内生性问题，尽可能减少处理组和控制组之间的初始差异，分别使用 PSM - DID 进行回归。本节选择企业 2007 ~ 2010 年历史 CO_2 排放量、所在行业三位码和企业层面控制变量作为协变量进行匹配。表 7 - 15 列（7）汇报了进行样本匹配后的回归结果。可以发现，在进行样本匹配后，核心解释变量的回归系数方向仍然与基准回归保持一致。另一可能导致内生性问题的原因是遗漏重要变量。考虑到数据的可观测性和可得性，虽然基准回归已经控制了影响企业出口产品质量的重要变量，但还是无法排除由于遗漏了与企业排污相关的特征变量而导致的内生性问题。为此，采用 Heckman 两阶段回归法来消除内生性问题。在 Heckman 第一阶段回归中，以碳交易试点政策作为被解释变量并采用 Probit 模型进行回归，并基于第一阶段的回归结果计算出逆米尔斯比（*IMR*）。然后，将得到的逆米尔斯比（*IMR*）加入 Heckman 第二阶段模型中进行拟合，回归结果如表 7 - 15 中列（8）所示。与基准回归结果的估计系数方向一致，碳交易试点政策的实施仍然显著促进了出口产品质量提升。

四、异质性检验结果分析

碳交易试点在运行模式、参数设计及运行效果等方面存在显著差异，并且碳交易试点政策对出口产品质量的影响也可能因经济发展水平、人口规模、工业化程度、市场化水平等宏观经济环境的不同而表现出异质性。为此，本节进一步结合碳交易试点政策的异质性影响展开实证分析。

首先，鉴于碳交易试点地区的经济发展水平存在显著差异，将研究样本划分为东部、中部和西部地区三种不同区域，并选择东部地区作为基准，分别纳入中部地区（*Central*）、西部地区（*West*）与排污权交易试点政策的交互项，对比考察碳交易试点政策对企业出口产品质量的区域异质性影响。从表 7 - 16 中列（1）的估计结果来看，排污权交易试点政策对出口产品质量的提升作用呈现出由东向西逐渐减弱的趋势。具体来看，在排污权交易试点政策的作用下，东部地区的出口产品质量提升了 0.030%，中部地区、西部地区的出口产品质量分别比东部地区低 0.021%、0.018%。究其原因主要是，一方面，东部地区的经济发展水平更高、碳交易试点的基础设施和配套设施更为完善，从而更为高效地发挥市场机制在碳交易试点政策实施过程中的资源配置作用，并据此提升出口产品质量；另一方面，东部地区更加坚实的经济基础和优越的制度环境能够吸引更多的人力资本和高技术企业集聚，从而为企业绿色研发和绿色转型提供了更多的要素支持。

表 7 – 15 内生性检验结果

解释变量	第一阶段	第二阶段	第一阶段	第二阶段	第一阶段	第二阶段	PSM – DID	Heckman
	(1)	(2)	(3)	(4)	(5)	(6)	(7)	(8)
IV	–0.116*** (0.031)		–0.159*** (0.042)		–0.198*** (0.033)			
Carbon × *Post*		0.596*** (0.138)		0.615*** (0.102)		0.650*** (0.143)	0.024*** (0.005)	0.027** (0.013)
控制变量	Yes	Yes	Yes	Yes	Yes	Yes	Yes	Yes
IMR								0.140 (0.108)
Constant	0.998*** (0.213)	1.318*** (0.072)	–3.621*** (0.724)	0.013 (0.036)	0.668*** (0.069)	0.081 (0.094)	–2.347*** (0.688)	1.6334** (0.695)
企业固定效应	Yes	Yes	Yes	Yes	Yes	Yes	Yes	Yes
城市—行业固定效应	Yes	Yes	Yes	Yes	Yes	Yes	Yes	Yes
时间固定效应	Yes	Yes	Yes	Yes	Yes	Yes	Yes	Yes
K – P Wald F 检验	255.0020***		228.1170***		168.7200***		—	—
K – P rk LM 检验	49.4040***		48.0290***		43.2500***		—	—
观测值	463661	463661	463661	463661	463661	463661	463667	463667
R – squared	—	—	—	—	—	—	0.597	0.691

注：①列（1）和列（2）报告了基于第二层与第一层大气温度差测算的逆温数据作为工具变量的回归结果；列（3）和列（4）报告了基于第三层与第二层大气温差测算的逆温数据作为工具变量的回归结果；列（5）和列（6）报告了采用城市所在地空气流通系数作为工具变量的回归结果；列（7）报告了采用 PSM – DID 进行回归的结果；列（8）报告了采用 Heckman 两步法进行回归的估计结果。②***、**、*分别表示 1%、5%、10% 显著性水平，括号内的标准误在城市层面进行 cluster 处理。

其次，进一步以城市规模作为样本属性，将人口规模超过 100 万以上的城市划分为大城市，而将人口规模低于 100 万的城市划分为小城市。本节以大城市作为基准，纳入小城市虚拟变量（*Small*）与碳交易试点政策的交互项，对比考察不同城市样本内碳交易试点政策对企业出口产品质量的估计结果。表 7 – 16 中列（2）的估计结果显示，规模较大的城市中碳交易试点政策对出口产品质量的提升作用更为显著。这可能是由于大城市具有更加完善的基础设施和经济环境，以及更强的要素吸纳能力。另外，由于规模经济的存在，大城市的生产要素整合能力和资源配置效率更高，从而能够有效提升碳交易政策引致的绿色创新能力。

再次，根据样本期间企业所在城市的工业总产值占 GDP 的比重由高到低进行排序，并根据其中位数将城市划分为工业化程度高和工业化程度低两个组别进行对比分析。在具体回归过程中，选取工业化城市较高的地区作为基准，纳入工业化程度较低的地区虚拟变量（*Low*）与碳交易试点政策的交互项。表 7 – 16 中列（3）的估计结果显示，碳交易试点政策导致工业化程度较高地区的企业出口产品质量提高了 0.040%，这一估计结果比工业化程度较低地区的企业出口产品质量高 0.026%。究其原因是，工业化程度较高的城市能源需求相对较高，面临的资源环境约束更为突出，因而碳交易试点政策将倒逼高污染、高耗能、高排放的企业进行绿色转型。

最后，市场化水平差异也将显著影响到碳交易试点政策的出口效用。基于 2007 ~ 2015 年各省区市的市场化指数中位数将企业所在的地区划分为高市场化地区和低市场化地区。如果企业所在的地区当年市场化水平高于中位数，则 *Market* 变量取值为 1，否则为 0。从表 7 – 16 中列（4）的估计结果可知，碳交易试点政策导致市场化程度较低地区的企业出口产品质量提升了 0.022%，这一估计结果比市场化程度较高地区低了 0.007%。因此，碳交易试点政策对市场化程度更高地区的企业出口产品质量的提升作用更为明显。这主要是由于市场机制是实施碳交易试点的内在要求，市场化水平的提高显著提高了碳交易活跃度，更有利于通过优化资源配置效率来提升企业出口竞争力。

表 7 – 16　　异质性检验结果

解释变量	被解释变量：*Quality*			
	（1）	（2）	（3）	（4）
Carbon × *Post*	0.030 ** （0.014）	0.029 ** （0.013）	0.040 ** （0.019）	0.022 ** （0.010）

续表

解释变量	被解释变量：*Quality*			
	(1)	(2)	(3)	(4)
Carbon × *Post* × *Central*	-0.021** (0.010)			
Carbon × *Post* × *West*	-0.018*** (0.005)			
Carbon × *Post* × *Small*		-0.027** (0.013)		
Carbon × *Post* × *Low*			-0.026** (0.012)	
Carbon × *Post* × *Market*				0.007* (0.004)
控制变量	Yes	Yes	Yes	Yes
Constant	-4.034*** (0.013)	-1.622*** (0.113)	-0.170*** (0.027)	-3.857*** (0.143)
企业固定效应	Yes	Yes	Yes	Yes
城市—行业固定效应	Yes	Yes	Yes	Yes
时间固定效应	Yes	Yes	Yes	Yes
观测值	463667	463667	463667	463667
R-squared	0.664	0.663	0.662	0.662

注：***、**、*分别表示1%、5%、10%显著性水平。括号内的标准误在城市层面进行cluster处理。

五、碳交易试点政策对关联企业出口产品质量的影响

碳市场是运用科斯定理解决环境负外部性的市场激励型规制工具。然而，分散的碳市场和本地化的政策设计导致不同地区对企业的碳监管严格程度存在显著差异。因此，在碳排放交易体系内的受监管企业有动机将生产活动和相关的生产资源重新分配到非试点地区不受监管的企业，从而导致关联企业的出口行为同样受到显著影响。股权关联网络为企业提供了重新分配生产活动的途径，且股权网络内的企业拥有更低的再分配成本，究其原因主要是，其一，受监管企业有较强的经济动机将污染转移到不受监管的关联企业。碳减排成本作为一项重要的成本支出，直接影响到企业的利润：一方面，政府根据基准法或历史法核算企业碳排放情况，并按低于

企业实际生产所需总量确定企业的初始配额，从而造成减碳压力。碳排放不再是免费的公共资源，而被碳市场赋予价格，受监管企业的实际碳排放量高于初始配额时意味着需要从碳市场购买额外额度，降低了企业的整体收益。另一方面，在现行的碳市场机制设计中，通过股权联结的关联企业是作为独立的个体进行碳排放核算的，而碳市场试点又是区域性的，不在试点地区的关联企业不受碳市场监管，因此，这为受监管企业的碳转移创造了条件。其二，受监管企业有能力将污染转移至不受监管的关联企业。企业集团通常由多个独立法人出于生产和经营目的建立股权关联网络，其内部关系错综复杂。受监管企业进行碳转移的特殊之处在于基于股权关联关系形成的发达内部市场。现有研究发现，企业集团通过这一内部市场实现了污染（宋德勇等，2021）和专利（曹春方等，2024）的转移。受监管企业通过手段复杂、形式隐蔽的方式，在不同关联企业之间转移生产活动以及相关的生产资源，从而实现对自身污染排放和初始配额的调节。因此，股权网络代表了一个更有可能发生碳泄漏范围。在这个网络中，碳市场受监管的企业通过内部市场转移，将相关生产活动和生产资源转移到不受监管的姐妹企业，从而策略性应对监管压力。而不受监管的公司和在其股权网络中的关联企业，则较少甚至不受到碳排放权交易政策的影响。

基于以上分析，本节以碳排放权交易试点为准自然实验，采用双重差分模型识别监管企业如何股权关联对其他企业的出口行为产生影响。计量模型设定如下：

$$Quality_{iht} = \beta_0 + \beta_1 Sister_{ih} \times Trade_t + \gamma X_{it} + \delta_{ih} + \eta_t + \varepsilon_{it} \qquad (7-4)$$

其中，下标 i、h 和 t 分别表示企业、所在行业及年份。被解释变量 $Quality_{iht}$ 表示处于行业 h 的企业 i 在 t 年的出口产品质量。$Sister_{ih}$ 为是否为同一行业的关联企业虚拟变量，如果企业 i 不受监管且处于受监管的控排企业的股权网络中，则 $Sister_{ih}$ 等于 1，否则等于 0。$Trade_t$ 为时间虚拟变量，碳交易试点期间（2012 年及以后）取值为 1，非试点期间（2012 年以前）取值为 0。X_{it} 为一系列控制变量向量，δ_{ih} 和 η_t 分别控制了企业—行业固定效应和时间固定效应，ε_{it} 为随机误差项。

在实证过程中，碳市场监管企业名录主要根据各碳市场试点地区发改委部门和环境能源交易所公布信息，手工整理得到 2055 家碳市场控排企业名录，其中北京 543 家、天津 114 家、上海 197 家、广东 193 家、深圳 635 家、重庆 242 家、湖北 131 家。关联企业数据主要通过企查查网站手工搜集并整理得到碳市场控排企业，主要从股权穿透比例和穿透层级上提出关联企业识别策略。具体来说，首先，纳入受监管公司100%控股公司，即全资子公司，这主要是由于无论大型的国有集团公司还是家族企业集团，全资子公司都在其中扮演重要角色。其次，根据企业股权关联关系25%比例线，纳入了由受监管企业所拥有的至少25%股权的控股企业。如果将最终控制人作为企业集团识别依据，可能会导致股权链过长（宋德勇等，2021）。25%比例从股权关联视角出发，更关注两个企业间现实经济联系，保障股权穿透层级紧密性。再次，纳入了拥有受监管企业至少25%股权的最多两个层级的股东企业，这主要是由于一个层级的股东企业导致纵向层次有限，而三个层级导致企业间的经济联系严重削弱。最后，同时纳入了受监管企业两个层级的股东向下全部或部分控股的最多两个层级的控股企业。考虑到从事相同生产活动的企业之间进行污染转移的可能性更高（陆菁等，2022），为此仅保留与监管企业所在行业三位码（行业中类）一致的关联企业，最终得到监管企业及其关联企业股权网络数据。

表7－17中列（2）的估计结果显示，碳排放权交易试点政策导致受监管企业的关联企业出口产品质量平均提高了0.012%，因此受监管企业通过股权网络实现质量升级。另外，分别从股权网络层级和股权穿透比例两个方面检验对股权网络定义的敏感程度。首先，考虑到多达六个层级的股权关系可能对样本中位于同一行业的关联企业的影响有限，因此缩小股权网络层级范围，即仅包括受监管企业向上、向下各穿透两层得到监管企业的关联企业。表7－17中列（3）的估计结果显示，在缩小股权网络层级范围后，相应的估计结果与列（2）保持一致。其次，合作粘性视角下两家企业之间的股权关联关系越紧密，利益共同体效应越强。34%的股权比例被认为“否决性控制线”，即“安全控制线”，表示在控股公司决策中具有“一票否决权”。因此，将股权穿透比例提高至34%再次进行股权穿透。表7－17中列（4）汇报了估计结果，与列（2）基本一致。值得注意的是，无论是调整股权网络层级还是股权穿透比例，监管企业的关联企业数量相近，表明在同一行业中，企业股权网络非常紧凑。

表7－17　　碳交易试点对关联企业出口产品质量的影响结果

解释变量	*Quality*	*Quality*	*Quality*	*Quality*	Lnvalue	Lngpatent
	(1)	(2)	(3)	(4)	(5)	(6)
Sister × *Trade*	0.037*** (0.010)	0.012** (0.006)	0.016*** (0.004)	0.012** (0.005)	0.095** (0.039)	0.223** (0.112)
控制变量	Yes	Yes	Yes	Yes	Yes	Yes

续表

解释变量	*Quality*	*Quality*	*Quality*	*Quality*	Ln*value*	Ln*gpatent*
	(1)	(2)	(3)	(4)	(5)	(6)
Constant	3.200 ** (1.633)	0.114 (0.145)	-1.108 * (0.603)	0.603 *** (0.045)	-0.473 *** (0.147)	2.357 *** (0.204)
企业—行业固定效应	Yes	Yes	Yes	Yes	Yes	Yes
时间固定效应	No	Yes	Yes	Yes	Yes	Yes
观测值	38472	38472	38472	38472	38472	38472
R-squared	0.117	0.139	0.355	0.162	0.568	0.494

注：***、**、*分别表示1%、5%、10%显著性水平。括号内的标准误在城市层面进行cluster处理。

根据前面分析，受监管企业可能通过股权网络直接进行产能转移。为此，使用关联企业出口总产值的对数值（Ln*value*）作为产能转移的替代变量，回归结果见表7-17中列（5）。估计结果显示，*Sister* × *Trade* 的系数显著为正，说明与受监管企业处于同一股权网络和行业种类的非监管关联企业会出口更多。另外，考虑到企业集团内部存在策略性的专利转移以应对企业风险。因此，位于碳市场试点地区的受监管企业同样可能存在向关联企业转移技术的可能。为此，以绿色专利转移数据作为技术转移的表征变量，探究受监管企业是否可以通过股权网络进行内部技术转移。关于专利转移的识别，主要以公司名称逐年匹配国家知识产权局专利数据，并通过WIPO绿色专利清单识别绿色专利技术数。列（6）的估计结果显示，同一股权网络内非监管关联企业从监管企业承接绿色专利技术与非股权网络内的企业相比增加了0.223%。因此，关联企业更多获得了来自监管企业绿色专利技术的转移。

第四节　本章小结

随着中国工业化的不断推进，传统的以高污染、高能耗、低效率为特征的粗放型经济增长模式引致的环境问题日趋严重，环境治理已经成为关系国计民生的重要事务。经过40多年的实践，环境规制的目标已经从早期的“降污”单一标准发展为“降污”和“增效”的双赢目标。与控制命令型环境规制相比，市场激励型环境规制充分利用灵活的市场机制激励企业进行绿色创新，因此市场激励型环境规制更有利于将环境规制带来的遵循成本效应转为创新补偿效应。本章以排污权交易试点政策和碳交易试点政策作为市场激励型环境政策的代表，采用双重差分模型考察市场激励型环境规制对企业出口产品质量的影响。

2007 年我国在 11 个省区市开展排污权交易试点，为研究排污权交易制度对污染物的政策影响提供了一次良好的准自然实验。基于 2001～2015 年的中国工业企业数据库和中国海关进出口数据库的匹配数据，使用双重差分模型评估了排污权交易试点政策对出口产品质量的影响效应。相关的实证结果显示，排污权交易试点政策显著提高了企业的出口产品质量，并且这一结论在排除其他外部重大事件影响等稳健性检验、结合两阶段最小二乘法和工具变量外生性检验、缓解试点选择的内生性问题后仍然成立。异质性分析结果显示，排污权交易对出口产品质量的提升效应因企业内部所有制结构、规模特征以及企业外部市场环境不同而存在显著差异，其中排污权交易试点对非国有企业、大企业的出口产品质量的促进作用更为明显；同时，排污权交易试点政策对市场化程度较高、环境执法力度较高地区的企业出口产品质量的提升作用更为明显。另外，排污权交易试点政策的实施将导致出口企业采取提质提价策略来稳定出口竞争力。

市场导向型环境政策既是实现碳达峰、碳中和目标的必然选择，也是推进生态文明建设和经济高质量发展的重要途径。碳交易是一种针对企业碳排放的特殊排污权交易。基于 2007～2015 年的中国工业企业数据库和中国海关进出口数据库的匹配数据，进一步考查了碳交易试点政策对企业出口产品质量的影响效应。研究发现，与非试点地区相比，从政策的平均处理效应来看，碳交易试点政策显著提升了试点地区的出口产品质量。在加入相关控制变量后，试点地区的企业出口产品质量平均提升了 0.023%。同时，碳交易试点政策对出口产品质量的提升作用在东部地区、大城市及工业化程度较高、市场化程度较高的城市中表现得更加明显。最后，碳排放权交易试点导致受监管企业通过股权网络的溢出效应显著影响到同一行业非监管企业的出口产品质量，其中产能转移和绿色技术转移是关联企业受到碳交易试点政策影响的主要渠道。研究结论不仅为市场导向型低碳政策助力出口转型提供了经验支持，也为推动全国碳市场的全面构建提供了重要的决策依据。

第八章　约束性减排目标考核下公众参与型环境规制对出口产品质量的影响研究

第一节　约束性减排目标考核下公众参与型环境规制

传统的行政命令型和市场激励型环境规制在政策执行过程中面临执行成本高、信息壁垒难以破除等问题，畅通环境信息披露机制，形成政府、企业和公众协同共治的环境治理体系决定了环境治理的成效。随着信息传播技术的飞速发展以及社会资本流动性的日益增强，以公众、媒体、环保组织为代表的社会资本在区域环保治理中扮演着日益重要的监督作用，并给企业主体造成了很大的社会压力。与控制命令型和市场激励型环境规制相比，公众对环境污染问题的广泛关注和环保诉求的提升、非政府组织对环境污染信息的披露在一定程度上可以有效降低信息不对称引致的规制成本上升和规制效率较低问题。为此，本节以环境信息公开和媒体监督作为公众参与型环境规制的典型代表，据此考察公众参与型环境规制的适用范围和主要特征。

一、环境信息公开政策

环境信息公开是形成环境治理“全民共治”新局面的重要前提。自2003年起，中央政府陆续出台一系列环保法律法规，强制性要求对环境信息进行公开。其中，2003年出台的《环境影响评价法》与2006年出台的《环境影响评价公众参与暂行办法》规定社会公众可以充分利用其获得环境信息主动参与环境评价，上述办法的实施为社会公众参与环境保护提供了有效的法律依据，中国的环境保护非政府组织逐渐进入公众的视野。最具代表性的机构是成立于2006年的公众环境研究中心（IPE）。2008年

5月1日开始实施的《环境信息公开办法（试行）》对完善中国环境防治机制具有里程碑式的意义，IPE 联合自然资源保护协会共同开发了污染源监管信息公开指数（PITI 指数），首次对中国城市的环境信息进行评价。目前该组织已经发布了 2008 ~20 年城市层面污染源监管信息的评价结果。

从 PITI 的评价对象来看，2008 ~2012 年，PITI 对 113 个城市进行了污染源监管信息公开，涉及哈尔滨、济南、石家庄、长沙、广州、成都、乌鲁木齐等 110 个国家环保重点城市，以及东莞、盐城、鄂尔多斯等 3 个非环保重点城市，其中东、中、西三大区域的城市数量占比分别为 46.02%、27.43% 和 26.55%。2013 年及之后，新增镇江、三门峡、自贡、德阳、南充、玉溪、渭南等 7 个新增城市，据此东部、中部和西部城市分别有 53 个、32 个和 35 个。

从 PITI 得分来看，2008 ~2012 年主要围绕污染源日常监管信息、集中整治信息、清洁生产审核信息、企业环境行为评价信息、信访投诉案件信息、环评文件受理和验收信息、排污收费信息和申请公开信息等八项开展评估。2013 年及之后，评价指标调整为环境监管信息、互动回应信息、企业排放数据信息和环境影响评价信息等共四大类，新增了在线监测信息和企业年度排放数据公开信息，取消了集中整治行动信息。在评价结果出台后，IPE 向污染源监管信息披露城市的环保部门分别征求意见，并在意见反馈的基础上再次修订评价结果，尽可能减少了信息资料搜集遗漏，保证了评价结果的透明公正。从 PITI 的具体得分来看，2008 年 PITI 得分均值为 31.1，仅有 30 个城市得分位于均值之上。其中 PITI 得分最高的城市是宁波，分数为 72.9，比第二名合肥市高出 6.3；PITI 得分最低的城市是西宁市和吉林市，分数为 10.2。2019 年 PITI 得分均值为 57.2，比 2008 年提高了 26.2；其中厦门市得分为 82.4，位居全国第一，比最后一名牡丹江市高出 60.7 分。

表 8-1 报告了 2008 ~2019 年我国主要城市 PITI 得分变化情况。从表中可以看出，总体上我国主要城市的 PITI 得分均值呈现上升趋势，由 2008 年的 31.1 上升至 2019 年的 57.2，说明环境信息公开水平在不断提升。从东部、中部和西部三大区域主要城市历年 PITI 得分情况变动来看，污染源信息披露程度在三大区域呈现出典型的东高西低格局。具体来说，东部地区的 PITI 均值得分最高，中部地区次之，西部地区最低。表 8-2 报告了 2008 ~2019 年 PITI 披露城市历年得分均值情况。从表 8-1 可知，PITI 得分均值排名前二十名的城市主要分布在东部地区，其中北京、上海

分别位居第三和第五，对应的得分为67.3和64.7，比排名第一的宁波市分别低了7.6、10.2；与之相比，PITI得分均值排名后二十位的城市主要集中在西部地区，其中大同市的PITI的得分均值最低，仅为20.5，比排名第一的宁波市低了54.4。这一统计数据进一步验证了东部地区的污染源信息公开水平相对较高。

表8-1　2008~2019年历年PITI得分

报告年份	均值	东部	中部	西部
2008	31.1	38.8	29.2	23.7
2009~2010	36.1	45.7	32.6	27.8
2011	40.1	50.3	36.0	31.5
2012	42.7	51.8	39.0	35.0
2013~2014	28.5	37.7	25.0	21.4
2014~2015	44.3	53.8	39.6	37.4
2015~2016	49.6	59.1	42.8	43.8
2016~2017	52.4	63.7	44.1	45.6
2017~2018	52.1	66.1	45.0	42.0
2018~2019	57.2	68.7	51.4	49.0

资料来源：根据历年主要城市污染源监管信息公开指数（PITI）评价报告整理得到。

表8-2　2008~2019年主要城市PITI均值排名

排名	城市	历年均分	排名	城市	历年均分
1	宁波	74.9	101	牡丹江	32.8
2	温州	67.6	102	赤峰	32.5
3	北京	67.3	103	曲靖	32.4
4	青岛	65.1	104	咸阳	32.3
5	上海	64.7	105	大庆	32.3
6	杭州	63.6	106	鄂尔多斯	32.2
7	深圳	63.2	107	宜宾	31.5
8	台州	63.1	108	西宁	31.3
9	常州	62.6	109	吉林	31.3
10	广州	60.6	110	兰州	30.3
11	福州	60.6	111	齐齐哈尔	30.2
12	中山	60.4	112	攀枝花	28.8

续表

排名	城市	历年均分	排名	城市	历年均分
13	东莞	59.9	113	金昌	27.9
14	苏州	59.7	114	锦州	27.7
15	南京	59.4	115	阳泉	27.1
16	合肥	59.3	116	本溪	26.8
17	佛山	59.0	117	张家界	25.9
18	南通	58.6	118	临汾	24.7
19	烟台	58.1	119	克拉玛依	21.9
20	无锡	57.5	120	大同	20.5

资料来源：根据历年主要城市污染源监管信息公开指数（PITI）评价报告整理得到。

二、媒体监督与环境规制

环境信息公开有效克服了企业与政府之间的环境信息不对称问题，对改善环境质量起到了至关重要的作用。但由于普通公众对污染排放量标准和政府环保规章的了解不够深入，对重污染企业的污染行为难以专业化取证，导致其监督职能的发挥呈现出“脆弱”监管的“理性无知”状态（潘爱玲等，2019）。作为一种调查、分析、揭露、监督的信息媒介，媒体因兼具独立性和专业性，能够弥补公众监督和政府监管的固有局限性，也为公众参与环境治理提供了新的监督机制。一方面，媒体作为公司信息披露的重要媒介，对公司不当行为的报道会引起监管部门的重视，从而能够有效约束公司行为并加以纠正。这主要体现在：媒体往往会加大对企业污染问题的曝光面，引起政府和公众对污染源的持续关注，从而在提升监督效率的同时也有效弥补了公众和政府在环境监管方面的信息劣势。另一方面，媒体可以通过向公众传递相关信息来影响公司生产决策和投资者行为，从而发挥良好的外部监督机制。媒体关注不仅会显著影响到企业声誉，有时甚至会吸引监管机构介入从而影响企业的出口选择。媒体对污染问题的持续曝光可能诱发资本市场惩罚机制。为了防止资本市场的股价大跌或造成更大的舆论压力，污染企业会采取合适的舆情管理手段来应对媒体质疑，并向外界传达主动保护环境和承担社会责任的积极信号。

中国资讯行的中国经济新闻数据库是国内最大的专业在线信息提供商，目前已拥有100多亿汉字总量，每日更新字数超过250万，并且对全国1200多家媒体进行实时监测。通过在中国经济新闻数据库中以全文和标题检索的方式筛选“环境保护”“废旧物资”“绿色创新”“污染排放”“能源消耗”等关键词，并在此基础上，基于使用自然语言标准处理技术和 Python 中的 TextBlob 软件包识别出每条新闻报道所包含的情感态度，将媒体报道分为正面、负面和中性三类。表 8－3 报告了 2007～2018 年关于环境问题的媒体报道情况。从表中可以看到，样本期间关于企业环境表现的舆论报道主要以中性报道为主。从正面报道和负面报道的数量来看，正面报道占比数一直在 15%～18% 的区间内波动，负面报道的占比数分别在 36%～42%。从企业环保治理的态度均值变化也可以看出，2007 年正面报道最小，仅有 1131 条；2018 年正面报道最多，高达 8624 条；同时，2008 年负面报道最小，仅有 1560 条；2018 年负面报道最多，高达 20572 条。这可能是由于北京奥运会促使政府加大了环境保护的投入力度，并强化了环境监管，大大提升了环境质量。值得注意的是，近几年来随着公众环保意识的逐渐提高，媒体对企业环境绩效的关注度不断提高，关于环境保护的正面报道和负面报道整体都呈现出上升趋势。2018 年《环境保护税法》的实施进一步推动了污染治理从排污收费制度到环境保护税制度的转变，强化了企业的治污减排责任，从而引起了媒体的广泛关注和跟踪报道。

表 8－3　媒体监督的统计性描述

年份	总数	正面报道	中性报道	负面报道
2007	7477	1131	3469	2878
2008	5572	1958	2052	1560
2009	11144	2105	4862	4177
2010	14954	2255	6563	6136
2011	9694	1718	4283	3693
2012	10948	1847	4930	4171
2013	13636	2525	6266	4845
2014	15682	2511	7372	5799
2015	21145	3288	10116	7741
2016	27028	3419	12909	10700
2017	30729	4892	14741	11096
2018	52776	8624	23580	20572
2019	43411	8035	19005	16370
均值	20323	3331	9273	7719

第二节　环境信息公开对出口产品质量的影响研究

构建政府、企业和社会公众多元参与的环境规制体系对于促进出口贸易转型具有重要意义。尽管政府环境信息公开政策已推行十五年，但其理论和实证研究仍然相对匮乏。为此，本节将公众作为主体的污染源监管信息公开与出口产品质量升级纳入统一的分析框架，探讨公众参与型环境规制能否实现环境保护与出口贸易的“双赢”。

一、计量模型设定及指标说明

为了深入探讨环境信息公开对出口产品质量的影响，本节以 2008 年起公众环保中心（IPE）和自然资源保护委员会（NRDC）公布的污染源监管信息公开指数（PITI）作为一个天然外生冲击，利用双重差分模型识别并评估其效应。鉴于自 2013 年开始纳入环境信息公开评价的城市数量增加至 120 个，相应的污染源信息评价指标体系亦发生显著的变化，为此区别于以往研究，本节构建多时点双重差分模型，具体的计量模型如下：

$$\mathrm{Ln}quality_{fhct} = \alpha + \beta_1 PITI_{it} \times Post_t + \beta_2 Control_{ft} + \mu_{fhc} + \theta_t + \varepsilon_{fhct} \tag{8-1}$$

其中，Ln*quality* 为出口产品质量；h 为 HS－6 位码产品，c 为出口目的国，t 为年份；*PITI* 为环境信息公开政策，*Post* 为环境信息公开政策冲击的时间虚拟变量；*Control* 为企业层面控制变量；μ_{fhc} 为企业—产品—目的国固定效应，θ_t 为年份固定效应，ε_{it} 为误差项。

被解释变量为出口产品质量（Ln*quality*）。参考坎德瓦尔等（Khandelwal et al.，2013）的研究，采用事后推理的思路来测算得到企业—产品—目的国层面的出口产品质量。

核心解释变量为环境信息公开政策（*PITI*）。以公众环境研究中心和美国自然资源保护委员会合作公布的污染源监管信息公开指数为准自然实验，根据中国工业企业数据库提供的企业所在地的省地县码，识别企业所在城市是否被纳环境信息公开评价。如果该城市被披露了污染源监管信息，则 *PITI* 取值为 1，否则为 0。另一核心解释变量为环境信息公开政策冲击的时间虚拟变量（*Post*），该城市的环境信息公开后取值为 1，否则为 0。

为了尽可能减少遗漏变量导致的回归结果偏误，本节进一步加入影响企业出口产品质量的其他控制变量（*Control*），具体包括：（1）企业年龄（Ln*age*），采用当年年份与企业成立年份之差来衡量并以对数形式引入计量模型；（2）企业规模（Ln*size*），采用全部从业人员年平均人数的自然对数衡量；（3）融资约束（*SA*），借鉴哈德洛克和皮尔斯（Hadlock and Pierce，2010）构建的SA（size－age）指数衡量；（4）资本劳动比（Ln*KL*），采用固定资产投资额与就业人数比值的对数衡量；（5）全要素生产率（Ln*TFP*），采用扩展的奥利和佩克斯（Olley and Pakes，1996）提出的OP方法进行测算；（6）所有制结构（*State*），如果企业实收资本中国有资本占比超过50%，则该企业为国有企业且*State*取值为1，否则*State*取值为0。

本节主要选取2001～2015年的中国工业企业数据库和中国海关进出口数据库的合并数据展开计量研究。借鉴布兰特等（Brandt et al.，2017）、田巍和余淼杰（2013）等研究的做法，对两套原始数据进行了清洗、整理和匹配，对主要名义变量进行了价格指数平减，对行业编码、HS产品编码等指标进行了编码规则统一。在此基础上，根据企业所在地区的名称和年份信息识别企业所在城市是否被纳入污染源监管信息公开范围。关于主要城市的污染源监管信息公开政策主要来自公众环境研究中心（IPE）发布的年度调查报告。在完成数据合并后，对相关原始数据进行了清洗和整理，最终得到3253336个样本。表8－4报告了相关变量的统计性描述。

表8－4　　主要变量的描述性统计

变量	变量定义	均值	标准误	最小值	最大值
Ln*quality*	出口产品质量	1.256	7.323	－49.999	49.999
PITI	环境信息公开政策，如果企业所在的城市被纳入污染源监管信息公开范围，则该变量取值为1，否则为0	0.342	0.437	0	1
Post	时间虚拟变量，企业所在的城市进行环境信息公开及之后取值为1，否则为0	0.437	0.335	0	1
Ln*age*	企业年龄的对数值	2.356	0.632	0	5.052
Ln*size*	企业从业人员的对数值	5.773	1.205	2.079	12.324
SA	融资约束，SA指数	2.957	0.722	1.570	4.832

续表

变量	变量定义	均值	标准误	最小值	最大值
Ln*KL*	资本劳动比，固定资产投资额与就业人数比值的对数	3.673	1.270	0.265	14.21
Ln*TFP*	OP 法计算的全要素生产率并取对数值	3.906	2.235	-2.316	8.765
State	国有企业虚拟变量，如果实收资本中国有资本占比超过 50%，则该变量取值为 1，否则为 0	0.047	0.165	0	1

二、基准回归结果分析

表 8-5 报告了环境信息公开对企业出口产品质量影响的基本回归结果。其中，表 8-5 中列（1）和列（2）仅控制了企业—产品—目的国固定效应，估计结果显示，*PITI* × *Post* 的估计系数显著为负，说明环境信息公开与出口产品质量之间存在负相关关系。列（3）进一步控制了年份固定效应，但未纳入其他控制变量，估计结果显示，环境信息公开导致企业出口产品质量下降了 0.084%，同样说明环境信息公开不利于企业提高出口产品质量。列（4）同时控制企业—产品—目的国固定效应和年份固定效应，并进一步纳入了企业层面的控制变量，估计结果显示，*PITI* × *Post* 的估计系数显著为负，说明相较于未公开污染源信息的城市，污染信息公开城市的出口产品质量在公开后显著降低，因此环境信息公开降低了企业出口产品质量。这主要是来自外部的环境监管压力导致企业治污压力和投入大幅提高，在一定程度上挤占了企业的研发支出并提高了其融资成本，导致其出口产品质量下降。

从控制变量的估计结果来看，表 8-5 中列（4）的估计结果显示，企业年龄（Ln*age*）的估计系数为 0.027 且通过了 1% 的显著性水平检验，表明企业年龄对出口产品质量存在显著的正向促进作用。随着经营时间的延长，企业积累了更多的生产和管理经验，资源配置效率不断提升，从而有利于提高出口产品质量。企业规模（Ln*size*）的估计系数为 0.023 且在 5% 的显著性水平下为正，表明规模较大的企业有更高的出口产品质量。大企业往往拥有更多的资源和优势，如更多的资金、更高的技术水平、更完善的管理体系等，这些优势能够帮助企业提高产品质量。此外，大企业往往有更好的供应链管理和生产组织能力，通过改善管理效率来进一步提高产品质量。融资约束（*SA*）的估计系数为正且通过了 1% 的显著性水平检验，表明企业面临的融资约束越小，其出口产品质量越高。资本密集度

（Ln*KL*）系数为0.029，在1%的显著性水平下为正，表明资本密集度对出口产品质量存在正向影响。全要素生产率（Ln*tfp*）的估计系数同样显著为正，表明全要素生产率有利于提高出口产品质量。全要素生产率高，表明企业具有更高的生产效率和生产能力，有利于提高产品的工艺水平。最后，所有制结构（*State*）的估计系数显著为正，表明国有企业的出口产品质量明显高于非国有企业。

表8-5　　　　基准回归结果

解释变量	被解释变量：Ln*quality*			
	（1）	（2）	（3）	（4）
PITI × Post	-0.132*** （0.011）	-0.125*** （0.006）	-0.084*** （0.030）	-0.073** （0.031）
Ln*age*		0.041*** （0.014）		0.027*** （0.012）
Ln*size*		0.022*** （0.006）		0.023** （0.010）
SA		0.016*** （0.005）		0.028*** （0.010）
Ln*KL*		0.066 （0.041）		0.029*** （0.011）
Ln*tfp*		0.105** （0.052）		0.130*** （0.036）
State		0.013** （0.006）		0.024*** （0.008）
Constant	-0.127** （0.058）	-0.270** （0.123）	-0.107*** （0.031）	-0.185 （0.202）
企业—产品—目的国固定效应	Yes	Yes	Yes	Yes
时间固定效应	No	No	Yes	Yes
观测值	3253336	3253336	3253336	3253336
R-squared	0.438	0.464	0.569	0.572

注：***、**、*分别表示1%、5%、10%显著性水平，括号内的标准误在城市层面进行cluster处理。

本节进一步从遵循成本效应、创新补偿效应和产品转换效应考察环境信息披露影响出口产品质量的具体机制。具体来说，选取治污成本和绿色创新效应作为政策机制。由于无法获取针对某一类产品的相关治污投入费用和研发费用数据，本部分主要控制了企业固定效应和年份固定效应。其中治污成本采用治污设备投入量作为替代变量并加 1 取对数（Ln*equipment*）处理；为了保证结果的稳健可靠，亦采用企业 SO_2 去除率（SO_2*_remove*）、COD 去除率（*COD_remove*）作为治污成本的替代变量。相关数据来自企业污染排放数据库。企业绿色创新水平采用绿色发明专利申请量（Ln*innovation*）和全要素生产率（Ln*TFP*），其中绿色发明专利申请量借鉴乌拉达和诺阿伊（Wurloda and Noailly，2018）的研究方法，根据世界知识产权组织发布的《绿色专利清单》中的 IPC 代码识别并核算了企业每年的绿色发明专利申请数量。最后，仅保留连续出口两年及以上的企业作为样本，并剔除产品种类不变的样本，计算产品新增率（*Add*）、产品剔除率（*Drop*）和产品转换率（*Switch*）。

表 8－6 中列（1）的估计结果显示，*PITI*×*Post* 的估计系数显著为正，且环境信息公开导致企业治污设备投入增长了 0.015%。当污染去除率变量被纳入列（2）和列（3）的回归分析中时，估计结果显示，*PITI*×*Post* 变量的估计系数依然显著为正，进一步说明了环境信息公开将显著增加企业的治污投入。同时，表中列（4）和列（5）的估计结果显示，环境信息公开的实施有利于促进企业绿色创新和全要素生产率的提高，因而环境信息公开同样存在显著的创新补偿效应。另外，从估计系数来看，列（1）至列（3）中 *PITI*×*Post* 的估计系数远大于列（4）和列（5）。由此可知，环境信息公开政策引致的遵循成本效应大于创新补偿效应。从产品转换机制来看，列（6）至列（8）的估计结果显示，环境信息公开对产品新增率和产品剔除率均呈现显著的影响，表明公众监管力度的提高能够有效促进企业通过优化产品组合来重塑出口竞争力。

三、稳健性检验结果分析

为了进一步保证基准回归结果的稳健可靠，本节分别通过平行趋势检验、安慰剂检验、政策外生性的其他检验、替换关键变量的衡量方式、排除其他环境政策干扰、考虑内生性等策略进行稳健性检验。

1. 平行趋势检验

双重差分估计有效性的前提之一是实验组与对照组在处理前需要满足平行趋势假设。即，在 PITI 报告发布前，对照组和实验组的出口产品质量在时间上趋于一致。而 PITI 报告发布后，实验组中的企业相比对照组在产品质量上呈现出不同的趋势。为此，通过加入环境信息公开城市虚拟

表 8－6　影响机制检验结果

解释变量	Lnequipment	SO_2_remove	COD_remove	Lninnovation	Lntfp	Lnadd	Lndrop	Lntotal
	(1)	(2)	(3)	(4)	(5)	(6)	(7)	(8)
PITI × *Post*	0.015 *** (0.002)	0.008 *** (0.003)	0.011 ** (0.004)	－0.005 ** (0.002)	－0.003 *** (0.001)	0.013 * (0.007)	0.019 *** (0.008)	0.017 * (0.010)
控制变量	Yes	Yes	Yes	Yes	Yes	Yes	Yes	Yes
Constant	－6.215 *** (1.325)	－3.574 *** (0.763)	0.692 (0.625)	－0.283 *** (0.067)	－0.223 *** (0.054)	－3.310 *** (0.707)	1.618 *** (0.066)	1.179 *** (0.209)
企业固定效应	Yes	Yes	Yes	Yes	Yes	Yes	Yes	Yes
行业固定效应	No	No	No	No	No	Yes	Yes	Yes
年份固定效应	Yes	Yes	Yes	Yes	Yes	Yes	Yes	Yes
观测值	197304	208723	156429	287312	325140	1814987	2297489	2874685
R－squared	0.375	0.498	0.384	0.577	0.612	0.415	0.534	0.438

注：***、**、* 分别表示 1%、5%、10% 显著性水平，括号内的标准误在城市层面进行 cluster 处理。

变量与年份变量的交互项进行计量检验。平行趋势的检验结果显示，处理组在2008年之前的系数为正但不显著，表明PITI报告发布前，处理组和对照组的出口产品质量之间并没有显著差异。然而，在PITI公布之后，回归系数开始发生变化，并在1%的水平下显著为负，表明在环境信息公开后出口产品质量显著下降。综上所述，环境信息公开影响出口产品质量的估计结果通过了平行趋势检验（见图8－1）。

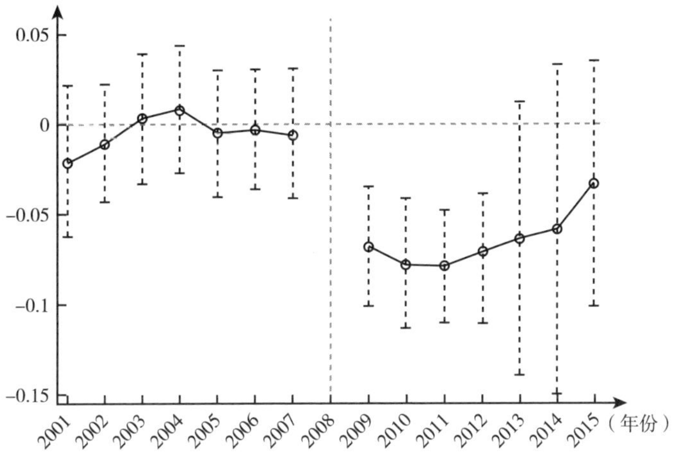

图8－1　平行趋势检验结果

2. 安慰剂检验

为了明确出口产品质量的提升是否是由于环境信息公开政策所引起的，分别从政策时点和处理组选择进行安慰剂检验。首先，将政策时间节点分别提前1~3年，并构建变量 *Pre_PITI*1、*Pre_PITI*2 和 *Pre_PITI*3 进行计量回归。由于外生冲击只发生在政策规定的时间处，那么在政策时间前1~3年处必然不存在因果效应。如果估计系数显著，则表明不能把出口产品质量的变化归因于环境信息公开政策，也有可能是来自其他未观测到的变量影响到了这一结果。表8－7中列（1）至列（3）的估计结果显示，变量 *Pre_PITI*1、*Pre_PITI*2 和 *Pre_PITI*3 的估计均不显著。因此，在排除了模型中其他非随机因素干扰以后，基准回归部分的结论依然成立。

其次，本节从所有样本中随机抽取产生处理组的企业名单，利用基准估计模型进行回归，将该过程重复进行500次，据此比较错误估计系数与基准回归估计系数是否存在较大差异。图8－2的模拟结果显示，500次抽样中随机抽样系数以0为均值并呈正态分布，真实的估计系数独立于随机抽样系数分布之外。以上检验说明基准回归结论并非由未观测到的偶然因素所导致，基准回归结论具有较好的稳健性。

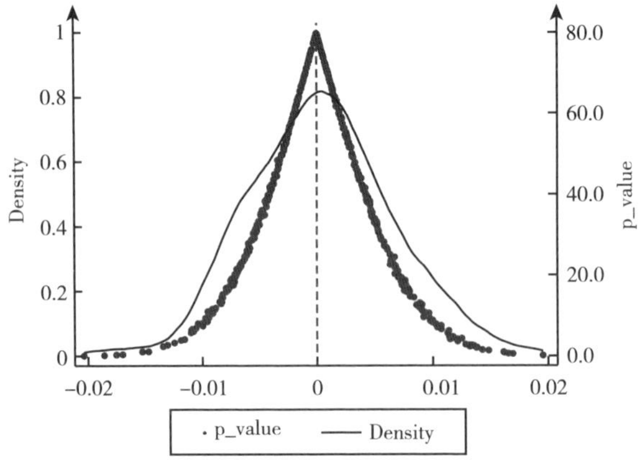

图 8－2　安慰剂检验

3. 政策外生性的其他检验

采用双重差分模型需要满足政策冲击外生性的要求，尤其是政策冲击要与被解释变量表现无关。为此，参考陈等（Chen et al.，2020）的做法，采取环境信息披露政策实施前的出口产品质量对处理组变量 *PITI* 进行 Logit 回归。表 8－7 中列（4）的估计结果显示，出口产品质量的回归系数并未通过 10% 的显著性水平检验，说明环境信息披露满足外生性要求。

4. 考虑核心变量的衡量方式

为了防止因变量测度导致的回归偏差，借鉴樊海潮和郭光远（2015）的方法，分别使用 σ 等于 5 和 10 重新测算出口产品质量并进行标准化处理，估计结果如表 8－7 中列（5）和列（6）所示；另外，使用单位价值量（即出口总价值量/出口数量）作为产品质量的代理变量进行回归，估计结果见列（7）。可以发现，在替换核心变量的衡量方式后，$PITI \times Post$ 的估计系数依然显著为负，意味着环境信息公开对出口产品质量的负面影响并不是由核心变量的替代性度量驱动的。

5. 改变样本估计量

鉴于从 2013 年开始纳入环境信息公开评价体系的城市数量由原来的 113 个增加至 120 个。为了降低由于样本选择带来的偏误，删除样本考察期间新增的 7 个城市相关企业统计观察值，重新进行计量回归。另外，考虑到 2008～2009 年全球金融危机对中国出口贸易造成了巨大冲击，为此剔除2008~2009年的企业样本重新进行估计。表8-7中列（8）和列（9）的估计结果可知，在改变样本估计量后，$PITI \times Post$ 的估计系数仍然显著为负，进一步证实了基准回归结果的可靠性。

6. 排他性检验

一是考虑环境信息公开实施时期影响企业排污决策的其他政策影响，具体包括节能低碳行动、排污权交易试点政策、碳交易试点政策及《环境空气质量标准（2012）》公布政策的影响。具体来说：

①万家企业节能低碳行动政策。2011年12月，国家发改委等12个部门联合发布“万家企业节能低碳行动”实施方案，对重点用能单位进行重点监控来实现节能减碳。为此，进一步控制该政策对姊妹企业二氧化碳排放的影响。如若姊妹企业被纳入万家企业节能低碳行动企业名单，则政策虚拟变量 *Program* 取值为1，否则为0；当统计年份在2012年及之后，则时间虚拟变量 $Policy_{2012}$ 取值为1，否则为0。本节构建交互项 $Program \times Policy_{2012}$ 纳入计量模型，估计结果见表8-8中列（1）。

②SO_2 排污权交易试点政策。2007年，江苏、天津、河北、山西等11个省区市被纳入 SO_2 排污权交易试点，开创了排污权二级市场交易先例。为此，本节进一步控制 SO_2 排污权交易试点政策对企业出口产品质量的影响。当企业所在省区市位于 SO_2 排污权交易试点地区，则 $Pilot\_SO_2$ 变量取值为1，否则为0；当统计年份在2007年及之后，$Post_{2007}$ 取值为1，否则为0。估计结果见表8-8中列（2）。

③碳交易试点政策。国家发改委于2011年10月印发了《关于开展碳排放权交易试点工作的通知》，明确在北京、上海、天津、重庆、深圳、广东和湖北等七省市开展碳排放权交易试点。为此，本节进一步控制了碳排放交易试点政策对企业绿色创新的影响。具体来说，设置碳排放交易试点政策虚拟变量，当企业所在的地区为碳排放权交易试点地区，$Pilot\_CO_2$ 取值为1，否则为0。如果统计年份在2012年及之后，则时间虚拟变量 $Post_{2012}$ 取值为1，否则为0。估计结果见表8-8中列（3）。

④《环境空气质量标准（2012）》政策。2012年2月，国家环境保护部发布《环境空气质量标准（2012）》，明确了各阶段监测的范围、内容和要求，并要求监测点地方政府分批披露环境信息数据。为此，构建虚拟变量 *Disclose* 反映环境地方政府的环境信息披露程度。如果该城市属于试点监测城市，则 *Disclose* 在当年及之后取值为1，否则为0。估计结果见表8-8中列（4）。

二是排除同期外部冲击及其他出口政策的干扰，具体包括自由贸易试

表 8-7　　稳健性检验结果

解释变量	Lnquality	Lnquality	Lnquality	*PITI*	Lnquality	Lnquality	Lnquality	Lnquality	Lnquality
	(1)	(2)	(3)	(4)	(5)	(6)	(7)	(8)	(9)
Pre_PITI1	-0.112 (0.145)								
Pre_PITI2		-0.109 (0.098)							
Pre_PITI3			-0.066 (0.041)						
Lnquality				0.113 (0.144)					
PIPT × *Post*					-0.072 * (0.038)	-0.077 * (0.038)	-0.068 ** (0.028)	-0.076 *** (0.028)	-0.069 ** (0.028)
控制变量	Yes	Yes	Yes	Yes	Yes	Yes	Yes	Yes	Yes
Constant	-2.301 *** (0.263)	1.594 *** (0.301)	0.802 *** (0.232)	-3.014 * (1.666)	-0.239 *** (0.021)	1.128 *** (0.131)	-0.711 *** (0.085)	0.570 (0.514)	1.488 *** (0.264)
企业—产品—目的国固定效应	Yes	Yes	Yes	Yes	Yes	Yes	Yes	Yes	Yes
时间固定效应	Yes	Yes	Yes	Yes	Yes	Yes	Yes	Yes	Yes
观测值	3253336	3253336	3253336	1307429	3253336	3253336	3253336	310829	2776566
R - *squared*	0.519	0.620	0.445	—	0.536	0.568	0.576	0.681	0.620

注：①列（1）至列（3）报告了提前环境信息公开政策实施时间后的反事实估计结果；列（4）报告了环境信息公开外生性检验的估计结果；列（5）和列（6）的出口产品质量基于替代弹性 σ 取值为 5 和 10 重新进行测算；列（7）的出口产品质量采用单位价值量衡量；列（8）报告了剔除新增环境信息公开城市样本后的回归结果；列（9）报告了删除金融危机时期样本的估计结果。②***、**、*分别表示 1%、5%、10% 显著性水平，括号内的标准误在城市层面进行 cluster 处理。

验区战略、宽带中国战略、外资准入政策、出口退税政策。

①自由贸易试验区试点。自由贸易试验区是中国深化对外开放的重要举措。自2013年9月以来，中国先后批准设立了22个自由贸易试验区。为此，采用多期双重差分控制自由贸易区战略的影响。具体来说，如果企业所在区域被纳入自由贸易区范围，则 *Free* 变量在当年及之后取值为1，否则为0。估计结果见表8－8中列（5）。

②外资准入政策。2002年以来实施的《外商投资产业指导目录》通过鼓励、限制和禁止等方式，指导外资流入符合国家战略和安全需求的产业领域，从而有助于进出口结构的优化与升级。参考 Sheng 和 Yang（2016）的研究思路，本节引入虚拟变量（*FI*）来控制外资准入政策的影响。具体而言，如果产品所属行业在目录中被限制或禁止，则取值为0；若为受鼓励产业，则取值为1。估计结果见表8－8中列（7）。

③开发区设立。国家级开发区享受来自国家和地方政府的优惠政策，能够有效降低企业运营成本、提高生产效率，进而提高企业出口产品质量。通过判断企业是否落户在国家级开发区（*DZ*）来衡量此政策的影响，若企业落户在国家级开发区，则 *DZ* 变量在该年份及以后年份取值为1，否则为0。

④国有企业改革。国企改革通过优化管理、引入外部等手段提升企业的市场份额和竞争力，从而提高企业出口产品质量。本节采用企业行业中国有企业数量占比（*Reform*）来控制国企改革的影响。

表8－8中列（1）至列（8）的回归结果显示，在排除上述同期政策干扰后，$PITI \times Post$ 的估计系数依然为正且通过了5%的显著性水平检验，表明在控制上述政策冲击的影响后，环境信息公开对出口产品质量的影响依然显著为负，证实了基本结论是稳健的。

7. 内生性检验

反向因果关系和样本选择偏差可能是导致内生性的主要原因。从反向因果关系的角度来看，出口绩效越高的城市越容易引起公众对其环境问题的重视。为此，选取企业所在城市的空气流通系数对数值（Ln*ventilation*）作为工具变量，其原因在于，一般而言，空气流通系数越高的地区环境质量越好，环境信息公开的动机越强；而空气流通系数并不会对出口产生直接影响。另外，选取城市发行的报纸种类数量（Ln*paper*）作为环境信息公开的工具变量。城市发行的报纸种类越多，表明城市媒体披露水平越高，越容易及时曝光公众的各类诉求，从而该城市的环境信息公开概率越高；而城市发行的报纸种类数量与企业的出口产品质量之间不存在显著的

表 8-8　排他性检验结果

解释变量	被解释变量：*Quality*							
	(1)	(2)	(3)	(4)	(5)	(6)	(7)	(8)
$PITI \times Post$	-0.070** (0.032)	-0.072** (0.034)	-0.071*** (0.021)	-0.072** (0.028)	-0.071** (0.027)	-0.071*** (0.0026)	-0.072** (0.030)	-0.073** (0.031)
$Program \times Policy_{2012}$	Yes							
$Pilot\_SO_2 \times Post_{2007}$		Yes						
$Pilot\_CO_2 \times Post_{2012}$			Yes					
Disclose				Yes				
Free					Yes			
FI						Yes		
DZ							Yes	Yes
Reform	Yes	Yes	Yes	Yes	Yes	Yes	Yes	Yes
控制变量	Yes	Yes	Yes	Yes	Yes	Yes	Yes	Yes
Constant	-0.992*** (0.234)	0.168 (0.124)	2.466*** (0.172)	2.142*** (0.115)	-0.888*** (0.337)	-0.716*** (0.295)	-0.956** (0.398)	0.246 (0.125)
企业—产品—目的国固定效应	Yes	Yes	Yes	Yes	Yes	Yes	Yes	Yes
年份固定效应	Yes	Yes	Yes	Yes	Yes	Yes	Yes	Yes
观测值	3253336	3253336	3253336	3253336	3253336	3253336	3253336	3253336
$R-squared$	0.574	0.571	0.573	0.572	0.573	0.574	0.573	0.573

注：①列（1）报告了控制“万家企业节能行动”政策后的估计结果；列（2）报告了控制排污权交易试点政策后的估计结果；列（3）报告了控制碳交易试点政策后的估计结果；列（4）报告了控制《环境空气质量标准（2012）》政策后的估计结果；列（5）报告了控制自由贸易试验区试点政策后的估计结果；列（6）报告了控制外资准入政策后的估计结果；列（7）报告了控制开发区政策后的估计结果；列（8）报告了国有企业改革影响后的估计结果。②***、**、*分别表示1%、5%、10%显著性水平，括号内的标准误在城市层面进行 cluster 处理。

关系。城市的空气流通系数是由风速和混合高度所决定的，数据来源为欧洲中期天气预报中心的数据库（ERA - interim）；报刊种类数据来源于“全国报刊索引”数据库。表 8 - 9 中列（1）至列（4）报告了两阶段最小二乘法的估计结果。从第一阶段的估计结果来看，两个工具变量的估计系数显著为正。此外，在使用工具变量消除反向因果关系后，*PIPT* × *Post* 的估计系数仍然显著。同时，F 检验拒绝了工具变量弱识别的原假设，而 LM 检验则拒绝了工具变量不可识别的假设，这表明所选工具变量仍然有效。

从样本选择偏差来看，环境治理较好的企业更愿意公开信息，从而导致环境信息公开的城市存在自选择问题；另外，工业企业数据库和海关进出口数据库在样本匹配过程中不可避免地造成部分样本匹配不成功，也会造成样本选择偏差。为此，采用 Heckman 两步法来克服样本选择偏差问题。首先，采用 Probit 模型估计企业所在城市是否选择公开环境信息，据此计算逆米尔斯比率（IMR）。表 8 - 9 中列（5）报告了 Heckman 两步法的估计结果。可以发现，加入逆米尔斯比率（IMR）对样本选择偏误进行修正之后，环境信息公开对企业出口产品质量的影响依然显著为负，实证结果与基准回归基本保持一致，表明样本选择偏误未影响基准研究结论的稳健性。其次，由于 2001 ~ 2010 年的中国工业企业数据库不包含主营业务收入 500 万元以下的中小非国有企业样本，而 2011 ~ 2015 年的中国工业企业数据库不包含主营业务收入 2000 万元以下的中小非国有企业样本，样本的缺失可能使得基本回归的结果产生偏误。为此，剔除 2011 年前营业收入为 500 万元人民币以下、2011 年及之后营业收入为 2000 万元人民币以下的国有企业样本后重新进行回归分析。表 8 - 9 中列（6）的估计结果显示，*PITI* × *Post* 的估计系数仍然显著为负，表明数据库的统计缺陷并不会对估计结果产生影响。

最后，本部分也采用倾向得分匹配——双重差分模型缓解样本自选择偏误造成的内生性问题。具体来说，首先利用样本中被纳入环境信息公开的城市作为匹配对象，选取城市人均 GDP、人口密度、贸易开放度、工业二氧化硫排放量作为匹配变量，并采用最近邻匹配方法进行 1∶1 匹配。倾向得分匹配的结果显示，匹配后所有变量的标准化偏差均小于 10%，且 T 检验值显示实验组和控制组之间并不存在显著差异。基于倾向得分匹配结果进一步进行双重差分回归，具体的估计结果见表 8 - 9 中列（7）。相关的检验结果与基准回归保持一致，*PITI* × *Post* 的估计值均为负值且通过了 1% 的显著性检验，再次证实基准回归的稳健性。

表 8-9 内生性检验结果

解释变量	第一阶段	第二阶段	第一阶段	第二阶段	Heckman		PSM - DID
	(1)	(2)	(3)	(4)	(5)	(6)	(7)
IV	0.371 *** (0.127)		0.290 ** (0.132)				
PIPT × Post		-0.240 *** (0.051)		0.140 *** (0.051)	-0.070 *** (0.018)	-0.078 ** (0.037)	-0.075 *** (0.031)
IMR					0.031 (0.047)		
控制变量							
Constant	2.138 *** (0.116)	-1.039 *** (0.025)	-26.403 *** (2.155)	-0.665 (1.805)	0.030 *** (0.004)	1.085 *** (0.142)	-2.207 *** (0.093)
企业—产品—目的国固定效应					Yes		
年份固定效应					Yes		
K - P Wald F 检验	1325.42 ***		533.60 ***		—		
K - P rk LM 检验	987.30 ***		372.18 ***		—		
观测值	3253336	3253336	3253336	3253336	3253336	3249910	3253336
R - squared	—	—	—	—	0.581	0.568	0.577

注：①列（1）和列（2）报告了采用城市所在地空气流通系数作为工具变量的回归结果；列（3）和列（4）报告了采用城市发行的报纸种类数量作为工具变量的回归结果；列（5）报告了采用 Heckman 两步法进行回归的估计结果；列（6）报告了剔除 2011 年前营业收入为 500 万元人民币以下、2011 年及之后营业收入为 2000 万元人民币以下的国有企业样本回归结果；列（7）报告了采用 PSM - DID 进行回归的结果。② ***、**、* 分别表示 1%、5%、10% 显著性水平，括号内的标准误在城市层面进行 cluster 处理。

四、异质性检验结果分析

为了分析环境信息公开对不同类型企业的异质性影响，本节将进一步从企业所处地区、行业、规模、所有制类型四个方面展开异质性分析。由于区域经济发展水平和资源禀赋明显不同，导致环境信息公开对地区的出口绩效影响存在显著差异。表 8-10 中列（1）报告了环境信息公开对东部、中部和西部地区三大区域的出口产品质量影响结果。从列（1）的估计结果可知，西部地区的出口产品质量下降相对而言最为明显，中部次之，东部受到的影响最小。具体来说，环境信息公开导致东部地区的出口产品质量下降了 0.021%，这一估计结果比中部地区和西部地区分别高了

0.046%、0.083%。可能的解释是，西部地区绝大多数企业难以摆脱粗放式发展模式，大量高污染高耗能的企业仍分布在西部地区，污染信息的公开在短期内显著提升了西部地区企业的治污成本。

为了检验环境信息公开对出口产品质量的影响是否也会因行业而有所差异，本节进一步选取技术密集型行业作为基准，在计量模型中纳入 *PITI* × *Post* 与资本密集型（*Capital*）、劳动密集型（*Labor*）行业虚拟变量的交互项。表 8 - 10 中列（2）的估计结果显示，环境信息公开对技术密集型行业的出口产品质量存在显著的正向促进作用，环境信息公开后，技术密集型行业的出口产品质量提升了 0.041%。与之相比，资本密集型行业的出口产品质量受到环境信息公开的负面冲击最大，劳动密集型行业次之。列（2）的估计结果同样显示，环境信息公开后，资本密集型和劳动密集型行业的出口产品质量分别下降了 0.043%、0.015%。究其原因主要是，资本密集型行业往往需要大量的资本投入和设备支出，而环境信息公开导致企业需要更多的资本投入来更新生产工艺、设备和减少污染物排放，从而大幅提升了企业的生产成本并导致产品质量的下降。相对来说，技术密集型行业具有较高的技术创新能力和技术转型弹性，能够通过创新补偿来降低治污成本。

表 8 - 10 中列（3）报告了企业规模异质性的估计结果。本部分选取大企业作为基准，在计量模型中纳入 *PITI* × *Post* 与小企业虚拟变量（*Small*）的交互项。可以发现，环境信息公开导致大企业的出口产品质量下降了 0.026%，这一估计结果比小企业高了 0.067%，因而环境信息公开对小企业出口质量的负面影响会更大。可能的解释是，规模经济的存在导致企业应对环境规制时需要投入的固定成本会随着企业规模的增加而降低，因此环境规制增加的单位成本在规模经济影响下也会相对较低。

最后，为了考察环境信息公开对出口产品质量的影响是否因所有制的不同而存在显著差异，在计量模型中纳入 *PITI* × *Post* 与国有企业虚拟变量（*State*）的交互项，估计结果如表 8 - 10 中列（4）所示。可以发现，环境信息公开对非国有企业出口产品质量的负面影响明显大于国有企业。可能的原因是，长期以来，国有企业受政府监管较严格，公众的关注较密切，所披露的污染信息更为全面和完整，因此环境信息公开对其产品质量造成的负面影响非常小。另外，国有企业与政府紧密关联，其强大的议价能力能够减轻环境规制力度，而非国有企业则受到更严格的审查并面临更严格的执法，因此，相比于非国有企业，国有企业受到的环境信息公开的负面影响相对较小。

表 8-10　异质性检验结果

解释变量	被解释变量：Lnquality			
	(1)	(2)	(3)	(4)
PITI × Post	-0.021*** (0.007)	0.041*** (0.013)	-0.026*** (0.008)	-0.085*** (0.014)
PITI × Post × Central	-0.046*** (0.007)			
PITI × Post × West	-0.083*** (0.013)			
PITI × Post × Capital		-0.084*** (0.027)		
PITI × Post × Labor		-0.056*** (0.0100)		
PITI × Post × Small			-0.067*** (0.023)	0.023*** (0.004)
PITI × Post × State				0.083*** (0.020)
控制变量	Yes	Yes	Yes	Yes
Constant	-3.276*** (0.703)	1.755*** (0.170)	2.387*** (0.199)	-0.615*** (0.025)
企业—产品—目的国固定效应	Yes	Yes	Yes	Yes
年份固定效应	Yes	Yes	Yes	Yes
观测值	3253336	3253336	3253336	3253336
R-squared	0.573	0.573	0.573	0.574

注：***、**、*分别表示1%、5%、10%显著性水平，括号内的标准误在城市层面进行cluster处理。

五、企业产品差异化调整效应

环境信息公开对企业出口产品质量的影响涉及非政府组织、政府与企业的多方互动。前述研究仅考虑了污染源信息披露对企业出口产品质量的外生影响，却忽视了企业可以在环境信息公开制度引导下主动调整出口策略来应对外部环境变化。为此，本节进一步探讨企业如何通过调整已有产品范围来弱化环境信息公开对其出口产品质量的负面冲击。

多产品企业不同业务线的收益存在差异。一般而言，产品利润会随其与核心产品距离的增加而递减（Chatterjee et al.，2013）。因此，当环境信息公开引致的遵循成本上升时，企业不得不放弃边缘产品出口而集中生产核心产品。参考戈雅和扎勒（Goya and Zahler，2019）的研究，将 $t-1$ 年出口额最高的产品认定为企业在第 t 年生产的核心产品，并据此计算内部其他产品与核心产品之间的距离 *Distance*。除此之外，本节进一步构建产品排序虚拟变量 *Noncore* 和 *Bottom* 来反映产品位置。其中，*Noncore* 表示产品是否为非核心产品的虚拟变量。当 HS－6 位码产品与上一年度出口额最大的产品不一致时，*Noncore* 变量取值为 1，否则为 0。参考祝树金等（2018）的研究，根据企业内部产品距离的中位数分组，当产品与核心产品的距离大于该中位数时，*Nottom* 变量取值为 1，否则为 0。

表 8－11 报告了环境信息公开对核心产品与非核心产品出口产品质量影响的估计结果。表 8－11 中列（1）和列（2）的估计结果显示，*Distance* 变量的估计系数显著为负，说明与核心产品的距离越远，该产品的出口产品质量越低，因而企业主要集中提高核心产品质量。另外，环境信息公开与产品距离的交互项 *PIPT* × *Post* × *Distance* 估计系数为负且通过了 1% 的显著性水平检验，表明距离核心产品越远的产品受到环境信息公开的负面冲击越强。列（3）至列（5）的估计结果进一步实证了该结论。列（3）的估计结果显示，环境信息公开对非核心产品出口产品质量的负面影响比核心产品高 0.036%；列（4）和列（5）的估计结果同样表明，环境信息公开对核心产品的出口产品质量的负面影响小于非核心产品，与前述衡量方式得到的结果一致。

表 8－11　　　　企业产品差异化调整效应的估计结果

变量	被解释变量：Ln*quality*				
	(1)	(2)	(3)	(4)	(5)
PIPT × *Post*	−0.069** (0.029)	−0.070** (0.028)	−0.072** (0.029)	−0.071** (0.030)	−0.068*** (0.026)
Distance	−0.031*** (0.011)	−0.025** (0.010)			
PIPT × *Post* × *Distance*	−0.012*** (0.003)	−0.009** (0.004)			
Noncore			−0.029*** (0.007)		

续表

变量	被解释变量：Ln*quality*				
	(1)	(2)	(3)	(4)	(5)
PIPT × *Post* × *Noncore*			−0.036*** (0.003)		
Bottom				−0.029*** (0.010)	−0.053*** (0.012)
PIPT × *Post* × *Bottom*				−0.014*** (0.003)	−0.037** (0.016)
控制变量	Yes	Yes	Yes	Yes	Yes
Constant	1.967*** (0.408)	0.694*** (0.140)	−0.757 (0.762)	4.382*** (1.205)	−0.052 (0.039)
企业—产品—目的国固定效应	Yes	Yes	Yes	Yes	Yes
时间固定效应	Yes	Yes	Yes	Yes	Yes
观测值	3253336	3253336	3253336	3253336	3253336
R − *squared*	0.575	0.573	0.579	0.576	0.574

注：①列（1）和列（2）的产品距离 *Distance* 变量分别采用该产品与核心产品之间的普通距离和加权距离衡量；列（4）和列（5）的 *Bottom* 变量分别基于产品与核心产品的普通距离和加权距离中位数定义。②***、**、*分别表示1%、5%、10%显著性水平，括号内的标准误在城市层面进行 cluster 处理。

第三节　媒体监督对出口产品质量的影响研究

媒体作为一种外部监督机制，对环境规制的有效实施发挥着不可忽视的作用，是推动环境质量从注重事后的污染治理走向事前的有效预防的重要举措。本节基于工业企业数据库和海关进出口数据库的匹配数据，实证研究媒体监督对企业出口产品质量的影响，据此明晰媒体压力下企业出口产品质量提升的真正动力。

一、媒体舆论与出口贸易的研究进展

与本节密切相关的文献有两种：第一种文献从新闻传播、媒体、议程设置等角度考察舆论的政治性以及互联网时代下网络舆论的评价与引导。网络舆论拥有相对自由、交互、开放和及时的优点（Almodarresi et al.,

2021)，但不可避免地会引发不良舆论热点，破坏信息生态和影响实体社会发展，并且负面看法的冲击更强、更难消除（Cage and Rouzet，2015；李钢和孟丽君，2019）。随着网络发展，国际涉华舆论的场域发生了从西方主流媒体向自媒体的转变，且自媒体中涉华舆论的传播者同时也是生产者，并决定了舆论的态势（马得勇和陆屹洲，2020）。现有研究主要集中考察了舆论对股票价格（Bajo and Raimondo，2017；Gan et al.，2020）、投资者投资行为（Gu and Kurovb，2020；汪昌云等，2015）等金融市场的影响。另外，部分文献也考察了关于全球气候治理方面的舆情变化，并发现全球环境质量与舆论态势密切相关（Kirilenko et al.，2015；Cody et al.，2015；Holmberg and Hellsten，2015；Loureiro and Allo，2020）。少量文献也探讨了媒体监督产生的巨大市场压力是否会影响企业并购（Baker et al.，2009；Liao et al.，2021）和自主创新（杨道广等，2017），并发现较高的媒体评价显著提高了并购的概率，但也会降低企业的创新产出。

第二种文献主要从舆论传播的外部环境方面探讨了非正式制度因素对出口的影响。已有研究主要关注质量声誉、国家形象对出口的影响（Rose，2016；Zhi et al.，2017；刘洪铎等，2018）。在出口市场中，产品质量的信息不对称极为常见（Feenstra et al.，2014；Dasgupta and Mondria，2018），消费者会通过买家对产品的质量评价决定是否购买（Chen and Wu，2020；李小平等，2015）。Cage 和 Rouzet（2015）、叶迪和朱林可（2017）发现质量声誉较差的国家可能会被锁定出口低质量、低成本的商品，因而地区产品质量声誉将会显著影响到企业出口绩效。Dalton 和 Goksel（2013）、邓路和刘德学（2017）认为国家拥有的声誉比较优势决定了一国的出口贸易模式和专业化的产品类型，形象良好的国家由于获得了进口国的认可和青睐更容易进入海外市场。部分文献也探讨了以移民、语言、历史为背景的文化认同对出口的影响（Melitz and Toubel，2014；蒙英华等，2015；施炳展，2016）。大量研究指出，以移民网络为代表的文化网络不仅可以通过改善信息不对称、克服机会主义、塑造母国产品偏好的方式促进出口（Rangan and Sengul，2009；Cosar et al.，2018；Cai et al.，2021），而且可能还存在通过降低出口目的市场不确定性扩大一国出口规模的渠道（Felbermayr and Toubal，2012；杨汝岱和李艳，2016）。此外，部分学者从政治关系入手，主要考察了国际友好城市关系、高层互访以及特定政治事件对出口的影响，并发现外交关系的建立、政治合作以及高层互访均有助于扩大双边贸易规模（Fuchs and Klann，2013；Du et al.，2017）。后期研究中虽然夏良康（2013）发现进口国社会群体对某国出口产业或产品的破坏性言论将会影响到其出口的事实，但主要集中在案例分析、现象描述，导致了研究结果缺乏科学事实依据（Lu et al.，2018）。

区别于以往研究中采取的报纸中关于新闻的报道总数占所有新闻的比重来反映媒体舆论情况（Lu et al.，2018；Liao et al.，2021），本节首次运用情感分析技术来有效甄别环保舆论的数量和态度。另外，本节从环保舆论的视角考察了贸易转型升级的驱动机制，从而将传统的舆论传播理论和贸易保护理论有机地整合在统一的分析框架内。

二、计量模型设定及指标说明

本节通过构建以下多元线性回归模型来考察媒体监督对企业出口产品质量的影响：

$$Quality_{ft} = \alpha + \beta_1 Media_{ft} + \beta_2 Control_{ft} + \mu_f + \theta_t + \varepsilon_{ft} \qquad (8-2)$$

其中，$quality_{ft}$为企业f在t年的出口产品质量；*Media* 为该媒体对该企业环境绩效的关注程度；*Control* 为企业层面控制变量；μ_f 为企业固定效应，θ_t 为年份固定效应，ε_{ft} 为误差项。

被解释变量为出口产品质量（*Quality*）。参考坎德瓦尔等（Khandelwal et al.，2013）的研究，采用事后推理的思路来测算得到企业—产品—目的国层面的出口产品质量，并基于出口价值进行加权处理，即可得到企业层面的出口产品质量。

核心解释变量为媒体监督（*Media*）。媒体监督减少了公众和政府部门获取企业减排的信息搜集成本，增加了企业排污透明度，从而对排污企业造成强大的舆论压力促使其调整生产经营活动。通过在中国经济新闻数据库中以全文和标题检索的方式筛选“环境保护”“废旧物资”“绿色创新”“污染排放”“能源消耗”等关键词，并采用“1+媒体报道次数”的自然对数来衡量该企业接受的媒体监督水平。考虑到媒体监督的作用效果存在滞后性，为此在计量模型中纳入滞后一期的媒体监督变量。

为了尽可能减少遗漏变量导致的回归结果偏误，进一步纳入影响企业出口产品质量的其他控制变量（*Control*），具体包括：（1）资产负债率（*Liability*），过高的资产负债率明显降低了企业的偿债能力，从而导致企业出口产品质量下降，因而采用负债总计和资产总计的比值来衡量。（2）盈利能力（*Profitability*），盈利能力较高的公司更有可能投入更多的费用改进生产工艺或提升技术水平，从而有利于提高企业出口产品质量，因而采用净利润和平均净资产的比值衡量。（3）企业规模（Ln*size*），一般而言，规模经济的存在导致大企业的生产成本相对较低，且大企业往往拥有更多的资源和优势，从而其出口产品质量相对较高，因而采用总资产的对数来衡量企业规模。（4）产权性质（*State*），从所有权性质来讲，国有企业是国民经济的支柱，重要的战略地位与政府之间的联系容易使得国有企业获得政策倾斜和财政扶持，客观上造成国有企业出口产品质量相对较高。因此根据实际控股人性质将其分为国有和非国有企业，即如果实际控股人性质为国有，则产权属性赋值为1，否则为0。

本节同时还添加了一些城市层面的控制变量来控制城市特征，具体包括：经济发展水平（Ln*GDP*），采用 GDP 的对数值反映企业所在城市的经济发展水平；产业结构（*Industry*），采用第二产业占 GDP 的比重来衡量城市产业结构；利用外资水平（Ln*FDI*），采用城市实际利用外资额的对数来反映利用外资水平。

本节主要采用了 2007 ~ 2015 年四个数据库的匹配数据。一是基于国泰安数据库（CSMAR）收集整理了深沪 A 股制造业上市公司的数据，并对相关数据进行如下处理：（1）剔除当年交易状态为特别处理或面临终止上市风险的公司以及金融类上市公司；（2）删除固定资产净值、总资产中任一项为负或者为零的企业；（3）删除固定资产净值大于总资产的企业。二是基于中国经济新闻网数据库以全文和标题检索的方式筛选“环境保护”“废旧物资”“绿色创新”“污染排放”“能源消耗”等关键词，形成媒体监督指标。三是企业层面的出口数据，中国海关进出口数据库，并剔除单笔贸易交易规模小于 50 美元，或出口数量不足 1 的样本。四是城市层面的宏观数据，主要来自历年《中国城市统计年鉴》。具体数据匹配过程中，首先将上市公司数据与中国海关企业出口数据按照企业名称和年份进行匹配，在此基础上进一步将上述数据与城市统计数据进行匹配，最终得到 1782 个样本。表 8 – 12 报告了相关变量的统计性描述。

表 8 – 12　　　　主要变量的描述性统计

变量	变量定义	均值	标准误	最小值	最大值
Quality	出口产品质量	0.527	0.492	0.163	0.828
Media	媒体监督，“1 + 媒体报道次数”的自然对数值	0.456	0.976	0	3.43
Liability	资产负债率，净利润和平均净资产的比值	0.051	0.147	0.001	3.211
Profitability	盈利能力，净利润和平均净资产的比值	0.430	0.233	0.001	1.423
Ln*size*	企业规模，总资产的自然对数值	18.048	2.938	6.722	25.738

续表

变量	变量定义	均值	标准误	最小值	最大值
State	产权性质，国有企业取值为1，否则为0。	0.284	0.451	0	1
Ln*GDP*	GDP 的自然对数值	4.350	0.752	2.079	6.148
Industry	第二产业产值占 GDP 的比重	0.493	0.102	0.197	0.851
Ln*FDI*	实际利用外资的自然对数值	3.935	0.937	3.105	4.641

三、基准回归结果分析

为了检验媒体监督对企业出口产品质量的影响，本节对基本公式（8－2）进行计量估计。Hausman 检验拒绝了随机效应原假设，故采用固定效应模型进行计量回归。为了克服大样本计量分析中的异方差问题，本节采用稳健标准误的固定效应模型进行估计并在公司层面进行 cluster 调整。

表 8－13 列出了基本回归结果。表 8－13 中列（1）的估计结果显示，在控制企业固定效应和年份固定效应的情况下，媒体监督（*Media*）的估计系数显著为正且通过了 5% 的显著性水平检验，表明媒体监督显著提高了企业出口产品质量。之后在加入企业个体特征、城市特征控制变量后，列（4）的估计结果显示，媒体监督（*Media*）的估计系数仍然为正且通过 1% 的显著性水平检验，因而媒体监督有利于提高企业出口产品质量。

从企业个体控制变量的估计结果来看，企业资产负债率（*Liability*）的估计系数虽然为负但未通过 1% 的显著性水平检验，表明资产负债率对企业出口产品质量的影响并不显著。盈利能力（*Profitability*）对企业出口产品质量的影响为正且均通过了 1% 的显著性水平检验，因而随着企业盈利能力的提高，企业的出口产品质量也将随之提升。与此同时，企业规模的扩大也将显著提高出口产品质量。这主要是因为生产规模的扩大可以有效提高企业的生产效率和管理水平。从所有权性质来讲，所有制结构的估计系数显著为正，表明国有企业的出口产品质量明显高于非国有企业。

从地区宏观层面的控制变量估计结果来看，经济发展水平（Ln*GDP*）的估计系数为正，且均通过了 5% 的显著性水平检验，因而地区经济发展水平与出口产品质量之间存在显著的正相关关系。产业结构（*Industry*）对我国出口产品质量的影响显著为正，说明随着第二产业占地区生产总值的比重不断上升，企业出口产品质量随之提升。这可能是由于第二产业的迅速发展为企业生产奠定了坚实的产业基础，提高整体生产效率并实现资源合理配置，从而提升其出口产品质量。实际利用外资（Ln*FDI*）的估计系数同样显著为正，表明利用外资水平提高有助于提高企业出口产品质量，这主要是由于外资的垂直技术溢出效应特别是前向技术溢出效应将显著提升行业内企业的出口产品质量。

表 8-13　　　　　　　　基准回归结果

解释变量	被解释变量：*Quality*			
	(1)	(2)	(3)	(4)
Media	0.135** (0.055)	0.151*** (0.055)	0.128** (0.055)	0.143*** (0.054)
Liability		-0.102 (0.146)		-0.100 (0.145)
Profitability		0.262*** (0.063)		0.262*** (0.063)
Ln*size*		0.012** (0.006)		0.013** (0.006)
State		0.099*** (0.036)		0.099*** (0.036)
Ln*GDP*			0.057** (0.023)	0.059** (0.024)
Industry			0.022** (0.009)	0.021** (0.009)
Ln*FDI*			0.110*** (0.037)	0.113*** (0.037)
Constant	-3.286* (1.975)	-1.409*** (0.203)	-2.506*** (0.899)	-1.661 (1.699)
企业固定效应	Yes	Yes	Yes	Yes
年份固定效应	Yes	Yes	Yes	Yes
观测值	1782	1782	1782	1782
R-squared	0.028	0.032	0.029	0.033

注：***、**、*分别表示1%、5%、10%显著性水平，括号内为稳健标准误。

四、稳健性检验结果分析

为了进一步验证回归结果的稳定性，本节主要从替换核心解释变量的衡量方式、排除同期其他政策、更换估计方法三个方面进行稳健性检验。

1. 替换核心解释变量的衡量方式

借鉴范等（Fan et al.，2015）的研究，分别使用 σ 等于5和10重新测算出口产品质量并进行标准化处理，估计结果如表8－14中列（1）和列（2）所示；另外，使用单位价值量（即出口总价值量/出口数量）作为产品质量的代理变量进行回归，估计结果见列（3）。结果显示，核心解释变量 *Media* 的估计系数仍然显著为正，表明基准结论媒体监督对企业出口产品质量存在显著的促进作用是稳健的。另外，前述检验中均将媒体报道数量作为媒体监督的代理变量，本部分进一步根据媒体报道的内容，使用自然语言标准处理技术识别出每条报道所包含的情感态度，并根据全球事件、语言和音调数据库中舆论报道"语气"褒贬赋值原理对其量化打分：如果该条新闻报道对企业的环境表现呈正面态度，*Media* 变量取值为2；如果该条新闻报道对企业环保表现呈中性态度，则 *Media* 取值为0；如果该条新闻报道对企业环保表现呈负面态度，*Media* 变量取值为－2。在此基础上，将新闻媒体对该企业的所有环保态度得分加总，得到媒体监督的衡量指标。最后，采用正面报道占比和负面报道占比来反映媒体报道的倾向性，回归结果如表8－14中列（4）至列（6）所示。表8－14的估计结果显示，*Media* 变量的估计系数依然显著为正，因而媒体监督对出口产品质量的提升具有显著的促进作用。由此可知，在替换核心变量的衡量方式后，基准回归分析结论仍然是稳健的。

表8－14　　稳健性检验结果

解释变量	被解释变量：*Quality*					
	（1）	（2）	（3）	（4）	（5）	（6）
Media	0.148*** （0.021）	0.160** （0.080）	0.229** （0.112）	0.040** （0.018）	0.090** （0.042）	0.147** （0.073）
控制变量	Yes	Yes	Yes		Yes	Yes
Constant	－2.616*** （0.630）	0.301*** （0.092）	－1.734*** （0.319）	－1.543*** （0.355）	0.127** （0.058）	－0.979*** （0.362）
企业固定效应	Yes	Yes	Yes	Yes	Yes	Yes
时间固定效应	Yes	Yes	Yes	Yes	Yes	Yes
观测值	1782	1782	1782	1782	1782	1782
R－squared	0.106	0.055	0.0148	0.041	0.148	0.078

注：①列（1）和列（2）的出口产品质量基于替代弹性 σ 取值为5和10重新进行测算；列（3）的出口产品质量采用单位价值量衡量；列（4）中的媒体监督采用综合指数衡量；列（5）和列（6）中的媒体监督分别采用正面报道占比、负面报道占比衡量。②***、**、*分别表示1%、5%、10%显著性水平，括号内为稳健标准误。

2. 排他性检验

政府同期实施的其他一系列环境监管政策也可能会影响企业出口产品质量，若不剔除同期其他潜在政策的干扰，估计结果会因未被观察因素的干扰而产生误差。基于此，本节进一步控制了以下同期减排和环保政策：

①北京奥运会环境监管政策。为确保奥运会期间的空气质量，北京市及其周边省区市实施了一系列空气污染控制措施，环境质量显著改善。为此，剔除涉及奥运会赛事的省区市（北京、天津、河北、辽宁、山西、内蒙古）样本，据此排除奥运会举办的影响。估计结果如表 8－15 中列（1）所示。

②碳交易试点政策。国家发改委于 2011 年 10 月印发了《关于开展碳排放权交易试点工作的通知》，明确在北京、上海、天津、重庆、深圳、广东和湖北等七省市开展碳排放权交易试点。为此，本节进一步控制了碳排放交易试点政策对企业绿色创新的影响。具体来说，设置碳排放交易试点政策虚拟变量，当企业所在的地区为碳排放权交易试点地区，$Pilot\_CO_2$ 取值为 1，否则为 0。当统计年份在 2012 年及之后，则时间虚拟变量 $Post_{2012}$取值为 1，否则为 0。估计结果见表 8－15 中列（2）。

③万家企业节能低碳行动政策。2011 年 12 月，国家发改委等 12 个部门联合发布“万家企业节能低碳行动”实施方案，对重点用能单位进行重点监测来实现节能减碳。为此，进一步控制该政策对姊妹企业二氧化碳排放的影响。如果姊妹企业被纳入万家企业节能低碳行动企业名单，则政策虚拟变量 $Program$ 取值为 1，否则为 0；当统计年份在 2012 年及之后，时间虚拟变量 $Post_{2012}$取值为 1，否则为 0。本节构建交互项 $Program \times Post_{2012}$ 纳入计量模型，估计结果见表 8－15 中列（3）。

④京津冀联防联控行动。2013 年，环境保护部、国家发改委等 6 部门联合印发《京津冀及周边地区落实大气污染防治行动计划实施细则》，对京津冀及周边地区空气污染情况进行联防联控。为此，进一步控制京津冀地区环保政策对关联企业二氧化碳排放的影响。若关联企业位于京津冀地区，则政策虚拟变量 BTH 取值为 1，否则为 0；当统计年份在 2013 年及之后，则时间虚拟变量 $Post_{2013}$ 取值为 1，否则为 0。构建交互项 $BTH \times Post_{2013}$ 纳入计量模型，估计结果见表 8－15 中列（4）。

另外，由于同时期外部市场环境变化及其他出口政策可能也会影响到企业的出口行为，从而对基准回归结论造成干扰。为此，进一步控制了类似的政策冲击，具体包括金融危机、自由贸易试验区战略、出口退税改革政策和宽带中国战略。

①金融危机。2008～2009 年金融危机期间，企业出口量大幅下降。为此，本节删除了 2008～2009 年的企业样本并进行回归，估计结果见表 8－15 中列（5）。

②自由贸易试验区战略。自由贸易试验区是中国深化对外开放的重要举措。自 2013 年 9 月以来，中国先后批准设立了 22 个自由贸易试验区。为此，采用多期双重差分控制自由贸易区战略的影响。具体来说，如果企业所在区域被纳入自由贸易区范围，则 *Free* 变量在当年及之后取值为 1，否则为 0。估计结果见表 8－15 中列（2）。

③出口退税审批权下放政策。近年来，中国的出口退税政策经历了持续的改革与完善，对改善产品结构和提高外贸效益起到了至关重要的作用。参考许和连、王海成（2018）的处理方法，将出口退税政策设置为虚拟变量（*TR*）。当企业所在城市被选为出口退（免）税审批权下放的试点城市时，*TR* 变量在当年及其后续年份的赋值为 1，否则为 0。估计结果见表 8－15 中列（3）。

④宽带中国战略。2014 年 10 月，工业和信息化部与国家发改委联合发布了第一批"宽带中国"示范城市（城市群）名单。为此，根据企业所在城市入选"宽带中国"试点战略的批次构建虚拟变量（*Internet*）。如果样本期间内企业所在城市被评选为"宽带中国"试点城市，则该地区企业样本在 2015 年取值为 1，否则为 0。估计结果见表 8－15 中列（4）。

上述一系列检验表明，在排除同期其他政策干扰后，结果显示，核心解释变量 *Media* 的估计系数仍然显著为正，表明基准结论媒体监督对企业出口产品质量存在显著的促进作用是稳健的。

3. 改变计量回归方法

鉴于被解释变量为 0～1 的连续型变量，符合受限因变量模型条件，故使用随机效应 Tobit 模型重新回归进行稳健性检验，回归结果如表 8－16 中列（1）所示。可以发现，*Media* 变量的估计系数依然显著为正，因而基本回归的结论依然成立。

另外，考虑到当期出口产品质量可能会受到前期水平的影响，将出口产品质量的滞后一期作为解释变量纳入计量回归模型，采用两步系统 GMM 方法估计动态面板模型。表 8－16 中列（2）的估计结果显示，*Media* 系数也显著为正。同时，序列相关性检验中的 AR（1）统计量小于 0.05，AR（2）统计量大于 0.05，说明该模型的残差项不存在二阶自相关。

4. 内生性问题

为了避免由于遗漏变量和反向因果关系可能导致的内生性问题，选取

表 8-15　　排他性检验结果

解释变量	被解释变量：*Quality*							
	(1)	(2)	(3)	(4)	(5)	(6)	(7)	(8)
Media	0.119*** (0.044)	0.141** (0.056)	0.136** (0.057)	0.139** (0.057)	0.110* (0.059)	0.137*** (0.039)	0.143** (0.038)	0.141*** (0.036)
$Pilot\_CO_2 \times Policy_{2012}$		Yes						
$Program \times Post_{2012}$			Yes					
$BTH \times Post_{2013}$				Yes				
Free						Yes		
TR							Yes	
Internet								Yes
控制变量	Yes	Yes	Yes	Yes	Yes	Yes	Yes	Yes
Constant	-3.017*** (0.413)	1.128*** (0.048)	-2.112*** (0.120)	-2.142*** (0.115)	0.111*** (0.008)	1.889*** (0.202)	1.911*** (0.174)	1.117* (0.632)
企业固定效应	Yes	Yes	Yes	Yes	Yes	Yes	Yes	Yes
时间固定效应	Yes	Yes	Yes	Yes	Yes	Yes	Yes	Yes
观测值	1737	1782	1782	1782	1725	1782	1782	1782
R-squared	0.032	0.034	0.034	0.033	0.039	0.034	0.034	0.034

注：①列（1）报告了控制奥运会影响后的估计结果；列（2）报告了控制碳交易试点政策后的估计结果；列（3）报告了控制节能低碳政策后的估计结果；列（4）报告了控制京津冀联防联控行动政策后的估计结果；列（5）报告了控制金融危机影响后的估计结果；列（6）报告了控制自由贸易试验区政策影响后的估计结果；列（7）报告了控制出口退税审批权下放政策后的估计结果；列（8）报告了控制宽带中国政策后的估计结果。②***、**、*分别表示1%、5%、10%显著性水平，标准误在城市层面进行 cluster 处理。

企业所在城市发行的报纸种类数量（Ln*paper*）作为是否为媒体监督的工具变量。城市发行的报纸种类越多，表明城市媒体披露水平越高，越容易及时曝光公众的各类诉求，从而对企业的生产行为产生威慑；而城市发行的报纸种类、数量与企业的出口产品质量之间不存在显著的关系。相关数据来源于“全国报刊索引”数据库。表 8 – 16 中列（3）和列（4）报告了两阶段最小二乘法的估计结果。从第一阶段的估计结果来看，工具变量的估计系数显著为正。此外，在使用工具变量消除反向因果关系后，*Media* 当期变量的估计系数仍然显著。同时，F 检验拒绝了工具变量弱识别的原假设，而 LM 检验则拒绝了工具变量不可识别的假设，这表明所选工具变量仍然有效。

从样本选择偏差来看，本部分主要考察了出口企业的产品质量，而未考虑出口企业的产品质量，从而造成样本选择偏差。为此，采用 Heckman 两步法来克服样本选择偏差问题。首先采用 Probit 模型估计企业是否出口（*Export*），据此计算逆米尔斯比率（*IMR*）。表 8 – 16 中列（5）报告了 Heckman 两步法的估计结果。Wald 检验的相伴概率为 0.000，且在 1% 的水平下显著，表明模型的总体拟合程度较好。可以发现，当被解释变量为出口（*Export*）虚拟变量时，*Media* 的估计系数均显著为负，表明媒体监督能够显著提升企业出口概率。加入逆米尔斯比率（*IMR*）对样本选择偏误进行修正之后，*Media* 对出口产品质量的影响依然显著为正，实证结果与基准回归基本保持一致，表明样本选择偏误未影响基准研究结论的稳健性。

表 8 – 16　　改变估计方法及内生性检验结果

解释变量	Tobit	GMM	2SLS		Heckman
	Quality	*Quality*	*Media*	*Quality*	*Quality*
	(1)	(2)	(3)	(4)	(5)
L. quality		0.545*** (0.048)			
IV			0.016** (0.008)		
Media	0.202** (0.101)	0.0514* (0.029)		0.063*** (0.017)	0.189*** (0.056)
IMR					0.156* (0.088)

续表

解释变量	Tobit	GMM	2SLS		Heckman
	Quality	*Quality*	*Media*	*Quality*	*Quality*
	(1)	(2)	(3)	(4)	(5)
控制变量	Yes	Yes	Yes	Yes	Yes
Constant	8.188 *** (0.478)	0.343 *** (0.048)	-2.138 *** (0.496)	0.343 *** (0.049)	-2.110 *** (0.501)
企业固定效应	No	Yes	Yes	Yes	Yes
时间固定效应	Yes	Yes	Yes	Yes	Yes
K-P Wald F 检验			1052.96 ***		
K-P rk LM 检验			782.35 ***		
观测值	1782	984	1764	1764	1782
R-squared	—	0.142	—	—	0.044

注：***、**、*分别表示1%、5%、10%显著性水平，括号内为稳健标准误。

五、异质性检验结果分析

为了进一步探究媒体监督在不同类型企业的效果发挥是否存在显著区别，本节进一步从企业所在行业、企业规模、所有制类型和所处生命周期4个方面进行异质性检验，具体估计结果见表8-17中列（1）至列（4）。

基于德拉基耶萨和迈因特（Dellachiesa and Myint，2016）的研究，根据样本期间各行业的平均污染强度将样本划分为清洁行业和污染行业。表8-17中列（1）的估计结果显示，媒体监督与污染行业虚拟变量*Dirty*的交互项估计系数为负且通过了1%的显著性水平检验，表明媒体监督导致污染行业的出口产品质量明显低于清洁行业。出现上述结果可能的原因是，污染行业大多属于生产设备体量大、资产专用性强、结构单一化的重型化产业，企业长久以来资源导向型发展模式积累了显著的规模效应，并形成了路径依赖和锁定效应。而媒体披露导致其面临的减污压力和绿色转型升级压力剧增，企业的治污成本和绿色研发投入也将会显著提升，从而在一定程度上造成产品质量下降。

根据企业规模的中位数，将中位数以上的上市公司界定为大型企业，将中位数以下的上市公司定义为中小型企业两种类型。表8-17中列（2）的估计结果显示，媒体监督变量的估计系数为0.183，但媒体监督与小型企业（*Small*）的交叉项估计系数为-0.281，两者均通过了1%的显著性水平检验。这一结果说明在媒体监督的影响下，大企业的出口产品质量提升了0.183%，比小企业高了0.281%。由此可知，媒体监督有利于提高大企业的出口产品质量，但不利于提高小企业的出口产品质量。这主要是由于企业规模越大，越注重其声誉，当企业受到外部媒体监督时选择绿色创新的倾向更强。

不同产权性质的企业样本回归结果显示，媒体监督对非国有企业的出口产品质量影响不显著，但对国有企业的出口产品质量起到显著的促进作用。具体来说，媒体关于国有企业环境绩效的相关报道增加1条，将导致当年其出口产品质量提升0.201%，说明国有企业更容易受到媒体监督的影响。这主要是由于国有企业的高层管理者相对更加注重企业声誉，因而更注重外部的媒体舆论压力。当媒体披露企业的环境信息时，国有企业会主动改正不遵守环境规制的行为，并积极塑造正面的形象。

最后，处于不同生命周期的企业应对媒体监督的反应机制也存在显著差异。根据企业年龄按三分位将其划分为成长期 *Growth*（4～10年）、成熟期 *Mature*（11～15年）和衰退期 *Recession*（16～58年）三个阶段（董晓芳和袁燕，2014；杨威等，2019），并选择成熟期为基准，在计量模型中分别纳入媒体监督与成长期 *Growth*、衰退期 *Recession* 的交互项。表8－17中列（4）的估计结果显示，在媒体监督的作用下，处于成熟期的企业出口产品质量提升了0.335%，而处于成长期的企业出口产品质量并未发生显著变化，处于衰退期的企业出口产品质量则比成熟期企业低了0.409%。因此在媒体监督的影响下，衰退期企业的出口产品质量受到的负面冲击最大。这主要是由于处于衰退期的企业经济效益相对较低，其固有的生产方式导致其企业在短期内通过技术创新来补偿环境生产成本。

表8－17　　　　　　　　　异质性检验结果

解释变量	被解释变量：*Quality*			
	(1)	(2)	(3)	(4)
Media	0.256*** (0.090)	0.183*** (0.068)	0.108 (0.044)	0.355** (0.165)
Media × *Dirty*	−0.272*** (0.091)			
Media × *Small*		−0.281*** (0.092)		

续表

解释变量	被解释变量：*Quality*			
	(1)	(2)	(3)	(4)
Media × *State*			0.201* (0.117)	
Media × *Growth*				−0.194 (0.212)
Media × *Recession*				−0.409** (0.203)
控制变量	Yes	Yes	Yes	Yes
Constant	−4.589** (2.071)	0.201* (0.117)	−2.470** (0.573)	1.369*** (0.194)
企业固定效应	Yes	Yes	Yes	Yes
年份固定效应	Yes	Yes	Yes	Yes
观测值	1782	1782	1782	1782
R − *squared*	0.0359	0.0343	0.0350	0.0376

注：***、**、*分别表示1%、5%、10%显著性水平，括号内为稳健标准误。

六、企业内外部环境的调节作用

从信号传递理论可知，当企业面临外部的舆论监督压力时，为了避免公众或投资者的猜疑或不信任，往往通过提高产品质量来释放积极的信号。那么，是否存在某种机制能够保障或辅助媒体监督功能的发挥呢？本节进一步从企业内外部环境出发，考察企业内部控制质量以及外部市场化进程的调节影响。

为了考察企业内部控制质量的保障作用，采用迪博数据库构建的内部控制指数衡量上市公司的内部控制质量，该指数越大，内部控制质量越高。表8－18中列（1）和列（2）的估计结果显示，内部控制质量（*Control*）的估计系数显著为正，表明内部控制质量的提升有利于提高企业出口产品质量。究其原因主要是，有效的内部控制不仅能够降低企业内部的信息不对称情况，而且能够强化企业投资、生产等环节的控制，提高企业内部资源配置效率。同时，媒体监督与内部控制质量的交互项 *Media* × *Control* 估计系数显著为正，表明企业内部控制质量进一步强化了媒体监督对出口产品质量的促进作用。因此，当面对外部关于企业环境绩效的舆论监督时，内部控制较高的企业往往基于未来发展而主动提高出口产品质量。

鉴于地区市场化进程也将显著影响到媒体监督功能的发挥，进一步在计量模型中纳入媒体监督与市场化水平的交互项。表 8－18 中列（3）和列（4）的估计结果显示，市场化水平（*Market*）的估计系数为正且通过了1%的显著性水平检验，表明市场化水平越高的地区出口产品质量越高。这主要是由于市场化水平越高的地方政府对企业的干预越小，市场机制的有效发挥显著提高了企业的资源配置效率和生产率，从而对出口产品质量产生正面影响。同时，媒体监督与市场化水平的交互项 *Media* × *Market* 估计系数显著为正，表明市场化水平进一步强化了媒体监督对出口产品质量的促进作用。可能的解释是，市场化水平越高的地区企业排污的隐性成本越大，媒体关于企业污染治理的监督有助于加速企业生产的绿色转型。同时，市场化程度高的地区，对媒体言论自由的法律保护也相对较高，媒体负面报道更容易使经理人声誉受损。企业出于维护自身声誉的目的考虑也会主动去提高出口产品质量。

表 8－18　　　企业内外部环境的调节作用检验结果

解释变量	被解释变量：*Quality*			
	（1）	（2）	（3）	（4）
Media	0.131** （0.054）	0.112** （0.051）	0.141*** （0.045）	0.117** （0.046）
Control	0.107*** （0.033）	0.106*** （0.033）		
Media × *Control*		0.196* （0.117）		
Market			0.071* （0.043）	0.073* （0.042）
Media × *Market*				0.021*** （0.005）
控制变量	Yes	Yes	Yes	Yes
Constant	－1.083** （0.497）	－0.388** （0.192）	－1.632 （2.774）	－0.245*** （0.095）
企业固定效应	Yes	Yes	Yes	Yes
时间固定效应	Yes	Yes	Yes	Yes

续表

解释变量	被解释变量：*Quality*			
	(1)	(2)	(3)	(4)
观测值	1782	1782	1782	1737
R - squared	0.033	0.035	0.034	0.035

注：***、**、*分别表示1%、5%、10%显著性水平，括号内为稳健标准误。

第四节　不同类型环境规制对出口产品质量的影响及协同效应

当前，中央和地方政府从多方面入手，不断健全控制命令型、市场激励型、公众参与型环境规制手段，着力构建政府为主导、企业为主体、社会组织和公众共同参与的环境治理体系，以实现环境规制政策的多元化和有效性。然而，不同类型环境规制对出口产品质量的影响存在显著差异，且相互之间通过政策协同来有效实现环境质量改善与出口提质增效，从而有效推动经济绿色转型和贸易高质量发展。为此，本节将对比分析不同类型环境规制对出口产品质量的影响差异，在此基础上基于其规制手段的着力点分析不同类型环境规制的协同效应。

一、不同类型环境规制对出口产品质量的影响差异研究

基于第二章理论机制和第五章至第八章的实证分析可知，不同类型环境规制对出口产品质量的影响是多方面的，既包括对遵循成本和出口竞争力的直接影响，也包括通过促进绿色创新和产品转换对出口产品质量产生间接影响，且三种效应在不同规制手段下存在显著的差异。尤其是市场激励型环境规制由于其不容易“被俘获”、更有利于发挥环境信息和信号传递效应等优势，能够有效帮助企业获得低成本优势和绿色创新，促进出口产品质量提升。为此，本节在前述分析基础上，在计量模型中同时纳入控制命令型、市场激励型和公众参与型三类环境规制手段，据此对比分析不同规制手段对出口产品质量的影响差异。

为了对比考察不同类型环境规制对出口产品质量的影响差异，本节基于企业—产品层面的数据进行计量回归。表8-19中列（1）选择重点流域水污染防治规划政策（*Water × Plan*）作为命令控制型环境规制的替代

变量，考虑排污权交易试点（$Pilot\_SO_2 \times Post_{2007}$）作为市场激励型环境规制的替代变量，考虑环境信息公开（$PITI \times Post_{2008}$）作为公众参与型环境规制的替代变量，并将上述环境规制政策同时纳入计量模型。估计结果显示，市场激励型环境规制的估计系数显著为正，且远远大于其他两类环境规制手段的估计系数，表明在控制其他变量的前提下，市场激励型环境规制的正面效应大于其他规制手段带来的负面效应。表 8－19 中列（2）选择万家企业节能低碳政策（$Wanjia \times Policy_{2012}$）作为命令控制型环境规制的替代变量，考虑碳交易试点（$Pilot\_CO_2 \times Post_{2012}$）作为市场激励型环境规制的替代变量，考虑媒体监督（*Media*）作为公众参与型环境规制的替代变量，并将上述环境规制政策同时纳入计量模型。估计结果显示，万家企业节能低碳政策对出口产品质量的影响显著为负，碳交易试点政策和媒体监督对出口产品质量的影响显著为正，且后两者的估计系数之和远远大于前者，表明整体而言环境规制对出口产品质量的影响显著为正。在将上述三种不同类型的环境规制同时纳入计量模型后，列（3）的估计系数依然与前述分析保持一致。

表 8－19　不同类型环境规制影响出口产品质量的估计结果

解释变量	被解释变量：*Quality*		
	(1)	(2)	(3)
$Water \times Plan$	−0.017*** (0.004)		−0.012*** (0.004)
$Wanjia \times Policy_{2012}$		−0.046*** (0.005)	−0.047*** (0.005)
$Pilot\_SO_2 \times Post_{2007}$	0.032** (0.016)		0.042*** (0.016)
$Pilot\_CO_2 \times Post_{2012}$		0.017*** (0.006)	0.012** (0.006)
$PITI \times Post_{2008}$	−0.005* (0.003)		−0.006** (0.003)
Media		0.004*** (0.001)	0.003*** (0.001)
控制变量			
Constant	2.096*** (0.237)	2.128*** (0.070)	2.326*** (0.070)

续表

解释变量	被解释变量：*Quality*		
	(1)	(2)	(3)
企业—行业固定效应	Yes	Yes	Yes
年份固定效应	Yes	Yes	Yes
观测值	676388	676388	676388
R-squared	0.401	0.418	0.432

注：***、**、*分别表示1%、5%、10%显著性水平，括号内为稳健标准误。

从具体的影响机制来看，环境规制增加了企业的治污成本，企业需要通过更新生产设备来实现减排。本节采用脱硫设备投入量作为替代变量并加1取对数（Ln*equipment*）、采用管理费用占工业总产值的对数（Ln*mcost*）来近似衡量企业的治污成本。表8-20中列（1）和列（2）的估计结果显示，控制命令型环境规制的实施显著提高了企业的治污设备投入量，且其估计系数明显大于其他两类环境规制效应。与之相比，市场激励型、公众参与型环境规制的估计系数虽然为正，但其显著性水平保持较大波动。这一估计结果说明控制命令型环境规制的遵循成本效应更为明显。

环境规制有助于提高绿色创新的预期收益，进而激励企业进行绿色创新。为此，采用绿色专利申请量加1并取自然对数（Ln*green*）衡量企业绿色创新效应，具体根据世界知识产权组织发布的《绿色专利清单》中的IPC代码识别并核算企业每年绿色发明专利申请数量。另外，本节还采用了企业关于实用新型和外观设计类绿色专利申请量加1取自然对数（Ln*patent*）衡量企业绿色创新效应。最后，采用绿色专利被引用量（Ln*cite*）衡量绿色创新质量。绿色创新效应的估计结果见表8-20中列（3）至列（5）。从估计结果可知，市场激励型环境规制政策不仅导致绿色发明专利、实用新型和外观设计申请量增加，而且显著提高了绿色专利被引用量，从而证实了市场激励型环境规制能显著提高企业绿色创新能力。与之相比，控制命令型和公众参与型环境规制对专利申请的影响较为稳健显著，但对绿色专利引用次数的影响并不显著。这一估计结果进一步证实了控制命令型、公众参与型环境规制逼迫企业主要从事“利用式绿色创新”而忽视“探索式绿色创新”，绿色创新的质量不高。

最后，仅保留连续出口两年及以上的企业作为样本，并剔除产品种类不变的样本考察环境规制的产品转换机制。表8-20中列（6）的估计结果显示，控制命令型、市场激励型环境规制对产品转换的影响较为显著，尤其是市场激励型环境规制导致产品转换率提高幅度远大于控制命令型环境规制。另外，考虑到在减排压力下，企业有可能通过减少高污染产品、增加低污染产品生产来实现产品组合。为此，本节亦从企业清洁能源使用情况提供更为直观的证据。具体来说，采用单位产出的煤炭消耗量（Ln-*coal*）来反映能源消耗结构，相关数据来源于中国工业企业污染排放数据库。表8-20中列（7）的估计结果显示，市场激励型环境规制显著降低了企业煤炭消耗量，间接证实了企业通过扩展清洁产品生产、淘汰污染密集型产品生产来实现质量提升。

二、不同类型环境规制对出口产品质量的协同影响

环境问题通常具有跨部门、跨地域的复杂性，单一环境政策往往在效果上存在局限性，不同类型政策的协同作用能够提升整体政策效能，中国政府也尝试从单一的命令型环境政策向市场型、信息披露型等多种环境政策转型。本节探讨中国不同类型环境政策协同效应，揭示政策组合对出口产品质量的影响。具体而言，本部分首先以重点流域水污染防治规划作为命令型环境规制的衡量指标，以 SO_2 排污权交易试点政策作为市场型环境规制的衡量指标，以环境信息公开作为公众参与型环境规制的衡量指标，通过纳入交互项来考察不同类型环境规制的协同效应。

表8-21中列（1）至列（3）的估计结果显示，控制命令型（*Command*）与市场激励型（*Market*）环境规制的有效结合对企业出口产品质量的估计结果显著为正，说明政府通过合理的制度安排在约束性减排的同时，也可通过市场化手段引导治污成本市场化，据此提高出口产品质量。另外，控制命令型（*Command*）与公众参与型（*Public*）环境规制的交互项估计系数虽然为正但未通过10%的显著性水平检验，因而在提高环境规制遵循力度的同时，强化环境信息披露将进一步加大企业的治污成本，导致其对出口产品质量的影响不显著。最后，市场激励型（*Market*）与公众参与型（*Public*）环境规制的交互项估计系数显著为正且通过了10%的显著性水平检验，说明在充分发挥市场调节作用的同时，借助地方政府和公众等力量对企业减排产生间接的约束效应，有助于提高出口产品质量。本节进一步以万家企业节能减碳政策作为命令型环境规制的衡量指标，以碳交易试点政策作为市场型环境规制的衡量指标，以媒体监督作为公众参与型环境规制的衡量指标，通过纳入交互项来考察不同类型环境规制的协同效应。表8-21中列（4）至列（6）的估计结果与前述一致，进一步证实了市场激励型环境规制与控制命令型、公众参与型环境规制的有效结合

表 8-20　　影响机制检验结果

解释变量	Ln*equipment*	Ln*mcost*	Ln*green*	Ln*patent*	Ln*cited*	*Switch*	Ln*coal*
	(1)	(2)	(3)	(4)	(5)	(6)	(7)
$Water \times Plan$	0.012*	0.003***	0.011	0.030**	0.062	0.012**	-0.007
	(0.007)	(0.001)	(0.075)	(0.015)	(0.421)	(0.006)	(0.014)
$Wanjia \times Policy_{2012}$	0.039***	0.006***	0.013**	0.005***	0.019	0.016***	0.013
	(0.005)	(0.001)	(0.006)	(0.001)	(0.040)	(0.004)	(0.009)
$Pilot\_SO_2 \times Post_{2007}$	0.058	0.002**	0.055***	0.010***	0.022***	0.037***	-0.005***
	(0.096)	(0.001)	(0.008)	(0.002)	(0.005)	(0.005)	(0.001)
$Pilot\_CO_2 \times Post_{2012}$	0.007**	0.001	0.022***	0.011	0.051***	0.053***	-0.009***
	(0.003)	(0.001)	(0.007)	(0.008)	(0.012)	(0.009)	(0.002)
$PITI \times Post_{2008}$	0.004**	0.002**	0.055*	0.003***	0.005	0.021	-0.011
	(0.002)	(0.001)	(0.032)	(0.001)	(0.012)	(0.031)	(0.008)
Media	0.009	0.003	0.012	0.030**	0.062	0.011*	0.027
	(0.006)	(0.003)	(0.071)	(0.015)	(0.042)	(0.006)	(0.025)
控制变量	Yes	Yes	Yes	Yes	Yes	Yes	Yes
Constant	6.871***	1.179***	7.317***	1.288***	0.879***	3.889***	0.118***
	(0.048)	(0.051)	(0.289)	(0.005)	(0.009)	(0.041)	(0.008)
企业—行业固定效应	Yes	Yes	Yes	Yes	Yes	Yes	Yes
年份固定效应	Yes	Yes	Yes	Yes	Yes	Yes	Yes
观测值	676388	676388	676388	676388	676388	403612	384876
$R-squared$	0.489	0.471	0.344	0.361	0.343	0.551	0.450

注：***、**、*分别表示1%、5%、10%显著性水平，括号内的标准误在城市层面进行 cluster 处理。

能够提升出口产品质量。

表 8-21　政策协同效应估计结果

解释变量	被解释变量：*Quality*					
	(1)	(2)	(3)	(4)	(5)	(6)
Command	-0.012** (0.006)	-0.012*** (0.004)		-0.036*** (0.009)	-0.030*** (0.008)	-0.044*** (0.009)
Market	0.036*** (0.011)		0.039*** (0.009)	0.011** (0.005)		
Public		-0.004** (0.002)	-0.004 (0.003)		0.012 (0.008)	0.031** (0.008)
Command × *Market*	0.008** (0.003)			0.005** (0.002)		
Command × *Public*		0.002 (0.009)			0.002 (0.004)	
Market × *Public*			0.025** (0.012)			0.005* (0.003)
控制变量	Yes	Yes	Yes	Yes	Yes	Yes
Constant	7.177*** (0.089)	2.185*** (0.102)	6.730*** (0.046)	1.176*** (0.051)	4.626*** (0.543)	1.295*** (0.133)
企业—行业固定效应	Yes	Yes	Yes	Yes	Yes	Yes
年份固定效应	Yes	Yes	Yes	Yes	Yes	Yes
观测值	676388	676388	676388	676388	676388	676388
R-squared	0.410	0.427	0.442	0.493	0.568	0.485

注：***、**、*分别表示1%、5%、10%显著性水平，括号内的标准误在城市层面进行cluster处理。

第五节　本章小结

鉴于控制命令型和市场激励型环境规制在实践中存在的局限和问题，公众参与型环境规制应运而生，并成为环境保护的重要力量之一。现有文献主要关注政府自上而下的行政命令型和市场激励型环境规制，而忽略了以环保非政府组织、媒体为代表的公众参与型环境规制的作用。本章以公众环保中心（IPE）和自然资源保护委员会（NRDC）公布的污染源监管信息公开作为一个外生冲击，利用多时点双重差分模型识别了以环境信息公开为代表的公众参与型环境规制对企业出口产品质量的影响。研究结论表明，环境信息公开显著降低了企业的出口产品质量，且这一结论在经过平行趋势检验、安慰剂、替换核心变量度量方式、改变样本估计量、控制其他重大外部冲击、内生性检验等一系列稳健性检验后依然成立。同时，环境信息公开对出口产品质量的影响存在显著的异质性，对西部地区、资本密集型企业、小企业和非国有企业的负面影响更为显著。考虑到现有研究仅考虑了环境信息公开对企业出口产品质量的外生影响，却忽视了企业可以在环境信息公开制度引导下主动调整出口策略来应对外部环境变化。为此，本章也进一步探讨了企业如何通过调整已有产品范围来弱化环境信息公开对其出口产品质量的负面冲击，发现在环境信息公开政策引导下，企业会更加集中提高核心产品的出口产品质量，并主动降低非核心产品以及边缘产品的出口质量。

解决环境污染问题，除公众监督和政府监管之外，媒体的监管功能也受到越来越多学者的关注。媒体作为一种外在的非正式监督机制，不仅能够向外界及时传递企业环境治理信息，而且能够提高企业的治理水平。厘清媒体监督压力下企业出口产品质量的变化对于更好发挥媒体的环境治理功能、实现环境—出口良性发展具有重要意义。本章进一步基于2007～2015年中国A股上市公司的经验数据，考察了媒体监督对企业出口产品质量的影响。研究结果表明，媒体对上市公司的环境绩效报道越多，监督强度越大，企业的出口产品质量越高。进一步对比分析媒体监督对不同类型企业出口产品质量的异质性影响，并发现媒体监督的正向激励作用在清洁行业、大企业、国有企业及成熟期企业中更为突出。最后，企业内部控制质量和外部市场化水平进一步强化了媒体监督对出口产品质量的促进作用，因此只有提升企业内部控制质量、优化市场环境，才能为舆论监管的功能发挥提供良好的内部外治理环境。

鉴于不同类型环境规制对出口产品质量的影响是多方面的，本章进一步对比分析了控制命令型、市场激励型和公众参与型三类环境规制对出口产品质量的影响差异，并发现市场激励型环境规制对出口产品质量的正面促进效应大于其他规制手段带来的负面效应。从具体的影响机制差异来看，控制命令型环境规制引致的遵循成本效应远远高于市场激励型和公众参与型环境规制；同时，市场激励型环境规制在促进企业绿色创新的同时也显著提高了创新质量，而控制命令型、公众参与型环境规制主要倒逼企业从事“利用式绿色创新”，绿色创新的质量不高；最后，控制命令型、市场激励型环境规制对产品转换的影响较为显著，尤其是市场激励型环境规制导致产品转换率提高幅度远大于控制命令型环境规制。鉴于环境问题通常具有跨部门、跨地域的复杂性，不同类型政策的协同作用能够提升整体政策效能，为此本章探讨中国不同类型环境政策协同效应，并发现市场激励型环境规制与控制命令型、公众参与型环境规制的有效结合能够进一步提升出口产品质量。

第九章　主要结论与政策建议

第一节　主要结论

本书在系统梳理我国应对环境污染的具体环境政策演变历史以及出口产品质量的特征事实基础上，以五年规划中的约束性减排目标考核为切入点，结合当前“层层加码”式减排考核下的污染治理困境，全面剖析了约束性减排目标考核政策对企业出口产品质量的影响，并深刻揭示了中国情景下约束性减排目标考核如何通过深化产品转换实现产品质量升级的理论机制。在此基础上选择环境政策作为环境目标考核的主要抓手，在“预防整治”和“综合治理”叠加的环境治理框架下，全面考察控制命令型、市场激励型和公众参与型环境规制对企业出口产品质量的影响程度。最后，紧扣国际标准不断强化企业社会责任的外在要求、国际贸易壁垒冲击与国内企业社会责任相对缺失的现实背景，以出口产品质量升级与企业社会责任建设为落脚点，对比考察了控制命令型、市场激励型、公众参与型环境规制对出口产品质量的影响差异，明确环境规制手段利用的重点和协调性，从而为构建多元主体参与的污染联防联控机制提供重要借鉴。主要研究结论如下。

第一，约束性减排目标考核政策的实施显著降低了企业的出口产品质量，但这一影响因地区、行业及企业异质性特征而存在显著差异。其中，约束性减排目标考核政策对出口产品质量的负面影响在西部地区、资本密集型行业、私人企业更为显著。同时，约束性减排目标考核虽然降低了出口目的地集中在非 OECD 国家企业的出口产品质量，但却提高了出口目的地集中在 OECD 国家企业的出口产品质量。立足于当前“层层加码”式减排考核，进一步考虑各个省级政府对主要污染物总量减排目标任务分解后产生的环境目标约束对出口质量的影响，并发现地级市地方政府官员面临的约束性减排目标考核同样显著降低了出口产品质量，但可以通过提高企业产品转换行为来相对提升出口产品质量。当约束性减排目标考核紧缩时，企业可以通过产品多元化、市场多元化以及市场专业化来提高出口产品质量。

第二，以“重点流域水污染防治规划”政策和“万家企业节能低碳行动”为代表的控制命令型环境政策显著降低了企业出口产品质量，且这一结论在替换核心解释变量的衡量方式、控制其他重大外部事件冲击、考虑样本选择偏差问题和内生性问题等一系列稳健性检验后仍然成立。异质性分析检验结果显示，相较于技术密集型和清洁行业而言，控制命令型环境规制对资本密集型、污染行业的企业出口产品质量的负面冲击更大；同时国有企业因环境政策的“非完全执行”导致其出口产品质量受到的负面冲击相对较小。

第三，区别于传统的控制命令型环境规制手段，以排污权交易试点政策和碳交易试点政策为市场激励型环境规制因其灵活的市场机制而激发了创新补偿效应，进而带动出口产品质量升级。另外，市场激励型环境规制对出口产品质量的提升效应因企业外部市场环境不同而存在显著差异，尤其对市场化程度、环境执法力度较高地区的企业出口产品质量的提升作用更为明显。最后，以排污权交易为代表的市场激励型环境规制的实施将导致出口企业采取提质提价策略来稳定出口竞争力；碳交易试点导致受监管企业通过股权网络的溢出效应显著影响到同一行业非监管企业的出口产品质量，其中产能转移和绿色技术转移是关联企业受到碳交易试点政策影响的主要渠道。因此，推动全国排污权交易并强化市场导向下的低碳政策是助力企业出口产品质量升级的重要路径之一。

第四，畅通环境信息披露机制，形成政府、企业和公众共治的环境治理体系决定了环境治理的成效。以环境信息公开和媒体监督为代表的公众参与型环境规制在环境治理中发挥了积极的作用。公众环境研究中心与自然资源保护协会共同研发了污染源信息监管公开指数在一定程度上反映当地政府的环境信息监管压力。较高的环境监管压力将倒逼区域内企业进行节能减排和绿色创新，从而显著降低了企业的出口产品质量。另外，在环境信息公开政策引导下，企业会更加集中提高核心产品的出口产品质量，并主动降低非核心产品以及边缘产品的出口质量。除此之外，媒体对企业治污行为的监督报道因直接关系企业的自身利益而更容易引导企业主动进行绿色创新，且媒体的监督强度越大，企业的出口产品质量越高。企业内部控制质量和外部市场化水平进一步强化了媒体监督对出口产品质量的促进作用。

第五，不同类型环境规制对出口产品质量的影响存在显著差异。市场激励型环境规制对出口产品质量的正面促进效应大于其他规制手段带来的负面效应。从具体的影响机制差异来看，控制命令型环境规制引致的遵循成本效应远远高于市场激励型和公众参与型环境规制；同时，市场激励型环境规制在促进企业绿色创新的同时也显著提高了创新质量，而控制命令型、公众参与型环境规制主要倒逼企业从事“利用式绿色创新”，绿色创新的质量不高；控制命令型、市场激励型环境规制对产品转换的影响较为显著，尤其是市场激励型环境规制导致产品转换率提高幅度远大于控制命令型环境规制。最后，不同类型政策的协同作用能够提升整体政策效能，尤其是市场激励型环境规制与控制命令型、公众参与型环境规制的有效结合能够进一步提升出口产品质量。

第二节　相应政策建议

基于上述研究，结合我国的实际情况，建议从以下几个方面制定有针对性的政策措施来实现出口产品质量升级与环境保护的协调发展，具体政策建议如下。

一、优化环境规制政策组合，合理开展环境规制效果评估

当前的环境规制不仅涵盖以行政手段主导的控制命令型和以经济手段刺激为主的市场激励型这两种，还包括依靠公众共同监督约束的公众参与型环境规制。因此，地方政府在制定环境规制政策时，应依托当地的资源禀赋条件和经济发展水平，通过优化不同类型环境规制的政策组合来引导企业从迫于规制性压力的被动创新向为获得良好舆论导向和经济效益的主动创新转变。同时，应注重不同类型环境规制政策发挥效能的着力点差异。对于控制命令型环境规制，应重点通过生产补贴、金融支持等手段弱化环境规制引致的遵循成本效应，强化约束性减排引致的创新补偿效应，并形成环境规制与技术创新、贸易升级的良性互动；对于市场激励型环境规制，政府部门应尽快完善相关市场运行机制设计，加快推进不同市场交易试点政策的融合与互补，着力激发市场机制下的排污权交易活力；对于公众参与型环境规制，应充分调动社会组织、公众参与环境监督和治理的积极性，适当加强与第三方评估机构、媒体的合作，优化环境信息公开的机制设计，推动更多企业环境信息的有序公开。最后，积极开展环境规制

效果评估。环境规制政策与产业政策、贸易政策等息息相关，仅仅关注到某一环境政策对出口产品质量的影响效果可能会高估政策的实施效果。因此，在环境规制政策评估中，不仅需要考虑目标政策与同期其他政策之间的协同作用，而且需要剔除其他影响企业经营活动的宏观政策影响。在控制其他外部重大事件影响后，当环境规制政策能够带来额外的出口促进作用时，才能有效推广同类型政策的组合使用。

二、强化环境政策制定与环境监管双管齐下，完善地方政府考核评价体系

“十五”规划由于环境监管不到位，各个地区的减排目标都未实现。“十一五”及之后环保目标考核和地方官员的晋升密切挂钩，并初步实现了“减排目标制定——绩效考核——评价追责”的环境治理闭环。然而地方政府在政绩评估中灵活分配减排额度，在一定程度上弱化了环境问责的实际效果。因此，有必要强化环境监管和问责机制。首先，要建立和完善符合生态文明建设的绿色 GDP 考核机制，提升生态治理指标在地方官员政绩考核体系中的比重，明确环保政绩考核的奖惩机制和责任分担，注重评估考核结果的运用及事后总结，积极引导地方官员树立科学的生态政绩观。其次，强化环境污染问责机制。规范地方官员的交流与升迁机制，做到上任前尽力保证任期内的稳定，任期中有效监督约束，并在任期结束后实施环境保护离任审计，通过建立官员执政效果的动态追踪评估和生态环境损害责任终身追究制度来克服官员交流的短视行为。积极推动环保督察的制度化、规范化和常态化，全力构建公平、透明、专业、可问责的现代环境监管体系。最后，着力建立健康的新型政企关系，进一步落实企业污染防治主体责任。统筹推进包括排污许可证、环境税、排污交易等监管工具的调整和优化，引导和规范企业的排污行为，加大对企业超标排污、违法排污的惩罚力度及对公众损害的赔偿额。

三、兼顾环境政策的个体差异性，避免简单粗暴的“一刀切”模式

中央和地方政府在制定环境政策时，应充分企业所属地域、行业、所有制结构、生命周期等特征，有针对性地推出环境规制政策的具体措施，充分发挥“指挥棒”作用来加强对重点企业能耗及主要污染物减排的监控。从区域层面来讲，对于欠发达地区，在加强环境规制监管力度的同时，适当提高中央财政转移支付的倾斜力度，缓解财政压力诱发的环境规制弱化；适当给予欠发达地区的企业更多的资金扶持政策，通过研发创新奖励、税收优惠等政策推动企业绿色转型，并实现环境保护与经济发展的

良性循环。对于发达地区，要进一步完善排污权交易等市场激励型环境政策，充分发挥市场与技术优势，通过排污权回购、富余排污权认定、排污权租赁等方式推动排污权交易，以灵活的市场机制提升我国出口产品质量。从行业层面来讲，对于资本密集度较高行业给予适度的研发补贴，积极采取环境标准、排放限额等控制命令型环境规制工具，倒逼企业进行清洁技术研发，最终实现产品升级和节能减排的效果。对于以知识与技术密集型为主的清洁制造行业，应重点通过优惠政策与财政支持推动高附加值、低碳低能耗、高技术效率企业的孵化与成长，鼓励清洁型企业采取出口多样化、市场多样化策略提升出口竞争力。从所有制层面来讲，应进一步加大对非国有企业的信贷优惠和减污补贴，鼓励非国有企业采取技术升级等办法弱化环境规制政策带来的环境成本上升的不利影响；引导国有企业积极建立适应国际市场的外向型机制，支持其向技术含量和附加值更高环节的产业链发展并不断提高自身绿色创新能力，据此发挥对整个社会节能减排的先导作用。

四、注重环境规制政策着力点，主动培育出口竞争新优势

当前中国正处于培育出口竞争新优势的关键时期。探索以环境规制政策为着力点、市场手段相得益彰的环境监管体系是解决“市场失灵”的主要手段之一，也是培育出口竞争新优势的新路径。从环境政策实施背景来看，较低的环境规制水平和市场化水平都是中国实施市场激励型环境政策面临的重要现实问题。为此，地方政府应持续深化“放管服”改革，充分发挥市场资源配置的基础性作用，逐步取消或限制政府干预行为，通过强化知识产权保护、降低企业税费负担、严格执行污染排放限制标准等措施鼓励企业积极进行绿色创新。同时，应主动释放制度红利，做好“有限政府”和“有为政府”的权衡，为企业提高要素配置效率提供稳定的宏观经济环境和良好的法治环境。此外，地方政府应引导企业积极推进产品多元化与核心化协调发展策略，鼓励企业基于自身竞争策略采取合适的出口决策应对更为激烈的市场竞争。积极引导企业权衡多元化生产与专业化生产的利弊，鼓励企业培育以技术、质量为核心的出口新优势。针对企业的核心竞争优势和产品特征进行有针对性的指导，通过环境政策鼓励清洁型、高技术积极进入出口市场，通过出口多样化产品提升出口竞争力；引导资本密集型、污染密集型企业集中出口核心产品，通过生产组合优化来强化出口竞争优势，最终实现环境保护与出口产品质量提升的“双赢”发展。

五、紧抓全球经贸规则重塑重要机遇，提升企业出口产品质量

对于出口导向型企业而言，出口产品质量升级比单纯的出口规模扩张更有意义。因此，企业可以通过要素培育、结构优化、技术创新等内生渠道实现自身参与全球价值链分工地位的攀升，避免或降低价值链低端嵌入引致的环境污染问题。首先，通过数字化、智能化技术大力推进服务投入在制造业生产中的广泛应用，重点加强绿色化创新设计、质量检验检测认证、污染数据监测处理服务等，支持企业通过现代化服务推动自身的产业组织方式变革与创新，以此不断提升企业的出口产品质量，助力绿色减排目标的实现。其次，政府应根据企业的属性制定差异化的政策，积极优化贸易模式。引导和鼓励加工贸易由传统的劳动密集环节向技术密集型环节的转型升级，大力扶植以信息技术、人工智能、信息技术产品等为代表的高新技术企业，提升企业参与全球价值链的深度和出口附加值。鼓励和支持加工贸易企业的转型升级，深化一般贸易企业的学习效应和自主创新效应，引导一般贸易企业与本土科研院所构建绿色生产技术与污染治理技术创新战略联盟，加快贸易企业绿色生产技术与污染治理技术的创新步伐。最后，以多元化环境规制政策为纽带，引导并带动经济发展水平较低、污染密集型企业、规模较小企业在应对国际贸易风险和挑战的同时全面塑造出口竞争新优势。

参考文献

[1] Adah - Kole, E. O., Vahid, J. S., Ned, K., Mohamed, Y. H., Georgia, S. The Catalyzing Role of Customer Pressure on Environmental Initiatives and Export Intensity: A Study of Family Firms [J]. *Journal of Business Research*, 2023, 166: 114134.

[2] Agostino, M., Di, T. M., Nifo, A. Institutional Quality and Firms' Productivity In European Regions [J]. *Regional Studies*, 2020, 54 (9): 1275 - 1288.

[3] Albrizio, S., Kozluk, T., Zipperer, V. Environmental Policies and Productivity Growth: Evidence Across Industries and Firms [J]. *Journal of Environmental Economics and Management*, 2017, 81 (C): 209 - 226.

[4] Alder, S., Shao, L., Zilibotti, F. Economic Reforms and Industrial Policy in a Panel of Chinese Cities [J]. *Journal of Economic Growth*, 2016, 21 (4): 305 - 349.

[5] Almodarresi, S. A., Kamali, M., Nuño, E., Ortega, R., Sheikholeslam, F. Consensus in Networks of Uncertain Euler - lagrange Agents Using Adaptive Gravity Compensation [J]. *European Journal of Control*, 2021 (57), 194 - 204.

[6] Amiti, M., Khandelwal, A. K. Import Competition and Quality Upgrading [J]. *Review of Economics and Statistics*, 2013, 95 (2): 476 - 490.

[7] Amore, M. D., Bennedsen, M. Corporate Governance and Green Innovation [J]. *Journal of Environmental Economics and Management*, 2016, 75: 54 - 72.

[8] Anand, K. S., Giraud - Carrier, F. C. Pollution Regulation of Competitive Markets [J]. *Management Science*, 2020, 66 (9), 4193 - 4206.

[9] andre, F. J., González, P., Porteiro, N. Strategic Quality Competi-

tion and The Porter Hypothesis [J]. *Journal of Environmental Economics and Management*, 2009, 57 (2): 182 – 194.

[10] Anouliès, L. Heterogeneous Firms and the Environment: A Cap – and – trade Program [J]. *Journal of Environmental Economics and Management*, 2017, 84: 84 – 101.

[11] Ariu, A. Foreign Workers, Product Quality, and Tade: Evidence from a Natural Experiment [J]. *Journal of International Economics*, 2022, 139: 103686.

[12] Arora, P., Prabal, D. Environmental Sustainability Practices and Exports: The Interplay of Strategy and Institutions in Latin America [J]. *Journal of World Business*, 2020, 55 (4): 101094.

[13] Atkin, A., Khandelwal, A. K., Osman, A. Exporting and Firm Performance: Evidence from a Randomized Experiment [J]. *The Quarterly Journal of Economics*, 2017, 132 (2): 551 – 615.

[14] Bajo, E., Raimondo, C. Media Sentiment and IPO Underpricing [J]. *Journal of Corporate Finance*, 2017, 46: 139 – 153.

[15] Baker, M., Fritz, F. C., Wurgler, J. Multinationals as Arbitrageurs: The Effect of Stock Market Valuations on Foreign Direct Investment [J]. *Review of Financial Studies*, 2009, 22: 337 – 369.

[16] Barrows, G., Ollivier, H. Cleaner Firms or Cleaner Products? How Product Mix Shapes Emission Intensity From Manufacturing [J]. *Journal of Environmental Economics and Management*, 2018, 88: 134 – 158.

[17] Bas, M., Paunov, C. Input Quality and Skills Are Complementary and Increase Output Quality: Causal Evidence From Ecuador's Trade Liberalization [J]. *Journal of Development Economics*, 2021, 151: 102668.

[18] Bastos, P., Silva, J. The Quality of a Firm's Exports: Where You Export to Matters [J]. *Journal of International Economics*, 2010, 82 (2): 99 – 111.

[19] Beck, T., Levine, R., Levkov, A. Big Bad Banks? The Winners and Losers from Bank Deregulation in the United States [J]. *The Journal of Finance*, 2010, 65 (5): 1637 – 1667.

[20] Becker, R., & Henderson, V. Effects of Air Quality Regulations on Polluting Industries [J]. *Journal of Political Economy*, 2000, 108 (2): 379 – 421.

[21] Becker, S. O., Egger, P. H. Endogenous Product Versus Process Innovation and a Firm's Propensity to Export [J]. *Empirical Economics*, 2013, 44 (1): 329 - 354.

[22] Beers, V. C., Bergh, J. C. Perseverance of Perverse Subsidies and Their Impact on Trade and Environment [J]. *Ecological Economics*, 2001, 36 (3): 475 - 486.

[23] Bento, A. M., Jacobsen, M. R., Liu, A. A. Environmental Policy in the Presence of an Informal Sector [J]. *Journal of Environmental Economics and Management*, 2018, 90: 61 - 77.

[24] Bergquist, A. K., Söderholm, K., Kinneryd, H., Lindmark, M., Söderholm, P. Command - and - control Revisited: Environmental Compliance and Technological Change in Swedish Industry 1970 - 1990 [J]. *Ecological Economics*, 2013, 85: 6 - 19.

[25] Bernard, A. B., Okubo, T. Product Switching and the Business Cycle [J]. *NBER working paper with No. w22649*, 2016.

[26] Bernard, A. B., Redding, S. J., Schott, P. K. Multiple - Product Firms and Product Switching [J]. *American Economic Review*, 2010, 100 (1): 70 - 97.

[27] Boeing, P. The Allocation and Effectiveness of China's R&D Subsidies: Evidence from Listed Firms [J]. *Research Policy*, 2016, 45 (9): 1774 - 1789.

[28] Brambilla, I., Porto, G. High - Income Export Destinations, Quality and Wages [J]. *Journal of International Economics*, 2016, 98: 21 - 35.

[29] Brandi, C., Schwab, J., Berger, A., Jean - Frédéric Morin. Do Environmental Provisions in Trade Agreements Make Exports from Developing Countries Greener? [J]. *World Development*, 2020, 129: 104899.

[30] Brandt, L., Van Biesebroeck, J., Wang, L., Zhang, Y. F. WTO Accession and Performance of Chinese Manufacturing Firms [J]. *American Economic Review*, 2017, 107 (9): 2784 - 2820.

[31] Branstetter, L. G., Li. G., Ren, M. Picking Winners? Government Subsidies and Firm Productivity in China [J]. *Journal of Comparative Economics*, 2023, 51 (4): 1186 - 1199.

[32] Broadstock, D. C., Matousek, R, Meyer. M. Does Corporate Social Responsibility Impact Firms' Innovation Capacity? The Indirect Link Be-

tween Environmental & Social Governance Implementation and Innovation Performance [J]. *Journal of Business Research*, 2020, 119: 99 – 110.

[33] Broda, C., Weinstein, D. E. Globalization and The Gains from Variety [J]. *The Quarterly Journal of Economics*, 2006, 121 (2): 541 – 585.

[34] Brunel, C., Levinson, A. Measuring the Stringency of Environmental Regulations [J]. *Review of Environmental Economics and Policy*, 2016, 10 (1): 47 – 67.

[35] Brunel, C. Green Innovation and Green Imports: Links Between Environmental Policies, Innovation, and Production [J]. *Journal of Environmental Management*, 2019, 248 (15): 109290.

[36] Brunnermeier, S. B., Levinson, A. Examining the Evidence on Environmental Regulations and Industry Location [J]. *The Journal of Environment & Development*, 2004, 13 (1): 6 – 41.

[37] Bu, M. L., Qiao, Z. Z., Liu, B. B. Voluntary Environmental Regulation and Firm Innovation in China [J]. *Economic Modelling*, 2020, 89: 10 – 18.

[38] Cagatay, S., Mihci, H. Degree of Environmental Stringency and the Impact on Trade Patterns [J]. *Journal of Economic Studies*, 2006, 33 (1): 30 – 51.

[39] Cage, J., Rouzet, D. Improving National Brands: Reputation for Quality and Export Promotion Strategies [J]. *Journal of International Economics*, 2015 (95), 274 – 290.

[40] Cai, H. B., Meng, Y. H., Chakraborty, S. Migrants and Exports: Decomposing the Link [J]. *Journal of World Business*, 2021, 56: 101 – 166.

[41] Cai, X. Q., Lu, Y., Wu, M., Yu, L. H. Does Environmental Regulation Drive Away Inbound Foreign Direct Investment? Evidence From a Quasi – Natural Experiment in China [J]. *Journal of Development Economics*, 2016, 123 (C): 73 – 85.

[42] Calel, R., Dechezleprêtre, A. Environmental Policy and Directed Technological Change: Evidence From The European Carbon Market [J]. *Review of Economics and Statistics*, 2016, 98 (1): 173 – 191.

[43] Cantore, N., Cheng, C. International Trade of Environmental Goods in Gravity Models [J]. *Journal of Environmental Management*, 2018, 223:

1047 – 1060.

[44] Cao, J., Ho, M. S., Ma, R., Teng. When Carbon Emission Trading Meets a Regulated Industry: Evidence from the Electricity Sector of China [J]. *Journal of Public Economics*, 2021, 200: 104470.

[45] Carpentier, C., Suret, J. M. Stock Market and Deterrence Effect: A Mid – run Analysis of Major Environmental and Non – environmental Accidents [J]. *Journal of Environmental Economics and Management*, 2015 (71): 1 – 18.

[46] Chakraborty, P., Chatterjee, C. Does Environmental Regulation Indirectly Induce Upstream Innovation? New Evidence from India [J]. *Research Policy*, 2017, 46 (5): 939 – 955.

[47] Chan, J. M. L., Manova, K. Financial Development and the Choice of Trade Partners [J]. *Journal of Development Economics*, 2015, 116: 122 – 145.

[48] Chatterjee, A., Dix – Carneiro, R., Vichyanond, J. Multi – Product Firms and Exchange Rate Fluctuations [J]. *American Economic Journal: Economic Policy*, 2013, 5 (2): 77 – 110.

[49] Chen L., Xue, L. Global Production Network and the Upgrading of China's Integrated Circuit Industry [J]. *China & World Economy*, 2010, 18 (6): 109 – 126.

[50] Chen, J. Y., Li, P., Lu, Y. 2018. Career Concerns and Multitasking Local Bureaucrats: Evidence of a Target – Based Performance Evaluation System in China [J]. *Journal of Development Economics*, 2018, 133: 84 – 101.

[51] Chen, M. W., Lu, C. C., Tian, Y. Export Price and Quality Adjustment: The Role of Financial Stress and Exchange Rate [J]. *Economic Modelling*, 2021, 96: 336 – 345.

[52] Chen, M., Wu, M. The Value of Reputation in Trade: Evidence from Alibaba [J]. *The Review of Economics and Statistics*, 2020 (03), 1 – 45.

[53] Chen, Y. L., Li, Y., Zhang, J. The Bank – Firm Relationship: Helping or Grabbing [J]. *International Review of Economics and Finance*, 2016, 42: 385 – 403.

[54] Chen, X., He, J. X., Qiao, L. Does Environmental Regulation

Affect the Export Competitiveness of Chinese firms [J]. *Journal of Environmental Management*, 2022, 317: 115199.

[55] Cody, E. M., Reagan, A. J., Mitchell, L., Dodds, P. S., Danforth, C. M. Climate Change Sentiment on Twitter: An Unsolicited Public Opinion Poll [J]. *PLoS one*, 2015, 10 (8), 92 - 116.

[56] Cohen, J., Ericson, K. M., Laibson, D. Measuring time preferences [J]. *Journal of Economic Literature*, 2020, 58 (2): 299 - 347.

[57] Cohen, M. A., Santhakumar, V. Information Disclosure as Environmental Regulation: A Theoretical Analysis [J]. *Environmental & Resource Economics*, 2007, 37: 599 - 620.

[58] Cosar, A. K., Grieco, P. E., Li, S. Y., Tintelnot, F. What Drives Home Market Advantage [J]. *Journal of International Economics*, 2018, 110, 135 - 150.

[59] Costantini, V., Mazzanti, M. On the Green and Innovative Side of Trade Competitiveness? The Impact of Environmental Policies and Innovation on EU Exports [J]. *Research Policy*, 2012, 41 (1): 132 - 153.

[60] CrinÒ, R., Ogliari, L. Financial Imperfections, Product Quality, and International Trade [J]. *Journal of International Economics*, 2017, 104 (C): 63 - 84.

[61] Crozet, M., Milet, E. Should Everybody Be in Services? The Effect of Servitization on Manufacturing Firm Performance [J]. *Journal of Economics & Management Strategy*, 2017, 26 (4): 820 - 841.

[62] Curzi, D., Olper, A. Export Behavior of Italian Food Firms: Does Product Quality Matter? [J]. *Food Policy*, 2012, 37 (5): 493 - 503.

[63] Dalton, J. T., Goksel, T. Reputation and Learning: Japanese Car Exports to the United States [J]. *Japan and the World Economy*, 2013, 25: 10 - 23.

[64] Dasgupta, K., Mondria, J. Quality Uncertainty and Intermediation in International Trade [J]. *European Economic Review*, 2018, 104: 68 - 91.

[65] De Loecker J, Eeckhout J, Unger G. The Riseof Market Power and The Macroeconomic Implications [J]. *The Quarterly Journal of Economics*, 2020, 135 (2): 561 - 644.

[66] Dechezleprêtre, A., Sato, M. The Impacts of Environmental Regulations on Competitiveness [J]. *Review of Environmental Economics and Poli-*

cy, 2017, 11 (2): 183 – 206

[67] Dellachiesa, A. E., Myint, A. P. Trade Opennessand the Changing Water Polluting Intensity Patterns of "Dirty" and "Clean" Industrial Sectors [J]. *Ecological Economics*, 2016, 129: 143 – 151.

[68] Deng, Y., Wu, Y., Xu, H. On the Relationship between Pollution Reduction and Export Product Quality: Evidence from Chinese Firms [J]. Journal of Environmental Management, 2021, 281: 111883.

[69] Deng, Y., Wu, Y., Xu, H. Political Connections and Firm Pollution Behaviour: An Empirical Study [J]. *Environmental and Resource Economics*, 2020, 75: 867 – 898.

[70] Deng, Y., Wu, Y., Xu, H. Political Turnover and Firm Pollution Discharges: An Empirical Study [J]. *China Economic Review*, 2019, 58: 101363.

[71] Dietzenbacher, E., Pei, J., Yang, C. Trade, Production Fragmentation, and China's Carbon Dioxide Emissions [J]. *Journal of Environmental Economics and Management*, 2012, 64 (1): 88 – 101.

[72] Dinopoulos, E., Kalyvitis, S., Katsimi, M. Variable Export Price Elasticity, Product Quality, and Credit Constraints: Theory and Evidence from Greek Firms [J]. *Journal of International Money and Finance*, 2020, 104, 102135.

[73] Du, K., Cheng, Y., Yao, X. Environmental Regulation, Green Technology Innovation, and Industrial Structure Upgrading: The Road to the Green Transformation Of Chinese Cities [J]. *Energy Economics*, 2021, 98: 105247.

[74] Du, W., Li, M. Influence of Environmental Regulation on Promoting The Low – Carbon Transformation Of China's Foreign Trade: Based on The Dual Margin Of Export Enterprise [J]. *Journal of Cleaner Production*, 2020, 244: 118687.

[75] Du, Y., Ju, J., Ramirez, C. D. Bilateral Trade and Shocks in Political Relations: Evidence from China and Some of Its Major Trading Partners, 1990 – 2013 [J]. *Journal of International Economics*, 2017, 108, 211 – 225.

[76] Duan, Y., Ji, T., Lu, Y. Environmental Regulations and International Trade: A Quantitative Economic Analysis of World Pollution Emissions

[J]. *Journal of Public Economics*, 2021, 203: 104521.

[77] Eckel, C., Iacovone, L., Javorcik, B, et al. Multi – Product Firms at Home and Away: Cost – Versus Quality – Based Competence [J]. *Journal of International Economics*, 2015, 95 (2): 216 – 232.

[78] Elrod, A., Malik, A. S. The Effect of Environmental Regulation on Plant – Level Product Mix: A Study of Epa's Cluster Rule [J]. *Journal of Environmental Economics and Management*, 2017, 83 (C): 164 – 184.

[79] Fabrizi, A., Guarini, G., Meliciani, V. Green Patents, Regulatory Policies and Research Network Policies [J]. *Research Policy*, 2018, 47 (6): 1018 – 1031.

[80] Falahat, M., Ramayah, T., Soto – Acosta, P. SMEs Internationalization: The Role of Product innovation, Market Intelligence, Pricing and Marketing Communication Capabilities as Drivers of SMEs' International Performance [J]. *Technological Forecasting and Social Change*, 2020, 152: 119908.

[81] Fan, H., Li, Y. A., Xu, S. Quality, Variable Markups, and Welfare: A Quantitative General Equilibrium Analysis of Export Prices [J]. *Journal of International Economics*, 2020, 125: 103327.

[82] Fan, H. C., Li, Y., Yeaple, S. R. Credit Constraints, Quality, and Export Prices: Theory and Evidence from China [J]. *Journal of Comparative Economics*, 2015, 43 (2): 390 – 416.

[83] Fan, H. C., Li, Y., Yeaple, S. R. Trade Liberalization, Quality, and Export Prices [J]. *Review of Economics and Statistics*, 2015, 97 (5): 1033 – 1051.

[84] Faruq, H. A. How Institutions Affect Export Quality [J]. *Economic Systems*, 2011, 35 (4): 586 – 606.

[85] Feenstra, R. C., Li, Z. Y., Yu, M. J. Exports and Credit Constraints under Incomplete Information: Theory and Evidence from China [J]. *Review of Economics and Statistics*, 2014, 96 (3), 729 – 744.

[86] Feenstra, R. C., Sasaharam A. The ' China Shock,' Exports and US Employment: A Global Input – output Analysis [J]. *Review of International Economics*, 2018, 26 (5): 1053 – 1083.

[87] Felbermayr, G. J., Toubal, F. Revisiting the Trade – Migration Nexus: Evidence from New OECD Data [J]. *World Development*, 2012, 40 (5): 928 – 937.

[88] Feng, T., Du, H., Lin, Z. Spatial Spillover Effects of Environmental Regulations on Air Pollution: Evidence from Urban Agglomerations in China [J]. *Journal of Environmental Management*, 2020, 272: 110998.

[89] Féres, J., Reynaud, A. Assessing the Impact of Formal and Informal Regulations on Environmental and Economic Performance of Brazilian Manufacturing Firms [J]. *Environmental & Resource Economics*, 2012, 52: 65 - 85.

[90] Fieler, A. C., Eslava, M., Xu, D. Y. Trade, Quality Upgrading, and Input Linkages: Theory and Evidence from Colombia [J]. *American Economic Review*, 2018, 108 (1): 109 - 146.

[91] Fuchs, A., Klann, N. Paying a visit: The Dalai Lama Effect on International Trade [J]. *Journal of International Economics*, 2013, 91: 164 - 177.

[92] Fünfgelt, J., Schulze, G. G. Endogenous Environmental Policy for Small Open Economies with Transboundary Pollution [J]. *Economic Modelling*, 2016, 57: 294 - 310.

[93] Galeotti, M., Salini, S., Verdolini, E. Measuring Environmental Policy Stringency: Approaches, Validity, and Impact on Environmental Innovation and Energy Efficiency [J]. *Energy Policy*, 2020, (136): 111052.

[94] Gan, B. Q., Alexeev, V., Bird, R., Yeung, D. Sensitivity to Sentiment: News vs Social Media [J]. *International Review of Financial Analysis*, 2020, 67: 101390.

[95] Ganapati, S., Shapiro, J. S., Walker, R. Energy Cost Pass - through in US Manufacturing: Estimates and Implications for Carbon Taxes [J]. *American Economic Journal: Applied Economics*, 2020, 12 (2): 303 - 342.

[96] Gao, Y., Li, M., Xue, J., & Liu, Y. Evaluation of Effectiveness of China's Carbon Emissions Trading Scheme in Carbon Mitigation [J]. *Energy Economics*, 2020, 90: 104872.

[97] Ghisetti, C., Pontoni, F. Investigating policy and R&D effects on environmental innovation: A meta - analysis [J]. *Ecological Economics*, 2015, 118: 57 - 66.

[98] Goldberg, P. K., Khandelwal, A. K., Pavcnik, N., Topalova, P. Imported Intermediate Inputs and Domestic Product Growth: Evidence From India [J]. *The Quarterly Journal of Economics*, 2010, 125 (4): 1727 -

1767.

[99] Goulder, L. H., Hafstead, M. A., Dworsky, M. Impacts of Alternative Emissions Allowance Allocation Methods Under a Federal Cap – and – Trade Program [J]. *Journal of Environmental Economics and management*, 2010, 60 (3): 161 – 181.

[100] Goya, D., Zahler, A. Distance from Core Competencesand New Export Survival: Evidence from Multi – Product Exporters [J]. *World Economy*, 2019, 42 (11): 3253 – 3286.

[101] Gu, C., Kurovb, A. Informational Role of Social Media: Evidence from Twitter Sentiment [J]. *Journal of Banking & Finance*, 2020, 121: 105969.

[102] Guariglia, A., Liu, X., Song, L. Internal Finance and Growth: Microeconometric Evidence on Chinese Firms [J]. *Journal of Development Economics*, 2011, 96 (1): 79 – 94.

[103] Hadlock, C. J., Pierce, J. R. New Evidenceon Measuring Financial Constraints: Moving beyond the KZ Index [J]. *The Review of Financial Studies*, 2010, 23 (5): 1909 – 1940.

[104] Hallak, J. C. Product Quality and the Direction of Trade [J]. *Journal of International Economics*, 2006, 68 (1): 238 – 265.

[105] Hallak, J. C., Schott, P. K. Estimating Cross – Country Differences in Product Quality [J]. *The Quarterly Journal of Economics*, 2011, 126 (1): 417 – 474.

[106] Hallak, J. C., Sivadasan, J. Product and Process Productivity: Implications for Quality Choice and Conditional Exporter Premia [J]. *Journal of International Economics*, 2013, 91 (1): 53 – 67.

[107] Hayakawa, K., Mukunoki, H., Yang, C. H. Liberalization for Services FDI and Export Quality: Evidence from China. *Journal of the Japanese and International Economies*, 2020, 55: 101060.

[108] He, W., Liu, C., Lu, J. Impacts of ISO14001 Adoption on Firm Performance: Evidence from China [J]. *China Economic Review*, 2015, 32: 43 – 56.

[109] Heckman, J. Sample Selection Bias as A Specification Error [J]. *Econometrica*, 1979, 47 (1): 153 – 161.

[110] Henn, C., Papageorgiou, C., Romero, J. M. Export Quality In

Advanced and Developing Economies: Evidence From a New Dataset [J]. *IMF Economic Review*, 2020, 68: 421 -451.

[111] Hering, L., Poncet, S. Environmental Policy and Exports: Evidence from Chinese Cities [J]. *Journal of Environmental Economics and Management*, 2014, 68 (2): 296 -318.

[112] Holmberg, K., Hellsten, P. Gender Differences in the Climate Change Communication on Twitter [J]. *Internet Research*, 2015, 25 (5): 811 -828.

[113] Hottenrott, H., Rexhäuser, S., Veugelers, R. Organisational Change and the Productivity Effects of Green Technology Adoption [J]. *Resource and Energy Economics*, 2016, 43: 172 -194.

[114] Hu, C., Parsley, D., Tan, Y. Exchange Rate Induced Export Quality Upgrading: A Firm - level Perspective [J]. *Economic Modelling*, 2021, 98: 336 -348.

[115] Hu, Y., Ren, S., Wang, Y. Can Carbon Emission Trading Scheme Achieve Energy Conservation and Emission Reduction? Evidence from the Industrial Sector in China [J]. *Energy Economics*, 2020, 85: 104590.

[116] Hwang, S. H., Kim, Y. J. Capital Mobility in OECD Countries: A Multi -level Factor Approach to Saving -investment Correlations [J]. *Economic Modelling*, 2018, 69: 150 -159.

[117] Iacovone, L., Javorcik, B. S. Multi -product Exporters: Product Churning, Uncertainty and Export Discoveries [J]. *The Economic Journal*, 2010, 120 (544): 481 -499.

[118] Iqbal, N., Abbasi, K. R., Shinwari, R. Does Exports Diversification and Environmental Innovation Achieve Carbon Neutrality Target of OECD economies? [J]. *Journal of Environmental Management*, 2021, 291: 112648.

[119] Kawakami, A., Miyagawa, T. Product Switching and Firm Performance in Japan - Empirical Analysis Based on the Census of Manufacturers [J]. Public Policy Review, 2013, 9 (2): 287 -314.

[120] Kesidou, E., Wu, L. Stringency of Environmental Regulation and Eco -innovation: Evidence from the Eleventh Five -Year Plan and Green Patents [J]. *Economics Letters*, 2020, 190: 109090.

[121] Khandelwal, A. K. The Long and Short Quality Ladders [J]. *Review of Economic Studies*, 2010, 77 (4): 1450 -1476.

[122] Khandelwal, A. K., Schott, P. K., Wei, S. J. Trade Liberalization and Embedded Institutional Reform: Evidence from Chinese Exporters [J]. *American Economic Review*, 2013, 103 (6): 2169 –2195.

[123] Kheder, S. B., Zugravu, N. Environmental Regulation and French Firms Location Abroad: An Economic Geography Model in An International Comparative Study [J]. *Ecological Economics*, 2012, 77: 48 –61.

[124] Kirilenko, A. P., Molodtsova, T., Stepchenkova, S. O. People as Sensors: Mass Media and Local Temperature Influence Climate Change Discussion on Twitter [J]. *Global Environmental Change*, 2015, 30: 92 –100.

[125] Kiso, T. Environmental Policy and Induced Technological Change: Evidence from Automobile Fuel Economy Regulations [J]. *Environmental & Resource Economics*, 2019, 74 (2): 785 –810.

[126] Kleibergen, F., Paap, R. Generalized Reduced Rank Tests Using The Singular Value Decomposition [J]. *Journal of Econometrics*, 2006, 133 (1): 97 –126.

[127] Kleibergen, F., Paap, R. Generalized Reduced Rank Tests Using the Singular Value Decomposition [J]. *Journal of Econometrics*, 2006, 133 (1): 97 –126.

[128] Kohn D, Leibovici F, Szkup M. Financial Frictions and Export Dynamics In Large Devaluations [J]. *Journal of International Economics*, 2020, 122: 103257.

[129] Kong D, Zhang W, Kong G. Does Government Decentralization Shape Firms' Pollution Emissions? Evidence from a Natural Experiment in China [J]. *Emerging Markets Finance and Trade*, 2022, 58 (11): 3136 –3151.

[130] Kong, D. M., Xiong, M. X. Unintended Consequences Of Tax Incentives on Export Product Quality: Evidence from a Natural Experiment in China [J]. *Review of International Economics*, 2021, 29 (4): 802 –837.

[131] Krieger, B., Zipperer, V. Does Green Public Procurement Trigger Environmental Innovations [J]. *Research Policy*, 2022, 51 (6): 104516.

[132] Kugler, M., Verhoogen, E. Prices, Plant Size, and Product Quality [J]. *The Review of Economic Studies*, 2012, 79 (1): 307 –339.

[133] Kumbhakar, S. C., Li, M., Lien, G. Do Subsidies Matter in Productivity and Profitability Changes? [J]. *Economic Modelling*, 2023, 123: 106264.

[134] Lai, H. W., Maskus, K. E., Yang, L. Intellectual Property Enforcement, Exports and Productivity of Heterogeneous Firms in Developing Countries: Evidence from China [J]. *European Economic Review*, 2020, 123: 103373.

[135] Lannelongue, G., GonzÁLez – Benito, J., Quiroz, I. Environmental Management and Labour Productivity: The Moderating Role of Capital Intensity [J]. *Journal of Environmental Management*, 2017, 190: 158 – 169.

[136] Levinson, A., Taylor, M. S. Unmasking the Pollution Haven Effect [J]. *International Economic Review*, 2008, 49 (1): 223 – 254.

[137] Li, G. Z., Li, J., Zheng, Y., Egger, P. H. Does Property Rights Protection Affect Export Quality? Evidence from a Property Law Enactment [J]. *Journal of Economic Behavior & Organization*, 2021, 183: 811 – 832.

[138] Liao, R., Wang, X. J., Wu, G. The Role of Media in Mergers and Acquisitions [J]. *Journal of International Financial Markets, Institutions & Money*, 2021, 123: 121799.

[139] Lin, W., Lin, K., Du, L., & Du, J. CanRegional Joint Prevention and Control of Atmospheric Reduce Border Pollution? Evidence from China's 12th Five – Year Plan on Air Pollution [J]. *Journal of Environmental Management*, 2023, 342: 118342.

[140] Loureiro, M. L., Allo, L. Sensing Climate Change and Energy Issues: Sentiment and Emotion Analysis with Social Media in the U. K. and Spain [J]. *Energy Policy*, 2020, 143: 111490.

[141] Lu, Y., Shao, X., Tao, Z. G. Exposure to Chinese Imports and Media Slant: Evidence from 147 U. S. Local Newspapers over 1998 – 2012 [J]. *Journal of International Economics*, 2018, 114: 316 – 330.

[142] Ludema, R. D., Yu, Z. Tariff Pass – through, Firm Heterogeneity and Product Quality [J]. *Journal of International Economics*, 2016, 103: 234 – 249.

[143] Lundgren, T., Zhou, W. FirmPerformance and the Role of Environmental Management [J]. *Journal of Environmental Management*, 2017 (203): 330 – 341.

[144] Lv, C., Shao, C., Lee, C. C. Green Technology Innovation and

Financial Development: Do Environmental Regulation and Innovation Output Matter [J]. *Energy Economics*, 2021, 98: 105237.

[145] Ma, Y., Tang, H. W., Zhang, Y. F. Factor Intensity, Product Switching, and Productivity: Evidence from Chinese Exporters [J]. *Journal of International Economics*, 2014, 92 (2): 349 – 362.

[146] Malca, O., Peña – Vinces, J., Acedo, F. J. Export Promotion Programmes as Export Performance Catalysts for SMEs: Insights from An Emerging Economy [J]. *Small Business Economics*, 2020, 55: 831 – 851.

[147] Mallick, S., Marques, H. Does Quality Differentiation Matter in Exporters' Pricing Behaviour? Comparing China and India [J]. *China Economic Review*, 2016, 40: 71 – 90.

[148] Manova, K. Credit Constraints, Heterigeneous Firms and International Trade [J]. *Review of Economic Studies*, 2013, 80 (2): 711 – 744.

[149] Manova, K., Wei, S. J., Zhang, Z. W. Firm Exportsand Multinational Activity Under Credit Constraints [J]. *Review of Economics and Statistics*, 2015, 97 (3): 574 – 588.

[150] Manova, K., Yu, Z. H. Multi – Product Firms and Product Quality [J]. *Journal of International Economics*, 2017, 109 (C): 116 – 137.

[151] Manova, K., Yu, Z. How Firms Export: Processing vs Ordinary Trade with Financial Frictions [J]. *Journal of International Economics*, 2016, 100: 120 – 137.

[152] Marin, G., Marino, M., Pellegrin, C. The Impact of the European Emission Trading Scheme on Multiple Measures of Economic Performance [J]. *Environmental & Resource Economics*, 2018 (71): 551 – 582.

[153] Maung, M., Wilson, C., Tang, X. B. Political Connections and Industrial Pollution: Evidence Based on State Ownership and Environmental Levies in China [J]. *Journal of Business Ethics*, 2016, 138 (4): 649 – 659.

[154] Mayer, T., Melitz, M. J., Ottaviano, G. Product Mix and Firm Productivity Responses to Trade Competition [J]. *Review of Economics and Statistics*, 2021, 103 (5): 874 – 891.

[155] Medina, P. Import Competition, Quality Upgrading, and Exporting: Evidence From The Peruvian Apparel Industry [J]. *Review of Economics and Statistics*, 2024, 106 (5): 1285 – 1300.

[156] Melitz, J. F., Toubel, T. Native Language, Spoken Language,

Translation and Trade [J]. *Journal of International Economics*, 2014, 93 (2): 351 -363.

[157] Melitz, M. J., Polanec, S. Dynamic Olley - Pakes Productivity Decomposition with Entry and Exit [J]. *The Rand Journal of Economics*, 2015, 46 (2): 362 -375.

[158] Merz, J., Overesch, M., Wamser, G. The Location of Financial Sector FDI: Tax and Regulation Policy [J]. *Journal of Banking & Finance*, 2017, 78: 14 -26.

[159] Milani, S. The Impact of Environmental Policy Stringency on Industrial R&D Conditional on Pollution Intensity and Relocation Costs [J]. *Environmental & Resource Economics*, 2017, 68 (3): 595 -620.

[160] Millimet, D. L., Roy, J. Empirical Testsof Tthe Pollution Haven Hypothesis When Environmental Regulation is Endogenous [J]. *Journal of Applied Econometrics*, 2016, 31 (4): 652 -677.

[161] Mulatu, A. The Structure of UK Outbound FDI and Environmental Regulation [J]. *Environmental & Resource Economics*, 2017, 68: 65 -96.

[162] Nagaraj, P. Financial Constraints and Export Participation in India [J]. *Journal of International Economics*, 2014, 140: 19 -35.

[163] Navarro, G. A., Arenas, J., Rondán, F. J. Global Model of Export Performance: Moderator Role of Export Department [J]. *Journal of Business Research*, 2016, 69 (5): 1880 -1886.

[164] Nguyen, C. P., Su, T. D. Export Quality Dynamics: Multidimensional Evidence of Financial Development [J]. *The World Economy*, 2021, 44 (8): 2319 -2343.

[165] Okafor, L. E., Bhattacharya, M., Apergis, N. Bank Credit, Public Financial Incentives, Tax Financial Incentives and Export Performance during the Global Financial Crisis [J]. *The World Economy*, 2020, 43 (1): 114 -145.

[166] Olley, G. S., Pakes, A. The Dynamics of Productivity in the Telecommunications Equipment Industry [J]. *Econometrica*, 1996, 64 (4): 1263 -1298.

[167] Ollivier, H. North - South Trade and Heterogeneous Damages from Local and Global Pollution [J]. *Environmental & Resource Economics*, 2016, 65 (2): 337 -355.

[168] Omri, A., Daly, S., Rault, C., Chaibi, A. Financial Development, Environmental Quality, Trade and Economic Growth: What Causes What in MENA Countries [J]. *Energy Economics*, 2015, 48 (C): 242 - 252.

[169] Opresnik, D., Taisch, M. The Value of Big Data in Servitization [J]. *International Journal of Production Economics*, 2015, 165: 174 - 184.

[170] Ouyang, X., L., Li, Q., Du, K. R. How does Environmental Regulation Promote Technological Innovations in the Industrial Sector? Evidence From Chinese Provincial Panel Data [J]. *Energy Policy*, 2020, 139: 101619.

[171] Porter, M. E., Van Der Linder, C. Toward A New Conception of the Environment - competitiveness Relationship [J]. *Journal of Economic Perspectives*, 1995, 9 (4): 97 - 118.

[172] Qi, X., Wu, Z., Xu, J., Shan, B. Environmental Justice and Green Innovation: A Quasi - natural Experiment Based on the Establishment of Environmental Courts in China [J]. *Ecological Economics*, 2023 (205): 107700.

[173] Qiu, L. D., Zhou, M., Wei, X. Regulation, Innovation, and Firm Selection: The Porter Hypothesis under Monopolistic Competition [J]. *Journal of Environmental Economics and Management*, 2018, 92 (C): 638 - 658.

[174] Rangan, S., Sengul, M. The Influence of Macro Structure on the Foreign Market Performance of Transnational Firms: The Value of IGO Connections, Export Dependence, and Immigration Links [J]. *Journal of International Business Studies*, 2009, 40 (9): 1496 - 1514.

[175] Requate, T. Dynamic Incentives By Environmental Policy Instruments - a Survey [J]. *Ecological Economics*, 2005, 54 (2 - 3): 175 - 195.

[176] Richter, P. M., Schiersch, A. CO_2 Emission Intensity and Exporting: Evidence from Firm - Level Data [J]. *European Economic Review*, 2017, 98: 373 - 391.

[177] Rose, A. K. Like Me, Buy Me: The Effect of Soft Poweron Exports [J]. *Economics & Politics*, 2016, 28 (2): 216 - 232.

[178] Rubashkina, Y., Galeotti, M., Verdolini, E. Environmental Regulation and Competitiveness: Empirical Evidence on The Porter Hypothesis

From European Manufacturing Sectors [J]. *Energy Policy*, 2015, 83 (3): 288 – 300.

[179] Sakamoto, T., Managi, S. New Evidence of Environmental Efficiency on The Export Performance [J]. *Applied Energy*, 2017, 185 (P1): 615 – 626.

[180] Sarkodie, S. A., Strezov, V. A Review on Environmental Kuznets Curve Hypothesis Using Bibliometric and Meta – analysis [J]. *Science of the Total Environment*, 2019, 649: 128 – 145.

[181] Shahab, Y., Wang, P., Gull, A. A. Social Trust and Environmental Performance in China: Does State Ownership Matter? [J]. *Economic Modelling*, 2023, 124: 106328.

[182] Shapiro, J. S., Walker, R. Why is Pollution from US Manufacturing Declining? The Roles of Environmental Regulation, Productivity, and Trade [J]. *American Economic Review*, 2018, 108 (12): 3814 – 3854.

[183] Sheng Z., Tian, G., Bin, S. Patterns and Drivers of Embodied Carbon Intensity in International Exports: The Role of Trade and Environmental Policies [J]. *Energy Economics*, 2022, 114: 106313.

[184] Sheng, L., Yang. D. T. Expanding Export Variety: The Role of Institutional Reforms in Developing Countries [J]. *Journal of Development Economics*, 2016, 118: 45 – 58.

[185] Sheriff, G., Ferris, A. E., Shadbegian, R. J. How did Air Quality Standards Affect Employment at US Power Plants? The Importance of Timing, Geography, and Stringency [J]. *Journal of the Association of Environmental and Resource Economists*, 2019, 6 (1): 111 – 149.

[186] Sherman, L., Cantor, A., Milman, A. Examining the Complex Relationship Between Innovation and Regulation through a Survey of Wastewater Utility Managers [J]. *Journal of Environmental Management*, 2020, 260: 110025.

[187] Shi, X. Z., Xu, Z. F. Environmental Regulation and Firm Exports: Evidence from the Eleventh Five – Year Plan in China [J]. *Journal of Environmental Economics and Management*, 2018, 89 (C): 187 – 200.

[188] Stavropoulos, S., Wall, R., Xu, Y. Z. Environmental Regulations and Industrial Competitiveness: Evidence from China [J]. *Applied Economics*, 2018, 50 (12): 1378 – 1394.

[189] Stucki, T., Woerter, M., Arvanitis, S., Peneder, M., Rammer, C. How Different Policy Instruments Affect Green Product Innovation: A Differentiated Perspective [J]. *Energy Policy*, 2018 (114): 245 -261.

[190] Sun, C. W., Zhan, Y. H., Gao, X. Does Environmental Regulation Increase Domestic Value - added in Exports? An Empirical Study of Cleaner Production Standards in China [J]. *World Development*, 2023, 163: 106154.

[191] Sun, J., Luo, Y. T., Zhou, Y. The Impact of Regional Trade Agreements on the Quality of Export Products in China's Manufacturing Industry [J]. *Journal of Asian Economics*, 2022, 80: 101456.

[192] Timoshenko, O. A. Product Switching in a Model of Learning [J]. *Journal of International Economics*, 2015, 95 (2): 233 -249.

[193] Tobey, J. A. The Effects of Domestic Environmental Policies and Patterns of World Trade: An Empirical Test [J]. *Kyklos*, 1990, 43: 191 - 209.

[194] Tsurumi, T., Managi, S., Hibiki, A. Do Environmental Regulations Increase Bilateral Trade Flows? [J]. *The B. E. Journal of Economic Analysis & Policy*, 2015, 15 (4): 1549 -1577.

[195] Verhoogen, E A. Trade, Quality Upgrading, and Wage Inequality in the Mexican Manufacturing Sector [J]. *The Quarterly Journal of Economics*, 2008, 123 (2): 489 -530.

[196] Walter, I., Ugelow, J. Environmental Policies in Developing Countries [J]. *Ambio*, 1979, 8: 102 -109.

[197] Wang, A., Hu, S., Lin, B. Can Environmental Regulation Solve Pollution Problems? Theoretical Model and Empirical Research Based on the Skill Premium [J]. *Energy Economics*, 2021 (94): 105068.

[198] Wang, C. H., Wu, J. J., Zhang, B. Environmental Regulation, Emissions and Productivity: Evidence From Chinese COD - emitting Manufacturers [J]. *Journal of Environmental and Management*, 2018, 92 (3): 54 -73.

[199] Wang, H., Jin, Y. Industrial Ownership and Environmental Performance: Evidence from China [J]. *Environmental & Resource Economics*, 2007, 36 (3): 255 -273.

[200] Wang, L., Huang, X., Sun, Q. Do Export Demand Shocks Affect The Export Quality Of Multi - Product Firms? Evidence from China [J].

Review of International Economics, 2024, 32 (3): 1071 – 1103.

[201] Wang, L., Wang, Y., Sun, Y. Financial Inclusion and Green Economic Efficiency: Evidence from China [J]. *Journal of Environmental Planning and Management*, 2022, 65 (2): 240 – 271.

[202] Wang, X., Zhang, C., Zhang, Z. Pollution Haven Or Porter? The Impact Of Environmental Regulation on Location Choices Of Pollution – intensive Firms in China [J]. *Journal of Environmental Management*, 2019, 248: 109248.

[203] Wooldridge, J. M. *Introductory Econometrics: A Modern Approach* [M]. Cengage learning, 2015.

[204] Wurlod, J. D., Noailly, J. The Impact of Green Innovation on Energy Intensity: An Empirical Analysis for 14 Industrial Sectors in OECD Countries [J]. *Energy Economics*, 2018, 71: 47 – 61.

[205] Xie, R., Yuan, Y., Huang, J. Different Types of Environmental Regulations and Heterogeneous Influence on "Green" Productivity: Evidence from China [J]. *Ecological Economics*, 2017, 132: 104 – 112.

[206] Yan, Z., Yu, Y., Du, K., Zhang, N. How Does Environmental Regulation Promote Green Technology Innovation? Evidence from China's Total Emission Control Policy [J]. *Ecological Economics*, 2024 (219): 108137.

[207] Yang, L., Maskus, K. E. Intellectual Property Rights, Technology Transfer and Exports in Developing Countries [J]. *Journal of Development Economics*, 2009, 90 (2): 231 – 236.

[208] Yang, Z. B., Fan, M. T., Yang, S. S. Does Carbon Intensity Constraint Policy Improve Industrial Green Production Performance in China? A Quasi – Did Analysis [J]. *Energy Economics*, 2017, 68: 271 – 282.

[209] Yu, J., Shi, X., Guo, D. Economic Policy Uncertainty (EPU) and Firm Carbon Emissions: Evidence Using a China Provincial EPU Index [J]. *Energy Economics*, 2021, 94: 105071.

[210] Yuan, R., Wen, W. Managerial Foreign Experience and Corporate Innovation [J]. *Journal of Corporate Finance*, 2018, 48: 752 – 770.

[211] Zhang Z, Zhu K, Hewings G J D. A Multi – regional Input – output Analysis of the Pollution Haven Hypothesis from the Perspective of Global Production Fragmentation [J]. *Energy Economics*, 2017, 64: 13 – 23.

［212］ Zhang, Y., Cui, J. B., Lu, C. H. Does Environmental Regulation Affect Firm Exports? Evidence From Wastewater Discharge Standard in China ［J］. *China Economic Review*, 2020, 61: 101451.

［213］ Zheng, Q., Wan, L., Wang, S., Chen, Z., Li, J., Wu, J. and Song, M. Will Informal Environmental Regulation Induce Residents to Form a Green Lifestyle? Evidence from China ［J］. *Energy Economics*, 2023, 125: 106835.

［214］ Zhi, Y., Bao, D., Luo, C. Y. Economic Value of Country Image: Evidence from International Trade and Implications for China ［J］. *China & World Economy*, 2017, 25 (3): 87 - 111.

［215］ 戴永安，张潇．环境政策的空间溢出与城市能源偏向型技术进步［J］．世界经济，2023，46（05）：119 - 151.

［216］ 邓路，刘德学．国家形象与出口——基于引力模型的实证分析［J］．国际贸易问题，2017（07）：63 - 73.

［217］ 董直庆，王辉．环境规制的“本地—邻地”绿色技术进步效应［J］．中国工业经济，2019，370（01）：100 - 118.

［218］ 杜威剑，李梦洁．环境规制与多产品企业出口行为［J］．国际贸易问题，2017（11）：82 - 92.

［219］ 段文奇，徐邦栋，刘晨阳．贸易便利化与企业出口产品质量升级［J］．国际贸易问题，2020，456（12）：33 - 50.

［220］ 樊海潮，郭光远．出口价格、出口质量与生产率间的关系：中国的证据［J］．世界经济，2015，38（02）：58 - 85.

［221］ 范庆泉，郭文．环保税、创新风险与企业研发投入［J］．财贸经济，2024，45（06）：38 - 53.

［222］ 傅京燕，吴丽敏．制度和环境政策影响了可再生能源产业出口贸易吗——基于出口深度和广度的视角［J］．国际贸易问题，2015（12）：85 - 95.

［223］ 高翔，袁凯华．清洁生产环境规制与企业出口技术复杂度——微观证据与影响机制［J］．国际贸易问题，2020（02）：93 - 109.

［224］ 郭进．环境规制对绿色技术创新的影响——“波特效应”的中国证据［J］．财贸经济，2019，40（03）：147 - 160.

［225］ 韩超，桑瑞聪．环境规制约束下的企业产品转换与产品质量提升［J］．中国工业经济，2018（02）：43 - 62.

［226］ 韩超，张伟广，冯展斌．环境规制如何“去”资源错配——

基于中国首次约束性污染控制的分析［J］. 中国工业经济，2017（04）：115－134.

［227］何砚，陆文香. 环境管制如何影响了中国企业的出口行为——基于企业融资异质性视角［J］. 财贸研究，2019，30（12）：30－47.

［228］胡国恒，赵雪婷. 制度环境、契约密集度与制造业出口产品质量——基于微观数据的研究［J］. 国际经贸探索，2018，34（08）：4－18.

［229］蒋伏心，王竹君，白俊红. 环境规制对技术创新影响的双重效应——基于江苏制造业动态面板数据的实证研究［J］. 中国工业经济，2013，304（07）：44－55.

［230］景维民，张璐. 环境管制、对外开放与中国工业的绿色技术进步［J］. 经济研究，2014，49（09）：34－47.

［231］康志勇，汤学良，刘馨. 环境规制、企业创新与中国企业出口研究——基于“波特假说”的再检验［J］. 国际贸易问题，2020（02）：125－141.

［232］康志勇，张宁，汤学良，刘馨. “减碳”政策制约了中国企业出口吗［J］. 中国工业经济，2018（09）：117－135.

［233］孔祥贞，覃彬雍，刘梓轩. 融资约束与中国制造业企业出口产品质量升级［J］. 世界经济研究，2020（04）：17－29.

［234］兰健，张洪胜. 集群商业信用与出口产品质量——来自中国企业层面的证据［J］. 国际贸易问题，2019（09）：12－25.

［235］李钢，孟丽君. 舆论对国际贸易的影响：以美国进口贸易为例［J］. 世界经济，2019，42（08）：146－169.

［236］李菁，李小平，郝良峰. 技术创新约束下双重环境规制对碳排放强度的影响［J］. 中国人口·资源与环境，2021，31（09）：34－44.

［237］李仁宇，钟腾龙，祝树金. 区域合作、自由贸易协定与企业出口产品质量［J］. 世界经济研究，2020，322（12）：48－64.

［238］李小平，周记顺，卢现祥. 出口的“质”影响了出口的“量”吗？［J］. 经济研究，2015，50（08）：114－129.

［239］林正静. 中间品贸易自由化与中国制造业企业出口产品质量升级［J］. 国际经贸探索，2019，35（02）：32－53.

［240］刘洪铎，陈晓珊，李文宇. 国家声誉与出口二元边际：跨国经验证据［J］. 经济评论，2018（02）：74－88.

［241］刘兰勇，王涛，吴筠. 绿色金融促进出口企业高质量发展的作

用路径及制约因素［J］. 国际贸易，2023（09）：75－86.

［242］刘啟仁，陈恬. 出口行为如何影响企业环境绩效［J］. 中国工业经济，2020（1）：99－117.

［243］刘信恒. 国内市场分割与出口产品质量升级——来自中国制造业企业的证据［J］. 国际贸易问题，2020（11）：30－44.

［244］刘亦文，文晓茜，胡宗义. 中国污染物排放的地区差异及收敛性研究［J］. 数量经济技术经济研究，2016，33（04）：78－94.

［245］刘宇，杨顺祥，张金珠. 环境信息披露质量改进对征收环境税的调节作用——基于中国环境 CGE 模型［J］. 管理评论，2023，35（02）：3－15.

［246］陆菁，鄢云，黄先海. 规模依赖型节能政策的碳泄漏效应研究［J］. 中国工业经济，2022（09）：64－82.

［247］马倩倩，陈诗一. 经济收敛与环境失衡：基于西部大开发战略的研究［J］. 世界经济，2023，46（08）：108－133.

［248］马述忠，吴国杰. 中间品进口、贸易类型与企业出口产品质量——基于中国企业微观数据的研究［J］. 数量经济技术经济研究，2016，33（11）：77－93.

［249］毛其淋，方森辉. 外资进入自由化如何影响中国制造业生产率［J］. 世界经济，2020，43（01）：143－169.

［250］蒙英华，蔡宏波，黄建忠. 移民网络对中国企业出口绩效的影响研究［J］. 管理世界，2015（10）：54－64.

［251］彭水军，吴腊梅，汪金，等. 排污权交易政策促进了企业出口产品质量提升［J］. 经济学（季刊），2024，24（05）：1656－1671.

［252］齐绍洲，林屾，崔静波. 环境权益交易市场能否诱发绿色创新？——基于我国上市公司绿色专利数据的证据［J］. 经济研究，2018，53（12）：129－143.

［253］卿陶. 知识产权保护、贸易成本与企业出口产品质量［J］. 国际经贸探索，2020，36（03）：30－45.

［254］曲如晓，臧睿. 自主创新、外国技术溢出与制造业出口产品质量升级［J］. 中国软科学，2019（05）：18－30.

［255］任力，黄崇杰. 国内外环境规制对中国出口贸易的影响［J］. 世界经济，2015，38（5）：59－80.

［256］任胜钢，郑晶晶，刘东华，等. 排污权交易机制是否提高了企业全要素生产率——来自中国上市公司的证据［J］. 中国工业经济，

2019, 374 (05): 5 - 23.

[257] 申萌，曾燕萍，曲如晓. 环境规制与企业出口：来自千家企业节能行动的微观证据 [J]. 国际贸易问题，2015 (08): 43 - 50.

[258] 盛丹，张慧玲. 环境管制与我国的出口产品质量升级——基于两控区政策的考察 [J]. 财贸经济，2017, 38 (08): 80 - 97.

[259] 施炳展，曾祥菲. 中国企业进口产品质量测算与事实 [J]. 世界经济，2015, 38 (03): 57 - 77.

[260] 施炳展，邵文波. 中国企业出口产品质量测算及其决定因素——培育出口竞争新优势的微观视角 [J]. 管理世界，2014, 252 (09): 90 - 106.

[261] 施炳展. 文化认同与国际贸易 [J]. 世界经济，2016, 39 (05): 78 - 97.

[262] 宋德勇，陈梁，王班班. 环境权益交易如何实现减污降碳协同增效：理论与经验证据 [J]. 数量经济技术经济研究，2024, 41 (02): 171 - 192.

[263] 宋德勇，朱文博，王班班，等. 企业集团内部是否存在"污染避难所" [J]. 中国工业经济，2021 (10): 156 - 174.

[264] 宋跃刚，郑磊. 中间品进口、自主创新与中国制造业企业出口产品质量升级 [J]. 世界经济研究，2020, 321 (11): 26 - 44.

[265] 苏丹妮，盛斌，邵朝对. 产业集聚与企业出口产品质量升级 [J]. 中国工业经济，2018, (11): 117 - 135.

[266] 孙晓华，张竣喃，李佳璇. 市场型环境规制与制造企业转型升级——来自"排污权交易"的微观证据 [J]. 数量经济技术经济研究，2024, 41 (01): 90 - 109.

[267] 田露露，韩超，姜春海. 环境规制与公平竞争：理论逻辑、现实解析及协调思路——基于异质性企业的视角 [J]. 上海财经大学学报，2024, 26 (02): 50 - 64.

[268] 涂正革，谌仁俊. 排污权交易机制在中国能否实现波特效应? [J]. 经济研究，2015, 50 (07): 160 - 173.

[269] 汪昌云，武佳薇，孙艳梅，等. 公司的媒体信息管理行为与IPO定价效率 [J]. 管理世界，2015 (01): 118 - 128.

[270] 王班班，莫琼辉，钱浩祺. 地方环境政策创新的扩散模式与实施效果——基于河长制政策扩散的微观实证 [J]. 中国工业经济，2020, 389 (08): 99 - 117.

［271］王海成，许和连，邵小快．国有企业改制是否会提升出口产品质量［J］．世界经济，2019，42（03）：94－117．

［272］王浩，孙禄，屠年松．银行业竞争、融资约束与中国制造业出口产品质量［J］．国际经贸探索，2021，37（05）：82－98．

［273］王杰，段瑞珍，孙学敏．环境规制、产品质量与中国企业的全球价值链升级［J］．产业经济研究，2019（02）：64－75．

［274］王杰，李治国．环境规制策略互动与绿色创新——来自市场型与命令型环境规制的证据［J］．统计研究，2023，40（12）：26－38．

［275］王康，李逸飞，李静，等．孵化器何以促进企业创新？——来自中关村海淀科技园的微观证据［J］．管理世界，2019，35（11）：102－118．

［276］王明涛，谢建国．自由贸易协定与中国出口产品质量——以中国制造业出口产品为例［J］．国际贸易问题，2019，436（04）：50－63．

［277］王雯岚，许荣．高校校友联结促进公司创新的效应研究［J］．中国工业经济，2020，389（08）：156－174．

［278］王雅琦，谭小芬，张金慧，等．人民币汇率、贸易方式与产品质量［J］．金融研究，2018（03）：71－88．

［279］吴嵩博，崔凡．融资约束与中国企业出口市场偏好——基于开发区准自然实验的实证分析［J］．国际贸易问题，2020（02）：157－174．

［280］吴茵茵，齐杰，鲜琴，等．中国碳市场的碳减排效应研究——基于市场机制与行政干预的协同作用视角［J］．中国工业经济，2021（08）：114－132．

［281］夏良康．非正式贸易壁垒：特征、产生原因和对策［J］．管理世界，2013（01）：174－175．

［282］谢靖，廖涵．技术创新视角下环境规制对出口质量的影响研究——基于制造业动态面板数据的实证分析［J］．中国软科学，2017（08）：55－64．

［283］徐志伟，殷晓蕴，王晓晨．污染企业选址与存续［J］．世界经济，2020，43（07）：122－145．

［284］许和连，成丽红，孙天阳．制造业投入服务化对企业出口国内增加值的提升效应——基于中国制造业微观企业的经验研究［J］．中国工业经济，2017，355（10）：62－80．

［285］许和连，王海成．简政放权改革会改善企业出口绩效吗？——基于出口退（免）税审批权下放的准自然试验［J］．经济研究，2018，53

(03): 157 – 170.

［286］许和连，王海成．最低工资标准对企业出口产品质量的影响研究［J］．世界经济，2016，39（07）：73 – 96.

［287］许家云，毛其淋，胡鞍钢．中间品进口与企业出口产品质量升级：基于中国证据的研究［J］．世界经济，2017，40（03）：52 – 75.

［288］许家云，佟家栋，毛其淋．人民币汇率、产品质量与企业出口行为——中国制造业企业层面的实证研究［J］．金融研究，2015（03）：1 – 17.

［289］许家云．海归与企业出口行为：来自中国的微观证据［J］．金融研究，2018（02）：118 – 134.

［290］许明，李逸飞．最低工资政策、成本不完全传递与多产品加成率调整［J］．经济研究，2020，55（04）：167 – 183.

［291］许统生，蒋玉莲．区域贸易协定环境条款深度对出口的影响——来自“一带一路”沿线国家的证据［J］．中国人口·资源与环境，2023，33（05）：1 – 15.

［292］阳镇，凌鸿程，陈劲．城市绿色发展关注度与企业绿色技术创新［J］．世界经济，2024（01）：211 – 232.

［293］杨道广，陈汉文，刘启亮．媒体压力与企业创新［J］．经济研究，2017，52（08）：125 – 139.

［294］杨逢珉，程凯．贸易便利化对出口产品质量的影响研究［J］．世界经济研究，2019，299（01）：93 – 104.

［295］杨连星，张秀敏，姚程飞．异质性出口质量与出口价格变动效应研究——来自中国情境下的微观证据［J］．世界经济研究，2015，259（09）：37 – 49.

［296］杨冕，王恩泽，叶初升．环境管理体系认证与中国制造业企业出口“增量提质”［J］．中国工业经济，2022（06）：155 – 173.

［297］杨汝岱，李艳．移民网络与企业出口边界动态演变［J］．经济研究，2016，51（03）：163 – 175.

［298］杨晓妹，庞倩男，王有兴．环境税对绿色创新的空间溢出效应——基于政府环境监管调节作用的分析［J］．中国人口·资源与环境，2023，33（01）：50 – 60.

［299］杨勇，刘思婕，陈艳艳．“FTA 战略”是否提升了中国的出口产品质量？［J］．世界经济研究，2020，320（10）：63 – 75.

［300］叶迪，朱林可．地区质量声誉与企业出口表现［J］．经济研

究，2017，52（06）：105－119.

［301］尹礼汇，吴传清．环境规制与长江经济带污染密集型产业生态效率［J］．中国软科学，2021（08）：181－192.

［302］余淼杰，张睿．中国制造业出口质量的准确衡量：挑战与解决方法［J］．经济学（季刊），2017，16（02）：463－484.

［303］余泳泽，孙鹏博，宣烨．地方政府环境目标约束是否影响了产业转型升级？［J］．经济研究，2020，55（08）：57－72.

［304］余长林，高宏建．环境管制对中国环境污染的影响——基于隐性经济的视角［J］．中国工业经济，2015（07）：21－35.

［305］原毅军，谢荣辉．环境规制的产业结构调整效应研究——基于中国省际面板数据的实证检验［J］．中国工业经济，2014（08）：57－69.

［306］岳立，任婉瑜，江铃锋．环境规制影响绿色经济效率的机制研究与实证检验——基于环保注意力和地方政府GDP竞争角度［J］．管理评论，2024（3）：1－11.

［307］张彩云．科技标准型环境规制与企业出口动态——基于清洁生产标准的一次自然实验［J］．国际贸易问题，2019（12）：32－45.

［308］张宏翔，王铭槿．公众环保诉求的溢出效应——基于省际环境规制互动的视角［J］．统计研究，2020，37（10）：29－38.

［309］张明志，季克佳．人民币汇率变动对中国制造业企业出口产品质量的影响［J］．中国工业经济，2018（01）：5－23.

［310］张胜满，张继栋．产品内分工视角下环境规制对出口二元边际的影响——基于两步系统GMM动态估计方法的研究［J］．世界经济研究，2016（01）：76－86.

［311］张同斌，刘文龙．留抵退税改革、融资约束与企业产业链关联［J］．管理世界，2024，40（03）：94－115.

［312］张夏，汪亚楠，施炳展．事实汇率制度、企业生产率与出口产品质量［J］．世界经济，2020，43（01）：170－192.

［313］赵玉民，朱方明，贺立龙．环境规制的界定、分类与演进研究［J］．中国人口·资源与环境，2009，19（06）：85－90.

［314］周沂，郭琪，邹冬寒．环境规制与企业产品结构优化策略——来自多产品出口企业的经验证据［J］．中国工业经济，2022，411（06）：117－135.

［315］祝树金，段凡，邵小快，钟腾龙．出口目的地非正式制度、普遍道德水平与出口产品质量［J］．世界经济，2019，42（08）：121－145.

［316］祝树金，李江，张谦等．环境信息公开、成本冲击与企业产品质量调整［J］．中国工业经济，2022，408（03）：76－94．

［317］祝树金，钟腾龙，李仁宇．中间品贸易自由化与多产品出口企业的产品加成率［J］．中国工业经济，2018，358（01）：41－59．

图书在版编目（CIP）数据

环境规制、异质性企业出口行为与出口产品质量升级研究／邓玉萍，许和连著．-- 北京：中国财政经济出版社，2025.6. -- ISBN 978-7-5223-4012-8

Ⅰ. F752.62

中国国家版本馆 CIP 数据核字第 2025FS6818 号

责任编辑：罗　荀　　　　责任校对：胡永立

封面设计：王　颖　　　　责任印制：史大鹏

环境规制、异质性企业出口行为与出口产品质量升级研究

HUANJING GUIZHI YIZHIXING QIYE CHUKOU XINGWEI YU CHUKOU CHANPIN ZHILIANG SHENGJI YANJIU

中国财政经济出版社 出版

URL：http：//www.cfeph.cn

E-mail：cfeph@cfeph.cn

（版权所有　翻印必究）

社址：北京市海淀区阜成路甲 28 号　邮政编码：100142

营销中心电话：010-88191522

天猫网店：中国财政经济出版社旗舰店

网址：https：//zgczjjcbs.tmall.com

涿州汇美亿浓印刷有限公司印刷　各地新华书店经销

成品尺寸：165mm×238mm　16 开　19 印张　324 000 字

2025 年 6 月第 1 版　2025 年 6 月河北第 1 次印刷

定价：98.00 元

ISBN 978-7-5223-4012-8

（图书出现印装问题，本社负责调换，电话：010-88190548）

本社图书质量投诉电话：010-88190744

打击盗版举报热线：010-88191661　QQ：2242791300